云南民族大学社会学学术文库

牛与玉米：
国家建构下的蒙古族乡村社会变迁

Cattle & Corn: Changes in Mongolian Rural Society Under State Building

王艳雪　包智明　著

天津出版传媒集团

天津人民出版社

图书在版编目(CIP)数据

牛与玉米：国家建构下的蒙古族乡村社会变迁 /王
艳雪,包智明著. -- 天津：天津人民出版社,2022.9
（云南民族大学社会学学术文库）
ISBN 978-7-201-18802-7

Ⅰ.①牛… Ⅱ.①王… ②包… Ⅲ.①蒙古族—乡村
—社会变迁—研究—中国 Ⅳ.①C912.82

中国版本图书馆 CIP 数据核字(2022)第 173198 号

牛与玉米：国家建构下的蒙古族乡村社会变迁

NIU YU YUMI GUOJIA JIANGOU XIA DE MENGGUZU XIANGCUN SHEHUI
BIANQIAN

出　　版	天津人民出版社
出 版 人	刘　庆
地　　址	天津市和平区西康路35号康岳大厦
邮政编码	300051
邮购电话	(022)23332469
电子信箱	reader@tjrmcbs.com

策划编辑	王　康　　吴　丹
责任编辑	李佩俊
封面设计	汤　磊

印　　刷	河北鹏润印刷有限公司
经　　销	新华书店
开　　本	710毫米×1000毫米　1/16
印　　张	18
插　　页	5
字　　数	250千字
版次印次	2022年9月第1版　　2022年9月第1次印刷
定　　价	178.00元

"云南民族大学社会学学术文库"
总序

　　植根边疆,砥砺学术;深入田野,耘获真知。"云南民族大学社会学学术文库"即将在天津人民出版社付梓发行,内心充满欣慰与期待。

　　云南民族大学社会学院成立于2019年,其社会学专业办学的历史可以追溯至20世纪90年代,近30年风雨兼程,创造了云南省乃至我国西部地区的诸多第一。1998年,云南省首家社会学硕士学位授权点在云南民族大学生根发芽,至2013年结出硕果,云南民族大学社会学成为我国西部地区第一个社会学一级学科博士学位授权点。2017年,云南民族大学社会学获准设立省级博士后科研流动站;2019年,获批设立国家级博士后科研流动站;2020年1月,社会学专业入选教育部"双万计划"首批国家级一流本科专业建设点。云南民族大学社会学学科形成了由本科至硕士研究生、博士研究生及博士后的完整的教学科研培养体系,云南民族大学也成为全国首家实现民族学、人类学、社会学"三科并立"的高校。在教育部第四轮学科评估中,云南民族大学社会学一级学科进入B-,为我国西部地区排名第一。在2022年的云南省高校本科专业综合评价中,云南民族大学社会学院的社会学、社会工作、人类学三个专业均排名全省第一。

　　为进一步加强社会学学科建设,我们不仅整合校内相关学科资源,设立社会学系、社会工作系、人类学系,还特别重视学术研究,积极申请建设省部级研究平台,推出一系列有深度、有特色、有价值的研究成果。云南民族大学社会学院的专任教师中,有中组部"万人计划"哲学社会科学领军人才、中宣部国家文化名家暨"四个一批"人才、人事部等七部委"新世纪百千万人才工程"国家级人选、首批云岭学者、享受国务院特殊津贴专家、教育部"新世纪优秀人才支持计划"入选者、云南省万人计划青年拔尖人才、中国宗教学会副会长、中国社会学会常务理事、教育部高等学校社会学类专业教学指导委员会委员、国家社科基金项目会议评审专家和通讯评审专家等。

云南民族大学社会学院教师在主持国家社科基金项目、发表学术论文、出版专著、获取省部级各类奖励等方面,当之无愧地位列云南民族大学各教学部门中的第一梯队。近5年,社会学院教师共主持和完成各类科研课题50余项,其中国家级项目20余项,包括国家社科基金重大项目2项、重点项目5项、省部级项目20余项;在《中国社会科学》《社会学研究》《民族研究》《世界宗教研究》等刊物公开发表论文300余篇,多篇被《新华文摘》列为封面要目并全文转载,荣获省部级各类奖励30余项。在边疆、民族、宗教相关的社会问题研究领域成绩斐然,在咨政研究方面取得优异成绩。

社会学院建成了总面积达600平方米的6个社会学类专业实验室。其中,社会学类专业定量分析室1个、社会工作综合实验室1个、社会工作VR虚拟仿真实验室1个、社会心理学实验室1个,建有1个省级联合培养基地、15个教学科研实习研究基地,形成了教学、研究、服务三位一体的教育培养模式,在本科和研究生教学中彰显了学校"立足边疆、服务边疆、服务民族团结繁荣发展"的办学方针。特别是社会学一级学科博士授权点设置了应用社会学、人类学、社会管理与社会政策等3个专业方向。其中,应用社会学专业下设的宗教社会学、民族社会学、环境社会学3个研究方向,经过长期凝练,具有鲜明的学术特色;人类学专业下设的西南边疆地区社会文化研究方向,社会管理与社会政策专业下设的边疆民族地区社会管理与社会政策研究方向,也突出了边疆性与民族性。

"云南民族大学社会学学术文库"计划出版17部专业学术著作,荟集我校社会学、社会工作、人类学专业教师的最新学术成果,充分体现学校与学院的办学特色、研究风格。文库的出版,对于我校社会学科发展和专业建设具有重要的支撑作用,也必将进一步推动我校社会学院教学、科研和人才培养等各项事业迈上新的台阶。当然,文库还存在不足之处,恳望专家学者和广大读者提出宝贵意见，为云南民族大学社会学学科的发展出谋划策！特别感谢为文库出版付出辛勤工作的出版社同仁！期望云南民族大学社会学院师生推出更多更好的学术成果！

张桥贵

云南民族大学校长、教授、博士生导师

2022年7月

目　录

第一章　导　论

第一节　研究背景与问题

中国的两大文化系统包括草原游牧文化系统和农耕文化系统,作为这两大文化系统各自的代表,游牧民族和农耕民族在中国历史上接触频繁。[1]历史上游牧文化类型与农耕文化类型一直以长城为界,长城以北的塞外地区虽然也存在农业经济,但是相对于长城以南的中原地区,这里的农业并不发达。[2]自清代以来,特别是清中期,随着大量的汉族移民把先进的农耕技术和农耕文化传播到内蒙古区域,农耕这一生计方式开始迅速传播,并不断向草原腹地深入。在农耕文化不断深入蒙古草原的过程中,部分土生土长的草原居民,逐渐放弃原有的游牧生活,开始开垦草原,并从事农业生产,他们的身份则由蒙古牧民转变为蒙古农民。这个过程不仅转变了蒙古族传统的生计和生活方式,也使得内蒙古区域内的经济格局发生了根本性的变化。内蒙古区域内逐渐呈现出以农耕为主的农业地带、以牧业为主的游牧地带以及农牧兼营的半农半牧(农牧交错)地带三种经济文化类型并存的新格局。半农半牧地带作为农业与牧业之间博弈的直接产物,是游牧与农耕两种生产方式交错分布的过渡性地带,在土地利用方式和生活方式上不仅有别于纯粹的牧区,也不同于单一的

---

① 邓启耀:《从马背到牛背——云南蒙古族民间叙事中的文化变迁镜像》,《广西民族大学学报》2010年第4期。

② 邢莉等:《内蒙古区域游牧文化的变迁》,中国社会科学出版社,2013年,第106页。

1

农区。

实质上,农耕文化北移的过程就是与游牧文化冲突、矛盾乃至交融的过程,①在这个过程中,土地的利用和生产方式——农、林、牧之间的土地利用和生产方式——一直存在着矛盾和调适。基于逐水草而居的游牧业形成的传统游牧社会,在历史上被称为"行国";日出而作日落而息,经营农业生产的农耕社会,在历史上被称为"居国"。伴随着半农半牧经济文化类型的形成和发展,以及草场面积的缩小和农业对定期劳动投入的需求,牧业的移动次数逐渐减少,定居趋势逐渐加强,为现今的农耕村落社会奠定了基本面貌和走向。在此背景下,内蒙古地区的定居型农业村落快速发展,多数地方的蒙古族选择放弃牧业生产方式,成为从事农业生产的定居者,或者成为兼营农业和牧业的农民(或牧民)。

清朝末年,面临日益严重的蒙边危机和财政危机,清政府不得不放弃"禁垦蒙荒"的政令,实施"蒙地开垦""移民实边"的政策。在哲里木盟科尔沁十旗②中,科尔沁左翼后旗最先获准放垦,汉人不断涌入。随着农耕文化的渗透和发展,蒙古族的社会经济面貌发生了翻天覆地的变化,蒙古社会开始农耕化、定居化。农业生产和农业文化的侵入,使得牧场和游牧文化的范围逐渐缩小,蒙古人不得不面临两种生存抉择:一种是保持牧业,或离开原有的居住地,向能够维持游牧的地域迁徙,或逐渐从游牧、半游牧到定居放牧即半农半牧的转变;二是主动或者被动地接受农业文化,学习农事,不再从事游牧。③科尔沁蒙古人选择了固守土地,定居放牧,学习农业生产。科尔沁地区逐渐出现了半农半牧的定居型蒙古族村落。半农半牧的蒙古族村落在与汉人村落的冲突和融合过程中,不断吸收汉族文化,在很多方面变得与汉人村落无异。不过蒙古族村落仍然以蒙古语为日常交流

---

① 珠飒:《18—20世纪初东部内蒙古农耕村落化研究》,内蒙古人民出版社,2009年,第107页。
② 清代哲里木盟科尔沁十旗包括:郭尔罗斯前旗、郭尔罗斯后旗、科尔沁左翼前旗(科左前旗)、科尔沁左翼后旗(科左后旗)、科尔沁左翼中旗(科左中旗)、杜尔伯特旗、扎赉特旗、科尔沁右翼后旗(科右后旗)、科尔沁右翼前旗(科右前旗)、科尔沁右翼中旗(科右中旗)。
③ 邢莉等:《内蒙古区域游牧文化的变迁》,中国社会科学出版社,2013年,第284页。

语言,且一些传统习俗和文化依然根深蒂固,形成了独特的共同体村落文化。那么半农半牧的蒙古族村落形成后,在历史进程中又发生了怎样的变迁?变迁是如何发生的?本研究将从如上问题出发,以一个半农半牧的蒙古族村落作为研究对象,探讨乡村社会变迁的过程、因素及影响。

笔者于2016年至2018年多次深入田野点白村。[1]白村是内蒙古东部的一个半农半牧的蒙古族村落。在田野调查的过程中,笔者发现牛和玉米在村民的生活中扮演着重要的角色。在白村,玉米几乎成为村民生产生活世界的中心。玉米不仅生长在村外大片的土地上,还长在门前台阶的缝隙中,甚至"长"到了孩子的图画里。[2]这里的玉米在完全长成的时候会有2米高;在灌浆时节,会将整个平原[3]变成一片浓重明亮、郁郁葱葱的"丛林";在收获的时节,会将整个平原变成一片金黄的海洋。在茫茫无尽的玉米"海洋"里,村落、道路、河流都不过是星星点缀。当代很多影视作品都呈现了玉米种植、玉米饥荒[4]的情景,这些情景足以证明玉米是人类最重要的粮食作物之一,与人类的命运息息相关。这不由得引起了笔者的好奇:玉米作为国际性的农作物在白村具有什么样的地域性特点?

玉米作为农耕生产的"代表"被白村人接纳,而游牧生产的"代表"——牛仍然被保留在白村人的生活之中。在这里,田间地头或者街头巷陌,牛粪随处可见。在很多人看来,牛粪是一种肮脏的垃圾,但是对于白村人来说,却是生活不可缺少的馈赠。在游牧时期,由于草原缺少高大的木本植物,牛粪代替薪柴成为牧民最重要的燃料。在今天的白村,牛粪还依然保留着这一重要功能。随着农耕生产的发展,牛粪又成为耕种过程中的重要肥料。对于白村村民来说,"提供"牛粪的牛同样具有举足轻重的意义。

---

① 出于学术伦理,白村为本研究田野点的化名。
② 笔者与一位7岁大的男孩儿HXB一起画画,HXB在图画中展现的主要景象是蓝天、白云和金灿灿的玉米。
③ 白村所处的地区属于内蒙古东部平原,地势平坦开阔,故此将其所处地区称为平原。
④ 如《星际穿越》《家园》等电影。

这样一来，玉米和牛成了白村村民重要的经济收入来源，白村村民的日常生活也围绕这二者展开。牛作为牧业的代表，玉米作为农业的代表，二者的关系在白村的历史发展过程中是不断变化的。笔者不禁追问：牛和玉米在农民的日常生活中扮演着什么样的角色？牛和玉米为什么会成为白村村民生产生活的中心？牛与玉米的角色以及二者的关系在历史发展过程中发生了什么样的变化？国家、市场、科学、地方性知识等因素是如何发挥作用的？等等。

在上述问题意识的引导下，笔者拟通过对内蒙古一个半农半牧蒙古族村落的实地研究，描绘出该村落"牛和玉米"的种养殖变迁过程，并对如下问题作出回答：在乡村社会变迁中牛与玉米经历了怎样的变化？这一变化与乡村传统和国家权力存在着怎样的内在逻辑关联？如果国家权力介入其中，那么国家是如何干预乡村社会变迁的？国家干预的乡村社会变迁又对国家有哪些作用，或者国家为什么要干预乡村社会的变迁？

有鉴于此，笔者结合自身实地调查和已有的关于白村的研究成果，以白村作为研究对象，以国家建构作为分析框架，通过对半农半牧区村落变迁的过程、动因、模式及问题进行分析研究，阐释国家在不同历史时期在民族地区乡村治理中对地方社会文化空间的建构及其机制，以及国家建构的过程与机制。

第二节　文献回顾

一、关于蒙古族社会文化变迁的研究

当前，学界在"蒙古族社会文化变迁"这个领域上研究成果丰硕。本书主要从分析蒙古族社会文化变迁的研究视角、变迁内容、变迁动因三个方面进行综述。

研究蒙古族社会文化变迁的视角可以分为宏观和微观两个视角，即宏观的理论探讨和微观的社区研究。宏观层面的研究包括从世界史的角度探讨蒙古族作为游牧民族，在创造游牧文明中的重要地位及其社会文化变迁的历程。如杉山正明的《游牧民族的世界史》、冈田英弘的《世界史的诞生》等。

还有研究从中国边疆史的角度考察了蒙古边疆与中国内陆的互动关系以及蒙古族的社会变迁。如拉铁摩尔的《中国亚洲的内陆边疆》论述了边境的深浅对游牧民族与中原民族的互动方式以及对农牧混合经济发展的影响，认为边境内的战争、贸易、农耕文化等外部力量是游牧社会文化变迁的主要动力。①受拉铁摩尔的影响，巴菲尔德的《危险的边疆：游牧帝国与中国》一书考察了在两千多年的历史时段中，中原王朝采取的边疆策略是如何影响包括蒙古帝国在内的游牧大帝国兴衰过程中的政治与经济组织的变化模式的。②

有研究从蒙古族社会内部出发来探讨蒙古族社会文化的变迁。如田山茂在《清代蒙古社会制度》一书中描述了明代和清代的蒙古社会制度的变迁过程，认为明清两代的蒙古社会制度设置在一定程度上推动了与中原内陆的交流与融合，进而促进了蒙古地区农业的发展。③其另一篇专论《汉民族向蒙古移民之沿革》介绍了清代以前及清代汉族耕占蒙地的过程（即汉族向蒙古移民的过程）以及中国农民和商人进入蒙古的原因。④

还有学者从宏观视角全面地描绘和分析了蒙古族社会文化变迁的过程，如色音的《蒙古游牧社会的变迁》一书通过描述蒙地开垦面积和汉族人口的增加，以及游牧文化与农耕文化之间的冲突与融合，阐述了蒙古游牧社会变迁的历史过程和发展规律。⑤邢莉的《内蒙古区域游牧文化的变迁》运用人类学、民俗学、社会学等学科交叉的方法，深入阐述了内蒙古区域游牧文化的变迁机制、变迁动因、变迁结构和变迁形态，论述了变迁

---

① [美]拉铁摩尔：《中国亚洲的内陆边疆》，唐晓峰译，江苏人民出版社，2010年。
② [美]巴菲尔德：《危险的边疆：游牧帝国与中国》，袁剑译，江苏人民出版社，2011年。
③④ [日]田山茂：《清代蒙古社会制度》，潘世宪译，商务印书馆，1987年。
⑤ 色音：《蒙古游牧社会的变迁》，内蒙古大学出版社，1998年。

过程中游牧民与农耕民的文化冲突与文化融合。①黄健英的《北方农牧交错带变迁对蒙古族经济文化类型的影响》力图把历史与现实、经济与社会结合起来进行多视角的研究，突出北方农牧交错带变迁、蒙古族经济文化类型多元化以及对其经济、社会、文化等方面的多重影响。②

以具体村落社区为研究对象，以小见大也是蒙古族社会文化变迁研究的另一个重要的研究视角。包智明的《变动中的蒙民生活——三爷府村实地调查》一文从人口、生产类型、语言、蒙汉通婚等方面对三爷府村近40年的变化进行了考察，并对蒙民生活中的典型实践进行了剖析。③包智明于20世纪90年代在内蒙古通辽市进行调查研究，并出版了《科尔沁蒙古族农民生活》一书，以村落研究的方式展示了农业化过程中东部蒙古族的社会与经济的变迁。④2006年，郝亚明与包智明接续10年前的研究对所调查的村落进行了追踪研究，并且出版了《体制政策与蒙古族乡村社会变迁》一书，从国家与社会的视角探讨了一个东部蒙古族村落在农牧业生产、基层社会组织、日常生活等方面的变化。⑤

学界对蒙古族社会文化变迁内容的研究比较广泛。色音认为自蒙地放垦和汉族移入后，蒙古族传统的生产生活方式和风俗习惯等都相应地发生了一定的变迁。经济变迁往往导致文化变迁，这是社会文化发展的必然规律。⑥最重要的变迁是生产方式的变迁，从纯牧业变成半农半牧、纯农业、纯牧业三种生产方式。牧业形式从"逐水草而居"的游牧或半游牧转为定居放牧，农业则从粗放经营转向精耕细作。⑦闫天灵在其著作《汉族移民与近代内蒙古社会变迁的研究》中，通过对史实资料的细致分

---

① 邢莉等：《内蒙古区域游牧文化的变迁》，中国社会科学出版社，2013年。

② 黄健英：《北方农牧交错带变迁对蒙古族经济文化类型的影响》，中央民族大学出版社，2009年。

③ 包智明：《变动中的蒙民生活——三爷府村实地调查》，《社会学研究》1991年第1期。

④ 包智明：《科尔沁蒙古族农民生活》（蒙文版），辽宁民族出版社，1999年。

⑤ 郝亚明、包智明：《体制政策与蒙古族乡村社会变迁》，中央民族大学出版社，2010年。

⑥ 色音：《蒙古游牧社会的变迁》，内蒙古大学出版社，1998年，第122—123页。

⑦ 王建革：《定居与近代蒙古族农业的变迁》，《中国历史地理论丛》2000年第2期。

析具体阐述了汉族移民进入后,近代内蒙古地区社会文化变迁的过程和特征,认为汉族移民大致经历了从"雁行人"到移垦区的"独立王国"再到蒙汉杂居的过程。汉民的进入使内蒙古地区的人口结构发生了改变,蒙汉通婚也逐渐得到族际间的认可,族际间的文化交流越来越广泛。①色音从三个方面概括了蒙地开垦对蒙汉文化交融的影响:一是民族通婚圈的拓宽;二是汉族语言文化向蒙古地区渗透;三是蒙汉风俗习惯(衣食住行、婚丧嫁娶等)的相互交融。生态环境的变迁也是蒙古族社会文化变迁的一个方面。自清代以来,内地汉民不断涌入蒙地垦地种植,其粗放的经营方式和挖掘甘草、乱砍滥伐等无序的活动,导致草原水土流失严重、土地沙化、风沙灾害频繁,严重破坏了草原的生态环境。②

蒙古族社会文化变迁主要有三个动因。一是汉人移民与蒙地开垦导致了蒙古族生产生活方式发生变化,从纯牧业生产分化为牧业、半农半牧和农业三种生产方式,单一的牧民身份转变为牧民、兼业(农业)牧民、兼业(牧业)农民、农民等身份,使得传统的生活方式也随之发生变化。二是生态变化所引起的蒙古族社会文化的变迁,尤其是基于生态保护而实施的生态移民项目所引起的变迁。生态移民是指"因为环境恶化或为了改善和保护生态环境所发生的迁移活动,以及由此活动而产生人口迁移。生态移民涉及民族生产生活方式的改变等一系列问题,改变了牧民千百年来遵循的传统生产生活方式以及固有的观念和习俗"③。张丽君以内蒙古自治区和青海省的生态移民工程为例,考察了中国牧区生态移民的实践,分析了生态移民在生态、经济和社会三方面发生的变化。④三是国家的体制政策主导着蒙古族社会文化的变迁。郝亚明、包智明通过对农村的土地制度、乡镇改革政策、税收制度等体制政策的分析,揭示了一个

---

① 闫天灵:《汉族移民与近代内蒙古社会变迁的研究》,民族出版社,2004年。
② 衣保中、张立伟:《清代以来内蒙古地区的移民开垦及其对生态环境的影响》,《史学集刊》2011年第5期。
③ 包智明、孟琳琳:《生态移民对牧民生产生活方式的影响——以内蒙古正蓝旗敖力克嘎查为例》,《西北民族研究》2005年第2期。
④ 张丽君:《中国牧区生态移民可持续发展实践及对策研究》,《民族研究》2013年第1期。

半农半牧村落的生产生活的变化。①荀丽丽从国家制定实施的草原管理制度出发,分析了一个草原社区"失序"及其生产生活的变化。②根据以往研究可以发现,新中国成立是一个关键的研究时间节点,新中国成立前蒙古族社会文化变迁的动因主要是汉族移民和蒙古地区土地的大量垦殖,而新中国成立后蒙古族社会文化发生变化的主要动因发生了根本性的转变,国家实施的土地政策、生态政策、农村经济体制改革等成为推动蒙古族社会文化变迁的主要动力。

关于蒙古族社会文化变迁的研究从方方面面展现了蒙古族生产生活方式的变迁。学者们结合史实资料追溯蒙古族社会文化变迁的过程,清晰地展现了蒙古族社会文化变迁的图景,也通过实际的个案研究展现了社会文化变迁的过程、特征和结果。

二、关于物的研究

"物"(物质)是宇宙构造的创生元素和存在形式,也是人类社会历史发展和变迁最具有说明性的凭证。从表面上来看,物是一个非常容易把握的"实在",但其对复杂性的包容却远超出人们的想象。威廉斯在《关键词:文化与社会的词汇》一书中对物质做了大致的勾勒:①广泛地指称所有生命和非生命的物质材料(substance)所表现的事情(thing);②包括各种事情的成因和演变的解释、判断以及社会活动;③人类有目的的物质生产和获得的实践活动。③物质所具有的这些存在特质与表现特征并非是泾渭分明的,往往相互交融,相互影响。对物的理解与对物的认知紧密相关,对物的不同的认知会产生不同的理解,如马克思主义主张唯物主义、达尔文主义把物作为社会发展阶段的标识来分析社会演进的阶序、现象

---

① 郝亚明、包智明:《体制政策与蒙古族乡村社会变迁》,中央民族大学出版社,2010年。
② 荀丽丽:《"失序"的自然:一个草原社区的生态、权力与道德》,社会科学文献出版社,2012年。
③ [英]雷蒙·威廉斯:《关键词:文化与社会的词汇》,刘建基译,生活·读书·新知三联书店,2005年,第200页。

学则侧重于探询事物的存在和表象关系。从哲学的角度上讲,"物"的所指范围极广,但是在具体的研究领域,"物"的所指还是会在学科范围内达成共识。本书根据研究需要主要从作为社会演进标识和象征的物的研究、关于农作物和牲畜的研究两个方面进行综述。

(一)作为社会演进标识和象征的物的研究

1.作为社会演进标识的物的研究

早期人类学对"物"的研究,主要是以"物"作为工具对人类社会发展的时间序列进行划分。考古人类学在对远古社会分类中习惯性地采用"石器时代""青铜时代"和"铁器时代"的分类。这一线性分类比达尔文的进化论还早20多年。①摩尔根以"火、弓箭、陶器以及铁器"为标志,把人类发展的过程概括为三个阶段:"蒙昧阶段—野蛮阶段—文明阶段"。不同的阶段以不同的物质工具为标识,把蒙昧、野蛮阶段又分为低/中/高三期,如低级的蒙昧阶段人类以野果和坚果为食物;中级蒙昧阶段人类开始食用鱼类和使用火;高级蒙昧阶段人类发明和使用弓箭。②物与技术成为早期的进化论者建构人类社会文化发展宏观叙事的基础,虽然其倡导的单线、直线型的社会发展模式受到了后来各学派的批判,但其作为一种认知社会的方式,对社会人文学科的发展产生了深远的影响。③

新进化论从物、技术与社会的角度对社会发展进行论述。芒福德根据人类科技发展史中对物的利用和发明将历史划分为始生代技术时期、古生代技术时期、新生代技术时期三个阶段。始生代技术时期是现代技术的破晓时期,可利用风能和水能的机器被人类发明,促进了农业的发展,而且人类将风能、水能与木材结合起来造船,推动了航海业的发展;古生代技术时期自然力量已经被驯服,煤炭和铁统治着这个时期,工业机器不断被发明和制造,人类的思维方式、生产和生活方式都发生了根本性改

---

①③ 吴兴帜:《"物"的人类学研究》,《青海民族研究》2010年第2期。

② [美]摩尔根:《古代社会》,杨东莼等译,商务印书馆,1971年,第12—27页。

变;新生代技术时期,新能源电力被发明,并且推动了机器生产的自动化、工厂建立的灵活性,手工操作被机器所取代。芒福德认为在机器不断被发明和生产的过程中,机器文明对人类文明构成了威胁。芒福德不仅洞悉到了人类不断驯服、改造和制造"物",也认识到了这些物对人类所起的反作用。①以物的使用和工具的发明作为衡量和判断社会文明的标识虽然具有一定的片面性,但是却为我们理解人类自身的社会文化提供了一种路径。

2.作为象征的物的研究

物的存在既是作为客体的形体的展示,也是特殊符号的象征,物的符号表述往往与社会的认知体系结合在一起。"物的结构符号为人类学研究提供了研究人类认知系统和交流体系的方式,有助于检验特定文化传统中物的建构和使用的方式和意义。"②玛丽·道格拉斯从"物的分类"角度,解释了社会运行的象征逻辑。物是洁净的还是肮脏的取决于分类体系以及物在该体系中的位置,一种物在某些情况下是洁净的且安全的,在某些情况下则是肮脏的且危险的。③

物与人的关系建立在两者相互指认与指称的认识基点上,物经过具体的文化认知和价值观的塑造而作为一种社会生物存在于不同的文化体系之中,并在人与人之间流动,成为一个饱含并且充盈着特定精神情感的生命体。④毛利人之间馈赠与回报的礼物"身上有礼物之灵'豪(hau)'"。正是有了礼物之灵,才产生了联系和维系社会个体的诸多禁忌、道德、情感以及权利和义务的制约关系。⑤礼物在流动的过程中,能够生产和重

---

① [美]刘易斯·芒福德:《技术与文明》,陈允明等译,中国建筑工业出版社,2009年。
② 彭兆荣:《"物"的人类学研究》,《世界民族》2010年第1期。
③ [英]玛丽·道格拉斯:《洁净与危险》,黄剑波等译,民族出版社,2008年。
④ 靳志华:《物的意义生成及其社会文化关联:基于人类学的视角》,《北方民族大学学报》2014年第1期。
⑤ [法]莫斯:《礼物:古式社会中交换的形式与理由》,汲喆译,上海人民出版社,2002年,第19—23页。

塑社会关系,甚至成为能够谋求政治和经济利益的方式。①"夸富宴"中,首领或者族长将自己长期积攒的积蓄用以大办宴会,挥霍物资,而首领或者族长正是通过这一对物品的炫耀式经济消耗,实现了对权力和声望的合法性获取。②在某种程度上,流动的礼物也可被视作一种社会财富再分配的方式。在婚姻缔结过程中,彩礼成为不同群体或家庭间的财产转移,并作为对新婚夫妇的资助成为一种财产继承方式。③

可以看出,物的存在成为人类认识和感知自身存在的一种方式。同时,在人类赋予物以意义的过程中,社会关系得以维系,社会秩序得以构建。对物的研究为本研究提供了一个了解和理解社会文化的视角,在"观物见人"中,我们能够深刻地洞察到社会生活的微妙层次,能发现所谓的"无意义之物"的"隐藏意义"。④同时,从微观世界中的"物"切入去探寻宏观的社会生活世界的意义,为我们提供了一个由小见大的研究路径。

(二)关于农作物和牲畜的研究

当(物)物质以自然性存在时,它只是自然中的某一物(物质),依循自然规律生老病死。但是当物(物质)被选择或者选择时,其自然性则会被改造,从而具有了政治意义。⑤美国学者西敏司用沃勒斯坦的世界体系理论作为分析工具,说明了糖的原料——甘蔗的种植由边缘开始,经过加工成为资本主义经济体系中重要的商品。而作为商品的糖则由处于世界经济体系中心的资本主义社会向边缘流动,糖由于不同的消费群体而相应地具有了一定的社会文化意义。资本主义扩张导致了作物甘蔗和商品

① [美]杨美惠:《礼物、关系学与国家:中国人际关系与主体性建构》,赵旭东、孙珉译,江苏人民出版社,2009年,第154页。
② [法]莫斯:《礼物:古式社会中交换的形式与理由》,汲喆译,上海人民出版社,2002年,第70—75页。
③ [美]阎云翔:《礼物的流动:一个中国村庄中的互惠原则与社会网络》,李放春、刘瑜译,上海人民出版社,2016年。
④ 马佳:《中国人类学的物研究:历史、现状与思考》,《原生态民族文化学刊》2019年第6期。
⑤ [德]奥斯瓦尔德·斯宾格勒:《西方的没落》,齐世荣等译,商务印书馆,1991年,第83—85页。

糖、生产者和消费者、生产地与消费地的分离。①同时，由作物甘蔗到商品糖的过程也阐释了食物的"意义"。食物的"意义"与国家统治者的意愿和利益，以及国家本身的经济、社会和政治命运联系在一起。斯科特在《逃避统治的艺术》一书中提到水稻的种植与国家统治的关系，种植水稻意味着需要长期定居，而定居则容易被国家纳入到统治的空间内。因此，国家随着大面积冲积平原被水稻所覆盖而兴起，国家需要稳定的农业生产提供稳定的税源。②美国学者穆素洁同样以甘蔗的种植为线索，解释了中国南部社会财产权的结构方式和经济发展的模式，以及这个场景的所有参与者——农民、绅士、庶民、地主、商人如何通过最理性的选择来维持或改善他们已拥有的阶级地位。③瓦尔曼从历史的角度分析玉米随着新大陆的发现而不断扩散与交流，在西方殖民背景下完成了全球性的生态扩张和布局。玉米的农耕、运输、储藏给畜牧和人的生活方式、村落景观、城市化乃至整个社会结构带来了复杂的变迁。④正是玉米的广泛种植，改变了地方社会甚至世界的经济格局。因此，物被选择与权力有关。权力干涉物的存在、物的存在方式和物的流动。

　　随着全球化和现代化，以作物为原材料的商品生产和消费成为民族国家竞争的重要领域。在这种背景下，西双版纳的橡胶种植活动如火如荼。然而橡胶的种植却引发了生态问题，热带雨林遭到破坏、生物多样性被破坏、水热循环系统失序、工业污染日益严重等；⑤橡胶业加速了当地的商品化，稻作农业受到严重冲击，水稻种植不再是当地人的主要生计方式。由于种植结构的变化，当地人的粮食不能自给只能依靠市场。这也

　　① [美]西敏司：《甜与权力：糖在近代历史上的地位》，王超、朱健刚译，商务印书馆，2010年，第126页。

　　② [美]詹姆士·C.斯科特：《逃避统治的艺术：东南亚高地的无政府主义历史》，王晓毅译，生活·读书·新知三联书店，2016年。

　　③ [美]穆素洁：《中国：糖与社会——农民、技术和世界市场》，叶篱译，广东人民出版社，2009年。

　　④ [墨西哥]阿图洛·瓦尔曼：《玉米与资本主义：一个实现了全球霸权的植物杂种的故事》，谷晓静译，华东师范大学出版社，2005年。

　　⑤ 吴振南：《生态人类学视野中的西双版纳橡胶经济》，《广西民族研究》2012年第1期。

导致了与稻作农业息息相关的民间仪式、社会文化网络等趋于式微。[1]可以看出,新的作物的种植带来了一系列问题。产于西双版纳的橡胶,其加工、运输、消费等过程是在全球范围内通过复杂的贸易网络完成的,其生产者与消费者、运输者与贸易者之间,虽然有时不在同一个空间内,但当他们面对局部环境变化时,他们之间就会产生一定的冲突。这种生产主体与消费主体的分离,造成了人与人关系的隔阂,人与自然的割裂,[2]进而使得他们处于不同权力的阶序。[3]

进入21世纪,转基因这一生物技术得到广泛的应用,转基因作物也日益成为全球化过程中的热点与焦点问题。郭于华以转基因大豆为例,说明由于普通民众在知识权力场域中处于弱势地位,公众不可能达到真正的知情,或者说他们的信息、经验和知识是片断或支离破碎的,无法形成完整的知识链条,他们在面对一种具有相当不确定的陌生事物时的不知所措,正是知识—权力宰制的体现。[4]胡艳华以湖北潭村的转基因棉花种植为例,认为种植转基因作物并不完全是"知识与权力"主宰之下的行为。她认为农民在试种后发现转基因棉花种植的效果很好,在这一"效用"的推动下农民大面积种植转基因棉花,因此转基因棉花成为潭村的最主要的农作物。[5]但是在笔者看来,潭村转基因作物的种植仍是知识与权力宰制的体现。通过阅读全文可以发现,潭村是一个典型的留守村落,农民希望种植省事的庄稼节约劳动力,转基因棉花抗病虫害能力强,正好符合了农民的期望。然而农民对转基因棉花并不了解,甚至不能正确说出其名字,农民在作物推广过程中是盲目地服从于农业技术人员的理性

① 杨筑慧:《橡胶种植与西双版纳傣族社会文化的变迁——以景洪市勐罕镇为例》,《民族研究》2010年第5期。

② 吴振南:《生态人类学视野中的西双版纳橡胶经济》,《广西民族研究》2012年第1期。

③ 李鹏:《大地之"子":作物的人类学研究综述》,《广西民族研究》2015年第1期。

④ 郭于华:《天使还是魔鬼——转基因大豆在中国的社会文化考察》,《社会学研究》2005年第1期。

⑤ 胡艳华:《知识—权力—效用:推动乡村社会变迁的文化生态——以湖北潭村种植转基因作物为例》,《农村经济问题》2016年第7期。

和政府的诱导。从这一角度来看,农业技术人员和政府的介入本身就是知识与权力宰制的体现。

相较于欣欣向荣的种植业,以动物养殖为主要生计方式的传统牧(渔)业却出现萎缩,甚至有消失的趋势。如庄杉、靳乐山基于赫哲族居住村落的实地研究,阐释了以鱼为食、以鱼皮为衣的鱼皮部落因为鱼的渐渐消失,传统的渔猎经济失去了赖以生存的根基,其生计方式、物质层面(衣、食、住、行四个层面)以及精神层面(萨满教)等发生了全方位的变化。①特日乐以随鹿而行的鄂温克人与埃文基人的生计方式变迁为例,阐释了两个少数民族从居无定所的游猎生活到定点定居的生产生活方式的变迁,探讨了政治、国家力量、生态等因素在这一变迁过程中的影响。②良维伟通过对藏北那曲县达村和宗村两个自然村落的研究发现,自新中国成立以来藏北四种主要牲畜——牦牛、绵羊、山羊和马的数量发生了很大的变化,绵羊、山羊和马的数量减少,甚至在大多数农户家已经见不到这三种牲畜,而只养牦牛这一种牲畜。藏民根据自然环境、牲畜的特性以及传统文化作出调适,这种调适体现在生产工具、生计方式、饮食习惯等方面。③通过已有研究可以发现,牧(渔)业的变化受到国家实施的定居和生态等政策影响,同时以牲畜(鱼)为主的牧(渔)业逐渐商品化,而以经营牧(渔)业为主的社区文化也遭遇了转型危机。可以说,随着政府、现代性、市场等因素逐渐介入牧(渔)业,牧(渔)业已不再仅仅是当地人与自然的选择结果。

综上所述,"物"的背后具有一个丰富的意义世界,这个意义世界是由人的社会生活、经验、情感等建构出来的。自从20世纪初起,对物的周围环境影响"最大的实体是'社会'和'文化',它们既组成大的系统又构成限

---

① 庄杉、靳乐山:《东北赫哲族生计与文化的变迁研究》,《渔业经济研究》2009年第2期。
② 特日乐:《鄂温克人与埃文基人生计变迁之共性阐释》,《中南民族大学学报》2018年第3期。
③ 良维伟:《藏北牧民传统畜牧生计方式的变迁——那曲村落社会的调查》,《西藏研究》2013年第5期。

制系统"①。因此对物的考察必须放置在一个世界性背景中,关注人/社会与物的关系,同时需要注意到物的多层性/脉络性、空间性/时间性、主体性/客体性等特性。特别是在作物(牲畜)的研究中,要将作物(牲畜)放在生产、加工、运输、销售、消费等过程中进行考察。因为这些环节往往是分离的,生产者与消费者分离,甚至会出现生产者不消费其生产的产品或消费者从未见过其消费产品的生产过程。而随着生产者与消费者的分离,生产与消费的空间也发生了分离。这一过程正是农牧业商品化的最直接体现。

三、关于国家建构的研究

(一)国家理性与国家建构

现代国家的出现根本性地决定了晚近400多年间人世生活的方方面面。在这400多年间,国家建构既是一种自然发生的历史,也是一种有意识的自觉自为的历史进程。在国家建构的过程中"'国家理性'('reason of state')潜含其中,俯临其上,超然于前,挈领着这一巨型秩序的生成、发展与演变,而恰为其心智与心性"②。"国家理性"是现代早期出现的一个非常重要的政治词汇。"国家理性""作为一项原则或观念得以实现是基于国家足够强大并能够捣毁真实的或者想象的障碍,并且在所有其他重大力量面前确立自己无条件的存在权利"③。"国家理性"的兴起不仅是现代国家观念诞生的标志,也折射出一种新的政治洞见和政治态度。④

"国家理性"译自英文"reason of state"。目前,"reason of state"的中文

① [澳]尼古拉斯·托马斯:《人类学的认识论》,中国社会科学杂志社:《人类学的趋势》,王寅通译,社会科学文献出版社,2000年,第67页。

② 许章润:《国家建构的精神索引——今天中国为何需要省思"国家理性"》,《历史法学》2011年第1期。

③ [德]迈内克:《马基雅维里主义》,时殷弘译,商务印书馆,2003年,第81页。

④ 周保巍:《"国家理由"还是"国家理性"三重语境下的透视——思想史脉络中的"reason of state"》,《学海》2010年第5期。

译文主要有两种,一种是"国家理由",一种是"国家理性"。当迈内克的 *Die Idee der Staatsräson in der neueren Geschichte*① 一书的英译本被翻译成中文时,"raison d'etat"("reason of state")被译为"国家理由"。但是有学者认为这是一种误译,周保巍从"辩论语境""社会语境"和"写作语境"三种语境出发对"reason of state"进行考察认为,将"reason of state"翻译为"国家理性"不仅可以洞察文艺复兴时期"西方理性史"上"道德理性"向"工具理性"这一重大转型,也能够与"公民理性"相区别。这一译法还可以将其与整个"世界图景"的理性化有机地联系在一起,并且基于对"现代性"的批判,让我们可以反思历史发展过程中的"另一种可能性",由此重构未来。②但《马基雅维里主义》的译者时殷弘认为,"国家理由"的译法表现出了"raison d'etat"的真正理论含义和精神实质,而"'国家理性'至少没有直接表现出'raison d'etat'登上历史舞台的时候富含的激情、正义感和勇气"③。还有学者认为,翻译者、汉语学界的学者们使用"国家理由""国家理性"是基于一定的"语境"。在中文中,理性如同科学一样,负载着正面的价值意涵,常常被理解为理智和道德的集合体,当一个人或一件事被称为"理性的",也即意味着它是正当的。④同时,从"国家理由"到"国家理性",体现了国家对外对内的理性化,即中国在世界体系中的外交"理性化"和国家建构的内政"理性化"⑤。

迈内克认为,"国家理性观念的丰富内容不容许给加上概念定义的狭小桎梏"⑥。有学者认为国家理性是国家建构的精神索引,国家理性综合性地回答了"为什么要有国家?""如何才有国家?""国家应当如何?"三大

① 迈内克的 *Die Idee der Staatsräson in der neueren Geschichte* 一书的英译本,于 2003 年由时殷弘翻译为中文版《马基雅维里主义》出版。

② 周保巍:《"国家理由"还是"国家理性"三重语境下的透视》,《读书》2010 年第 4 期。

③ 时殷弘:《现实主义政治伦理与特殊主义世界观——西方经典思想和当代中国理念》,《世界经济与政治论坛》2011 年第 1 期。

④⑤ 裴自余:《国家与理性:关于"国家理性"的思考》,《开放时代》2011 年第 6 期。

⑥ Friedrich Meineche. *Die Idee der Staatsräson in der neueren Gescheichte. München&Berlin*, 1924.P259. 转引自[德]卡尔·施米特:《论断与概念》,朱雁冰译,上海人民出版社,2016 年,第 54—55 页。

根本问题。①国家理性是对"国家应当为何"与"为何要有国家"的回答，试图为国家建构提供理论支持和精神支撑，以及为国家建构寻求可行路径。②国家理性关乎国家建构的理据。③因此我们可以看到，国家理性是国家建构依据的"一种新的知识及伦理"④。而在近百年来，随着工业文明的快速发展，民族国家的权力逐渐膨胀，具有"独立人格"的国家本身成为国家的目的。"国家理性是国家和自身的一种关系，是一种自我表现，因此国家理性谈论的是一种没有主体的幸福，即国家本身指的是国家应该幸福，而从来都不是'人口的幸福'。"⑤高山岩指出："在平稳的国家关系中，'国家理性'在'普遍规范性'外衣的打扮下显现其尊容，而一旦面临危机，'国家理性'就会将外衣抛弃，在'出于国家的需要'的名义上显露其真容。"⑥因此成熟的国家理性是工具理性与价值理性的统一体。那么现代民族国家的建构是如何成为国家理性的核心的？

（二）权力技术与国家建构

马克斯·韦伯认为："国家者，就是在某固定疆域内肯定了自身对武力之正当使用的垄断权利的人类共同体。"⑦换句话说，韦伯认为，在特定的领土内，当一个政治组织合法地垄断了对武力的组织运用时，它便成了国家。在韦伯看来，国家建构依赖于对暴力的合法垄断。权力的获得不仅仅是靠强制权力征服，还需要对权威的合法性认同，对权威的合法性认同

① 许章润：《国家建构的精神索引——今天中国为何需要省思"国家理性"》，《历史法学》2011年第1期。

② 韩瑞波：《权威与自由之衡——由法国旧制度与大革命引发的国家理性探赜》，《陕西行政学院学报》2015年第2期。

③ 任剑涛：《国家理性：国家禀赋的或是社会限定的》，《学术研究》2011年第1期。

④ 朱兵、陶永新：《近代欧洲政治话语的创新——"国家理性"观析微》，《北方论丛》2010年第2期。

⑤ [法]米歇尔·福柯：《安全、领土与人口》，钱翰、陈晓径译，上海人民出版社，2018年，第364页。

⑥ 高山岩：《"国家理性"论与"国际社会"的现实——主权国家概念的理论再探讨之三》，《国外社会科学文摘》1994年第8期。

⑦ [德]马克斯·韦伯：《学术与政治》，钱永祥等译，广西师范大学出版社，2004年，第197页。

是社会秩序、社会关系最稳定的根本。①这说明了在人们居住的地域和生活的空间中，当冲突②发生时，只有国家是暴力的合法使用者，私人的或者地区性的暴力是不合法的。③

迈克尔·曼认为权力是通过支配人们的环境以追求和达到目标的能力，④并将权力划分为专制性权力和基础性权力两种截然不同的类型。专制性权力为"国家精英所享有的、不必与市民社会团体进行日常的制度化磋商的行动范围"；基础性权力则是"国家能实际穿透市民社会，并依靠后勤支持在其统治的疆域内实施政治决策的能力"。⑤

吉登斯则在迈克尔·曼这一划分的基础上根据权力与资源的关系提出了两种权力资源装置类型，即权威性资源和配置性资源。其中，前者主要是行政体系和军事体系，是实施专制权力的权力技术，后者主要是工业生产和资本主义体系，是支持专制权威的基础结构。吉登斯根据权力装置的转换将国家分为传统国家、绝对主义国家和民族国家三种类型。传统国家主要依赖于权威性专制权力技术。传统国家既无法同步性地获得领土边界范围内所有居民的信息，也无法将中央政策同时传达到全国各个地方，有限的国家权力无法跨越广袤的时空将整个国家有机整合起来。绝对主义国家时期，领土整合能力和军事动员能力大大增强，主权观念产生。经过绝对主义国家这一阶段，民族国家逐步形成并且取代绝对主义国家成为19世纪以来主要的国家形式。民族国家实现了对暴力工具的垄断，其政治边界和地理边界趋于一致，并在领土范围内实施着高度密集的行政监控。⑥由此可以看出，民族国家与传统国家相比，主要差别在于

---

① [英]安东尼·吉登斯：《资本主义与现代社会理论：对马克思、涂尔干和韦伯著作的分析》，郭忠华、潘华凌译，上海译文出版社，2013年，第199页。

② 冲突本身并不违法。

③ [英]厄内斯特·盖尔纳：《民族与民族主义》，中央编译出版社，2002年，第4页。

④ [英]迈克尔·曼：《社会权力的来源》，刘北成、李少军译，上海人民出版社，2007年，第8页。

⑤ 殷冬水、赵德昊：《基础性权力：现代国家的标示——国家基础性权力的政治理论透视与解释》，《学习与探索》2019年第9期。

⑥ [英]安东尼·吉登斯：《民族-国家与暴力》，胡宗泽、赵力涛译，生活·读书·新知三联书店，1998年。

权力的配置技术发生的根本性变化。①同时,领土或国家疆界的确定是建构民族国家的重要基础。

　　吉登斯从宏观视角以权力和资源的配置类型对权力类型及国家的历史形态进行了划分,而福柯则更加关注权力的微观形态。福柯认为近代国家开端以16世纪初治理术(governmentality)进入政治领域为标志。福柯认为国家没有内在属性,更一般地说,国家没有本质。国家制度的本质是治理实践变化的运作,但是政治理论对制度关注过多,对实践关注较少。②福柯从谱系学角度考察了"领土国家"到"人口国家"的权力技术。对人的治理的技术工具经历了从司法体制到规训体制再到安全配置的变化,这三种形式在历史图谱发展中都不是孤立出现的,而是相伴而生的。法律的惩罚体系具有规训和安全机制的作用与意义,在试图发展安全机制的同时,不会搁置或取消法律和规训机制,仍然是相伴发展。法律和规训机制被置于安全机制中,并且越来越庞大。治理的目标由个人的精神领域(智慧、品德等)到主权和人口,治理的范式由具体个人到家庭和人的群体,西方国家则从"司法国家"经由"行政管制国家",最终实现了"自由主义阶段"的转变。③

　　综上所述,在国家建构的过程中,权力技术已经由过去粗暴的专制权力逐渐转向规训技术和安全配置模式,国家通过权力技术的改变实现了对领土范围内的空间的统治以及对整个国家的有机整合。权力技术成为了国家理性实现的手段。权力技术随着国家理性的诞生发生了根本性的改变,并且随着国家理性的改变而改变。国家理性是"以国家的名义"④或"国家的目的是什么"⑤。福柯认为,国家的目的是国家本身,国家理性

　　① 郭伟和:《变与不变:泥河村礼治传统的转型》,社会科学文献出版社,2018年,第23页。

　　② Gordon C. Governmental rationality: An introduction. In: Burchell G, Gordon C and Miller P (eds) The Foucault Effect: Studies in Governmentality. Chicago: University of Chicago Press, 1991,p.4.

　　③ [法]米歇尔·福柯:《安全、领土与人口》,钱翰、陈晓径译,上海人民出版社,2018年,第20页。

　　④ [德]卡尔·施米特:《论断与概念》,上海人民出版社,2016年,第54—55页。

　　⑤ [法]米歇尔·福柯:《安全、领土与人口》,钱翰、陈晓径译,上海人民出版社,2018年,第364页。

是国家和自身的一种关系，是一种自我表现。因此，在福柯看来，权力技术便是调节国家与自身关系的一种手段和方式。

（三）中国的国家建构

晚清时，中国发生了"三千年未有之变局"。"之所以'三千年未有'，乃是过去中国政治变化，不过是王朝之更迭、权力之移位而已，虽然统治者不断变化，但统治的基本义理、权力背后的正当性基础，三千年基本未变也。而晚清开始的大变局，则不同了，不仅老祖宗定下来的旧制度要变，而且旧制度背后的义理也发生了危机，也面临着大变化。"①简而言之，中国最根本的变化是国家理性的诞生，而且国家理性成为国家建构的正当性来源。这不仅意味着家国天下的分离，也意味着国家的理性逐渐超越天下的道义。

家国天下是传统中国意义框架的连续体，而在这个连续体中，国是相对的，是最为暧昧的一个，从西周天子赐给诸侯的封地之国到春秋战国时代群雄争霸之列国，再到自秦一统天下后的以王权为核心的王朝之国，均带有原始的氏族共同体意味，其内涵远不及近代国家那般丰富。正如梁漱溟先生所言："古代中国人只有王朝的观念，没有国家的观念。"梁漱溟先生认为，"中国之不象国家"。第一，中国缺少国家应有的功能，老百姓与官府之间的交涉仅有纳粮和涉诉两项；第二，中国缺乏国际对抗性；第三，中国人极度缺乏国家观念。"国家消融在社会里面，社会与国家相混融"，"中国人心目中所有者，近则身家，远则天下；此外便多半轻忽了"。②具体而言，国家的建构至少需要满足三个条件：一是建立功能性的组织机构以使国家权力渗透到社会中；二是在对外方面，要有来自其他国家的竞争或对抗；三是国民要有国家观念。

---

① 许纪霖：《家国天下：现代中国的个人、国家与世界认同》，上海人民出版社，2017年，第282页。

② 梁漱溟：《中国文化要义》，中国文化书院学术委员会编：《梁漱溟全集》，第3卷，山东人民出版社，2005年，第163页。

自1840年开始,中国人开启了富强之路、维护和争取国家主权之路。1912年中国的王朝退出历史舞台,民国时期的历任政府一贯以军事联合、工业发展、教育改革、财政和官僚体制改革的集权化作为最主要的目标。然而这却导致了政权"内卷化",即"国家机构不是靠提高旧有或新增(此处指人际或其他行政资源)机构的效益,而是靠复制或扩大旧有的国家与社会关系——如中国旧有的营利型经纪体制——来扩大其行政职能"①。国家政权只能依赖经纪制扩大其控制力,而难以直接向乡村渗透。中国共产党获得了最终的胜利,取代了士绅残余势力,将行政权力渗透到了广大农村社区,发动农民以中国历史上前所未有的程度参与运动。②1949年中国共产党领导的强大的中央政府诞生,开始积极建构社会主义新中国。新中国成立后,中国在国际秩序之内已享有充分的主权,转而以财富、政治体制和军事力量来获得强国地位,以重新在东亚乃至东亚之外担当起至关重要的角色。③中国政府积极推进重工业的发展以增强其军事能力,为支持城市和工业建设,在农村实施土地改革和农业合作社将农民动员和组织起来。由此建构了一个成熟的"军事—财政"国家。

杨美惠认为国家通过一系列社会运动销蚀亲属和礼法社会,以实现国家权力对社会的更广泛渗透,从而更好地实施国家战略。她以对20世纪70年代"批林批孔"运动的分析说明国家权力依赖"今胜于古"的观点支援其激进的社会重建,将自己作为历史必然性的化身。④换句话说,在杨美惠看来,"批林批孔"运动是一种获得现代中国的国家权力的一种叙事方式。

---

① [美]杜赞奇:《文化、权力与国家:1900—1942年的华北农村》,王明福译,江苏人民出版社,2003年,第55页。

② [美]斯考切波:《国家和社会革命:对法国、俄国和中国的比较分析》,何俊志、王学东译,上海人民出版社,2015年,第295页。

③ [美]斯蒂芬·哈尔西:《追寻富强:中国现代国家的建构,1850—1949》,赵莹译,中信出版社,2018年,第277页。

④ [美]杨美惠:《礼物、关系学与国家:中国人际关系与主体性建构》,赵旭东、孙珉译,江苏人民出版社,2009年,第184页。

综上,在现代中国的国家建构过程中,国家理性越来越趋向于使国家从社会中分离出来成为独立的实体,并通过国家机构将国家权力渗透到社会中。国家权力向社会渗透不仅需要优化和完善国家政治组织机构,还要消除国家与社会之间的"第三者"(如士绅阶层等)。

四、文献述评

既有关于蒙古族社会文化变迁的研究为我们揭示了蒙古族社会文化变迁的动因、过程、特点和内容等,其中动因决定了变迁的过程、特点和内容,动因是根本性的。蒙古族社会文化的变迁是一个动态的历史过程,在不同的历史阶段,蒙古族社会文化变迁的动因也不同。在蒙古族社会文化变迁过程中,汉族移民、土地开垦、国家力量、市场等外力因素的影响越来越强,相对而言,蒙古族及蒙古族社会文化等内部因素的影响力越来越弱。特别是在清朝中后期,汉族移民、土地开垦成为影响蒙古族社会文化变迁的主要因素,蒙古族的社会结构、社会关系等都相应地发生了变化。新中国成立后国家力量成为蒙古族社会文化变迁的主要动力因素,国家力量通过不断地向蒙古族乡村社会渗入来推动其变迁。但是国家力量并不是蒙古族乡村社会变迁的主宰,而是其与蒙古族社会自身具有的文化特性、知识体系等相互作用共同推动的变迁。关于蒙古族社会文化变迁的研究为本研究提供了以国家与社会的视角分析蒙古族社会文化的变迁过程。但是以往的研究介入点比较笼统,研究的主线比较宏观,很少从某一微观事物出发,对蒙古族社会变迁进行细致入微的分析。而且对新中国成立后蒙古族乡村社会的研究主要集中于某一个时期,少有研究根据不同时期的时间节点对不同时期的变迁作出全景式的分析和研究。同时,这些研究较多关注于国家对蒙古族乡村社会变迁所起到的主导作用,但是少有研究对国家为什么要推动这些变化这一问题进行追问和回答,即国家这样做的目的是什么?

物作为社会演进的标识,说明了作为客观实在的物的更替对人类社会的生产、生活方式以及精神世界的影响。物的象征性强调了物具有的社会文化内涵,但物所具有的社会文化意涵不是从来就有的,而是经由具体的文化认知和价值观建构而成的。关于农作物和牲畜的研究,可以看出与人类生存息息相关的农牧业生产"物"在历史发展的过程中,其自然性不断被选择、被改造以符合人类社会的经济、政治需要。在被选择和被改造的过程中,物的生产和消费在时间和空间上逐渐分离,尤其是在商品化的过程中,物一直处在时间、空间的变动中。物的研究为本研究提供了"以物观人""以物见社会"的微观视角,即以物作为切入点去探寻宏观的社会生活世界。但是以往关于物的研究,特别是对与生计有关的农牧业生产"物"的关注过于强调其经济性,而对其政治性关注不足,即缺少从国家的视角出发去分析"物"的变化。

国家建构的过程是在国家理性的指导下,国家权力不断向社会渗透并取得合法性的过程。已有研究从国家理性、权力技术等方面对国家建构理论进行了论述,但是并没有明确国家建构的具体维度。因此,本研究试图从不同的维度对国家建构进行论述和分析。在中国的国家治理过程中,国家权力的下沉是通过不同的技术方式实现的,即国家作用于社会的方式不同。以往的研究强调了国家建构过程中权力向社会的渗透,但是对新中国成立后国家建构中权力的渗透方式研究不足。因此,本研究不仅关注国家权力向社会渗透的过程,还关注不同时期国家权力作用于社会的方式。

综上所述,基于已有研究,本研究试图描述白村近百年的社会变迁史,尤其是以牛与玉米变化为主的生计变迁和农牧关系的变迁。通过这一变迁过程,深入考察在过去的一百年中,国家在不同的历史时期对民族地区的乡村治理和建构,以及与地方文化之间的互构过程和机制。并进一步探讨国家在不同历史时期所采取的不同治理方式背后的目的,以及国家建构的过程和机制。

第三节　分析框架与研究方法

一、分析框架

空间具有政治性,国家权力是通过对空间的建构来实现其统治的。列斐伏尔指出,空间是一个中介,是一种中间物和一种媒介,即一种手段或者工具。在社会或政治统治中,统治阶级通过权力控制空间,借由空间利用技术管理整个社会,以使生产关系符合阶级利益。空间是政治性的,空间的生产(建立)具有战略性。换句话说,空间是一种在全世界都被使用的政治工具,[①]身处世界中的人们对空间的顺从无意识地肯定着现实的统治。[②]

斯科特通过对东南亚山地地区的研究认为,在东南亚的赞米亚地区,山地居民一直处于无政府状态,这在一定程度上说明了并不是所有的社会都需要和存在国家。而与其相对的是,在谷地的农业社会中,水稻是国家建立统治的首选粮食作物。当土地变为稻田时,土地也由非国家空间变为国家空间,以水稻为生的人民不可避免地被固定在了(国家的)土地上,同时稻田也为国家提供了稳定的资源供应。[③]可以说,多数农业社会都有国家的存在,而且这种存在是可以选择的,国家的边界相对来说是流动的、开放的。到了后农业时代的工业时代,国家则成为必然,尤其是在二战后,民族国家相继建立。正如黑格尔所言,起初并没有国家,后来,一些社会有了国家,最后,所有的社会都有了国家。[④]

---

① [法]亨利·列斐伏尔:《空间与政治》(第二版),李春译,上海人民出版社,2015年,第24页。

② 张一兵:《德波和他的〈景观社会〉》,[法]德波:《景观社会》,王昭风译,南京大学出版社,2006年,第21页。

③ [美]詹姆士·C.斯科特:《逃避统治的艺术:东南亚高地的无政府主义历史》,王晓毅译,生活·读书·新知三联书店,2016年,第5—21页。

④ 参见[英]厄内斯特·盖尔纳:《民族与民族主义》,中央编译出版社,2002年,第7页。

国家政权的建构有赖于政治、疆域和文化边界的清晰划分,并以这些明确清晰的边界塑造人们的行为。①韦伯认为传统国家权力的合法性来自传统的、个人"魅力"的和法理性的方面,而近代国家权力的合法性主要来自形式上合乎程序的法理确认。②福柯认为国家具有一种高于法律的必要性,在国家理性的指挥下,治理不必具备合法性,而需具备必要性。在某些紧迫、紧急的时候出于某种必要,国家理性可以以拯救国家的名义摆脱法律,只让国家和自己产生关系,营造必要性和拯救国家的气氛。政变是国家理性游戏法律最好的例证。国家理性是让早已存在的税收、军队、司法等国家机器进入到一个主动的、深思熟虑的实践场域中去,这种实践场域恰好就是国家,而这一主动的、深思熟虑的过程就是国家理性作用的体现。③因此国家的目的就是国家本身。国家通过权力技术不断地向社会空间渗透来实现国家存在的目的。

吉登斯和福柯认为现代国家是一个主权国家,且领土具有明确的边界,即政治边界与地理边界重合,国家权力能够延伸到每一寸领土,在领土空间内具有绝对的主权。④现代国家的建构与空间有着必然的联系,对社会的统治目的和技术的功能都可以体现在空间的改变和生产中。⑤列斐伏尔将空间大体划分为物理空间、精神空间和社会空间,这些空间相互渗透、相互重叠,并且每一个空间都会生产出自己的空间。列斐伏尔从马克思主义出发,认为国家对空间的管理是按照生产方式的要求进行的,

① [英]史怀梅:《忠贞不贰?——辽代的越境之举》,曹流译,江苏人民出版社,2015年,第206页。

② [德]马克斯·韦伯:《经济与社会》(上卷),林荣远译,商务印书馆,1997年,第297—302页。

③ [法]米歇尔·福柯:《安全、领土与人口》,钱翰、陈晓径译,上海人民出版社,2018年,第363页。

④ [英]安东尼·吉登斯:《民族-国家与暴力》,胡宗泽、赵刀涛译,生活·读书·新知三联书店,1998年,第145—147页;米歇尔·福柯:《领土、安全与人口》,钱翰、陈晓径译,上海人民出版社,2018年,第20页。

⑤ [法]米歇尔·福柯、[法]保罗·雷比诺:《空间、知识、权力——福柯访谈录》,陈志梧译,包亚明编:《后现代性与地理学的政治》,上海教育出版社,2001年,第1页。

也就是按照社会关系的再生产要求进行的管理。①这反映了空间具有阶级性质，不同的阶级享有的空间不同。布迪厄认为在权力场域空间中，权力技术和结构性因素建构不同行动者的阶级位置，而权力技术和结构性因素趋向于具有象征性，反而这些位置被遮蔽了。布迪厄的"国家起源"（Genesis of the State）理论将"国家"这一概念延伸到了现代的日常生活空间中，不仅仅是指地理位域上的国家空间。布迪厄用"国家起源"来表述国家通过一系列活动来建构自己的行为。换句话说，在国家空间中，这种遮蔽使得社会和国家既分立，又共生：社会在国家中，国家在社会中，即国家权力通过象征性活动渗透到社会的日常生活空间中。在日常生活中，国家虽然看不见、摸不着，但是却通过各种各样的活动来表征自己，使自己作为"实体"被感知到。这些表征活动将使国家根深蒂固地存在于人民的意识中。②

国家建构空间的过程中，权力技术类型随着国家理性的转变而转变，③权力作用于空间的方式逐渐趋向表征性活动。因此笔者在吸收和借鉴已有的理论的基础上，提出本研究的分析框架即国家建构模式（见图1-1）。在该模式中，国家理性是国家建构的理据，权力技术是国家建构的手段，权力技术通过作用于不同的空间以扩展国家空间，同时国家权力在渗入到乡村社会时与地方文化共同作用推动乡村社会变迁。本研究通过这一分析框架试图回答国家对乡村社会进行治理的目的是什么？国家是如何进行治理的？这种治理所引起的变化又是如何作用于国家的？

---

① [法]雷米·艾斯：《亨利·列斐伏尔与都市》、[法]亨利·列斐伏尔：《空间与政治》（第二版），李春译，上海人民出版社，2015年，"序言"第4—9页。

② Bourdieu, Pierre. *On the State: Lectures at the College de France, 1989-1992*, Cambridge: Polity Press, 2014.

③ [法]米歇尔·福柯：《安全、领土和人口》，钱翰、陈晓径译，上海人民出版社，2018年，第116—119页。

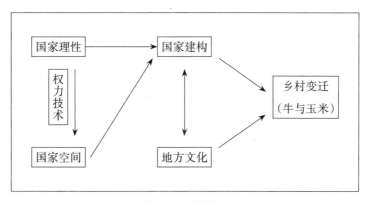

图1-1 分析框架

本研究以国家建构模式作为分析框架,通过考察白村近百年的社会变迁史,尤其是以牛与玉米的变化为主的生计变迁和农牧关系的变迁,分析国家在不同历史时期在民族地区乡村治理中对地方社会文化空间的建构及其机制,以及国家建构的过程与机制。本研究的主要内容见表1-1:

表1-1 研究内容脉络表

历史阶段		1947年以前	1947—1957年	1958—1977年	1978—2004年	2005年至今
乡村社会	农牧关系	农进牧退	重农轻牧	重农轻牧	以牧养农	以农养牧
	土地	草场被大量开垦成耕地	开垦坨子地①	大量开垦草场、坨子地,常弃垦,建设畦田	开垦草场、荒地、坨子地,改良土地	无草场、荒地可垦,集中改良土地
	牛与玉米	牲畜:四畜、野牧、牛作为肉畜役畜;玉米:少量种植、粗放经营	牲畜:野牧、牛作为肉畜役畜;玉米:少量种植、粗放式经营	牲畜:野牧、牛作为肉畜役畜;玉米:种植面积扩大并逐渐成为主要农作物、精耕细作	牲畜:野牧、牛的役用功能减弱,肉用功能加强;玉米:主要农作物、精耕细作	牲畜:牛多、羊少,马极少、野牧到舍饲,肉用;玉米:精耕细作

---

① 在白村一带土地分为坨子地和甸子地。坨子地以风沙土为主,土壤黏结力差,松散无结构,极易风蚀,漏水、漏肥、瘠薄,生物产量低,甸子地以草甸土为主,土壤有机质含量高,营养成份较充足,保水、保肥、抗旱,但是处于低洼地段,受地下水和地表径流的影响,可溶性盐分集聚,上层土壤易盐碱化。

历史阶段		1947年以前	1947—1957年	1958—1977年	1978—2004年	2005年至今
	村民的行为	顺从	顺从	弱者的反抗	顺从	激进
国家建构	国家理性	民族独立，建立民族国家	建构国家观念	建立军事—经济强国	扩大经济生产，激发经济活力，推动经济发展	扩大内需，拉动经济发展
	权力技术	武装冲突与解放战争	土地改革与农牧业改造	计划与控制（人民公社制度、票证制度、科学技术等）	改革与开放（家庭联产承包责任制/草畜双承包制）	投资与给予（生产补贴、玉米价格补贴、牛业专项扶贫政策）
	国家空间	领土空间	观念空间	集体空间	市场空间	日常生活空间

二、研究方法

本研究主要采用实地研究、文献研究和追踪研究三种研究方法，力图实现对一个半农半牧蒙古族村落社会变迁趋势的总体把握，从而能够从一种复杂、流动、多元的社会现象中抽象出关于国家建构技术变迁的经验事实，最终能够更好地阐释本研究的理论问题。

（一）实地研究

在变迁加快的现代社会中，重视现实社会知识是大势所趋，而不是靠前人书本帮助解决时代问题，①特别是在研究关于社会变迁的课题时尤其要重视田野的实证资料。因此笔者"到实地调查去"，通过实地参与观察和访谈收集资料，使用定性的资料分析方法对实证资料进行分析和归纳。

笔者于2016年8月和2017年7月至2018年1月在内蒙古白村进行了实地研究。在田野调查期间，笔者居住于白村村民BH②家，BH是笔者的

———————————

① 陈心想：《"行动伦理"概念的中国元素——兼评周飞舟社会学中国化的路径》，《社会学评论》2019年第1期。

② 出于学术伦理，对全书人名进行匿名化处理，化名为其名字的汉语拼音首字母。

报道人①。居住在BH家使得笔者能够非常便利地观察到白村家庭的生产生活等活动。报道人BH曾经做过白村的会计,他对白村的人口状况非常熟悉。BH老人经常以聊天的方式给笔者讲述关于白村和白村人的故事。笔者根据访谈内容的需要,与报道人进行讨论,然后依照白村正式的人口统计数据确定关键人物和典型人物。笔者对确定的典型人物和关键人物进行深度访谈。同时,笔者会到白村的村民聚集点②(包括村民的打牌点、商店、跳广场舞的地方等)进行观察和随机的非正式访谈,并发现和发展正式访谈对象。每次正式的面对面访谈(正式访谈)时间在1到3个小时之间不等。笔者对白村41人进行了正式的深度访谈,并对其中9人进行了多次访谈。笔者整理的访谈资料达30余万字。笔者根据受访者日常生活的安排,与受访者一起参与生产生活等活动,并在活动中与受访者交谈(非正式访谈)。笔者通过田野日志的方式记录下日常生活中的观察和非正式访谈的资料,共记有74篇田野日志。

随着网络自媒体的兴起,视频资料、短视频社区平台③与即时通信工具等成为获取学术研究资料的重要途径,丰富了民族志研究的资料。抖音、快手、火山小视频等手机视频软件在白村非常流行,从三四岁的孩子到六七十岁的老年人基本上都会使用,村民们经常在这些视频平台发布与自己生产生活相关的视频、图片等。以微信、QQ为主的即时通讯软件则是白村的线上社区,微信朋友圈、QQ空间成为村民记录和展示生活的重要平台。笔者通过这些短视频平台和即时通讯平台的"朋友圈"收集相关资料,这些资料主要以图片和视频为主。笔者离开白村后利用微信和电话与白村人保持联系,定期地进行电话回访。

通过访谈和参与观察,笔者对白村的现实场景有了全面的了解。在与白村人交往的过程中,笔者掌握了村民的行事逻辑,以及村民的生活追

①"报道人"也称为"线人"或"资讯人",是研究者进入田野点和在田野点开展调查的关键人物,他们往往拥有某种正式或非正式的权威,并利用其身份的便利积极配合研究者开展研究工作。

②村民聚集点是一个信息集散地。笔者在这里能够及时获得村内事件的信息。

③如快手、抖音、火山小视频等平台。

求。"白村为什么会成为白村"的答案不在别处,就在白村和白村人的生产生活中。在长时间的田野生活中,笔者作为生活者逐渐融入白村,同时笔者又是观察者,这种双重身份在一定程度上促使笔者做反身思考。特别是在理论的指导下,笔者又能够从白村中走出来,从宏观的视角和"他者"的视角解读"白村之所以成为白村"的原因。

(二)文献研究

文献的内涵十分丰富,包含与研究对象有关的任何信息形式,常见的有报纸、期刊、统计年鉴、地方志和政府公开或未公开发表、出版的资料。实地调查获得的资料与相关的文献资料进行相互印证和补充,丰富研究资料。具体来说,笔者通过地方志、统计年鉴、关于畜牧业发展的历史资料等了解调查点的历史和调查点农牧业发展的历程和特点;《内蒙古日报》《通辽日报》等报纸期刊反映了当地社会的热点和焦点;各级政府的官方网站的资料具有官方的"身份",这部分资料不仅丰富了研究资料,而且也为本研究提供了一个"政府"视角,能更精确地掌握政府的关注点。

(三)追踪研究

在质性研究中,追踪研究是一种跨时段观察和研究同一现象的研究方法。关于追踪研究,当前存在很多种提法和分类,如重访、回访、追踪研究、追踪调查、再研究等。这种历时性的视角成为社会文化变迁研究的主要研究视角。学术发展总是如积火传薪,追踪研究不是简单的重复或资源浪费,而是具有更深刻的意义。意义表现在两个方面:一是直接"延续"了这个田野地点的学术生命;二是获得了重新审视这个地点的机会。"对传统传承、文化再造和创新的认识,亦即对社会发展和文化进步的认识,也会因这种持续的研究而更为深刻。"①麦克·布洛维认为,任何一个人在

①潘守永:《"一个中国的村庄"的跨时空对话——"台头"重访》,《广西民族学院学报》2004年第1期。

不同的时间点对已研究过的田野点做重复研究,都会遇到非常不同的情况。一方面是因为历史并不是实验室里的实验,能够在相同的环境中一次又一次地重复;另一方面是因为民族志写作中的"遭遇",会有一些"无法言说"的东西。①

包智明曾于1996年,在其家乡内蒙古通辽市(当时为哲里木盟)选择包括白村在内的四个不同类型的村落进行调查研究,对这四个村落社会经济的发展情况进行了定量描述和比较分析,并出版了蒙文著作《科尔沁蒙古族农民生活》。2005年和2006年郝亚明、包智明以这四个村落为研究对象,并且将研究聚焦于白村,以体制政策作为研究视角对农村的社会文化变迁进行调查研究,追踪白村自1996年至2005年近10年间的变迁,并在此基础上出版了《体制政策与蒙古族乡村社会变迁》一书。2005年至2016年又是10年,这10年间白村的村容村貌、生产生活、思想观念等都发生了变化。而且2005年是一个关键的时间节点,2005年内蒙古全面取消农业税,随之国家逐渐通过财政补贴、转移支付等方式不断向农村输入资源以支持乡村建设。因此,基于学术研究的连续性和研究兴趣,笔者选择白村作为田野调查点进行研究,并以农牧民赖以生计的牛与玉米作为主线,探讨国家建构与乡村社会变迁的关系,力求延续前人学术研究的生命力和学术价值,与前人对话,也为后来者进行追踪研究提供理论和实践上的借鉴。

(四)田野图景

1.白村概况及村落形成

白村位于内蒙古自治区东部,属东北经济区,距镇政府所在地7.5公里,位于通辽市北部近郊,近邻出城公路(国道),紧邻通辽市经济开发区。白村地理位置优越,交通便利,现辖内有自然村1个。2016年共有居民236户、总人口数907人,其中蒙古族人口为891人,汉族人口为15人,满

---

① [美]麦克·布洛维:《公共社会学》,沈原译,社会科学文献出版社,2007年,第92页。

族人口为1人。白村是以蒙古语作为日常交流语言的蒙古族聚居村落，但是大部分村民也能使用汉语进行日常交流。白村是一个半农半牧的农村社区，以农业为主，部分居民兼营牧业，或外出务工。总土地面积30150亩，其中，耕地面积7800亩，林地面积4500亩，未利用的沙坨子和盐碱地共17850亩（沙坨子9060亩，盐碱地8790亩）；共有大小畜①1513头（只），其中，大畜950头，羊563只；2014年粮食总产量180万斤，其中玉米是白村最主要的粮食作物。据白村村委会统计，2016年村民人均收入5000元，2017年底居民住房砖瓦房率达100%。村落的中心路实现了以水泥碎石（砺石）混凝土为主的路面硬化，通向各家户的道路则实现了红砖铺路。2017年白村实现绿化、美化，道路两旁种植杨柳等行道树，每条街道设有一个绿色垃圾箱，并由专门负责卫生工作的村民将垃圾送到村外垃圾场。2016年白村新建标准化卫生室1个、便民超市3个、村民文化活动室1个。2017年增设小学。②2016年每户安装1套直播卫星接收天线和机顶盒，实现了广播、电视户户通。2017年11月实现了移动互联网全覆盖，家家户户都可以接收到网络信号。近年来，由于国家投入的加大，白村的基础设施建设发展迅速。

白村村落形成于伪满时期。日伪当局为加强对东北地方基层社会的统治和管理，维护其在东北的殖民统治，沿用了中国封建社会的保甲制度。1933年12月至1934年2月间，伪满政府先后颁布了《暂行保甲法》《暂行保甲法实施规则》，规定以保、甲、牌为单位，以十户为一牌，以一村之牌为一甲，每个警察署管区内的所有牌为一保。分别设有保长、甲长（蒙古语里叫作"艾里达"）、牌长；实行连坐制，即牌内一户"犯罪"，连坐十户；在军警未能深入的农村地区建立自卫团，训练民众，对抗抗日武装。

---

① 大小畜即大畜和小畜，大畜包括马、牛、驴、骡、骆驼，小畜主要是指羊（山羊和绵羊）。

② 2016年以前村内只设有幼儿园，进入小学阶段后的孩子需要到镇小学或旗小学、市小学就学。为解决就近就学问题，2016年白村在幼儿园原址增设小学。但新设小学只接收一至三年级的学生，三年级以上的学生仍需到镇小学或旗小学、市小学就学。2017年白村村内小学开始接收四年级学生。

日伪当局为彻底根除东北的抗日武装力量,于1934年12月在保甲制度的基础上颁布了《关于集团部落建设之件》,实施"集团部落"建设政策,通过暴力手段将无官宪保护的偏远地方的散居住户强行集中到指定地区,建立部落,加以集团化,以实现民"匪"彻底分离。①1936年至1938年是"集团部落"建设的高峰期,白村正是在这一时期建立的。白村始建于伪康德三年(1936年),伪满政府在白村一带实行"并户"政策,将散居在附近的德村、额村、特村和黄村②等居民点的30多余户(150人)集中到一起,通过建设高高的围墙将住户围起来,成立一个"甲"。并户成"甲"后,白村这一带才真正形成了类似汉族地区的村落(自然屯/村)——艾里③。

　　1947年白村一带的国民党残余军队被彻底消灭,白村地区得以解放。中国共产党在此地建立了人民政权,开展土地革命。1948年,白村一带设立了两个行政村(嘎查),一村包括白村在内的四个自然屯,二村包括三个自然屯。1956年将一村和二村合并,成立一个嘎查(乡)④。1958年公社化后,取消努图克(区)和嘎查(乡)建制,白村分为两个生产小队(五队和六队),隶属于花灯大队。1984年11月,中央政治经济体制改革,内蒙古自治区内撤销人民公社、生产大队、生产小队建制,建立苏木、乡、镇人民政府,恢复行政村(嘎查)。因此五队和六队从花灯大队独立出来,重组为一个嘎查,即白村。2000年12月,内蒙古自治区实施农村牧区行政区划调整,撤乡并镇,花灯苏木⑤撤销并入努古苏木改建为努古镇。

---

　　①车霁虹:《日本帝国主义在黑龙江建立"集团部落"剖析》,《黑龙江社会科学》1994年第6期。

　　②出于学术伦理,德村、额村、特村和黄村属化名,且并不是严格意义上的村落,而是分散的居民点,每个居民点的居民户数为1到20户不等。

　　③在现代东部半农半牧区的蒙古语中,村落叫"艾里",即是指自然村。但是"艾里"的原意并非指村落,而是指一户"人家"。而在内蒙古的锡林郭勒盟等地的纯牧区,"艾里"现在仍然是指人家而非村落。

　　④"嘎查"原指行政村,现在也沿用行政村的意义,但是在1956年"嘎查"是指乡级政府,并非指行政村。

　　⑤出于学术伦理,在本书中,旗(县)以下行政单位,包括镇/乡(苏木)、村等名称均已做匿名化处理,采用化名。

2. 自然环境

白村是科尔沁沙地的重要组成部分,位于科尔沁左翼后旗西北部。属堆积平原地形,地貌主要有垄状沙丘、平缓沙地和带状平原三种类型。土壤主要有草甸土、风沙土、泥炭土、碱土、沼泽土,白村的大部分耕地主要是由草甸土、泥炭土、沼泽土为主的土地开垦而来,也有小部分的风沙土地和碱土地被改良为耕地。西辽河短支流洪河①流经白村。

白村地处中温带边缘地区,位于温带大陆性季风气候区,四季分明,春季回暖快,干旱多沙;夏季炎热,因受季风影响,雨量集中,雨热同期;夏季短暂温凉,易秋吊;冬季漫长,寡照少雪。气候要素年际变化大,气象灾害频发。按自然天气划分季节,即以候(五日为一候)平均气温低于10℃作为冬季标志,高于21℃作为夏季标志。白村的冬季长达5个月,无霜期为150~170天,便于农事活动。习惯上把3—5月作为春季,春季冷空气逐渐减弱,暖空气逐渐加强,气温开始回升,土壤表层开始解冻,平均气温为7.1℃,利于大田作物播种,牧草返青。大风天气集中在4—5月,有的年份延续到6月中旬,沙尘暴、扬沙、浮尘天气不同程度地出现。

6—8月作为夏季,受海洋季风的影响,降水量逐渐增多,夏季降水量占年降水量的78%。平均气温为22℃,雨热同期,有利于植物生长和灌浆。9—10月作为秋季,天气温凉,降雨量减少,有利于农作物收割、草料储藏。夏末秋初常有冰雹发生。个别年份出现秋季寒潮,造成大面积霜冻。11月到次年2月作为冬季,受蒙古冷高气压的影响,常有冷空气侵入,降水量少,平均气温为-10.1℃。有的年份冬末春初会形成寒潮带来大风和降雪。这一季节恰好处于牲畜减膘熬冬的最后阶段,寒潮的到来会导致熬冬期延长,牧民储存的草料紧张,往往给畜牧业造成危害。

白村所在地区农作物的主要害虫有黏虫、玉米螟、蚜虫、地老虎、金针虫、蝼蛄、草地螟等。其中黏虫和草地螟也是草原的主要害虫。

---

① 2017年洪河已经干涸,河床已被农民开发成耕地。根据村民的讲述,流经白村的洪河段于2005年左右断流。平时干涸,雨季有浅流,河床两侧水草丛生,鱼产丰富。

第二章　冲突与解放：领土空间的建构（1947年前）

第一节　牛——游牧之畜

一、游牧之境

蒙古族是一个具有悠久历史的游牧民族，其主体人群世代生息在东北亚地区广袤的草原上。"亚细亚之中部，北有诸山系与西伯利亚为界，南界高麓中国土番细浑河裹（里）海，此種（种）广大地带西起窝勒伽河，东抵日本海，自太古以来，属于三种人种之游牧民族居焉，是即世人可以通称曰突厥，曰鞑靼或蒙古，曰东胡或女真者，是已。"[1]"天苍苍、野茫茫，风吹草低见牛羊"是中国古代文人对草原和游牧生活的浪漫写照。但是这种浪漫仅仅表现了游牧生活中美好的部分，使人们忽略了草原生活需要面对的艰难和困苦。《黑鞑事略》还原了真实的游牧环境："随捡沙石亦无甚大者，只是岁煞小石而已，其气候寒冽无四时八节，四月八月常雪，风色微变，近而居庸关北，如官山、金莲川等处虽六月亦雪。七月初五日早极冷，手足俱冻。野草四月始青，六月始茂，至八月又枯，草之外咸无焉。"[2]

蒙古草原地处亚欧大陆腹地，平均海拔在1000米以上，属于干旱半

---

[1] [瑞典]多桑：《多桑蒙古史（上册）》，冯承钧译，中华书局，1962年，第24页。
[2] （南宋）彭大雅：《黑鞑事略》，徐霆疏证，商务印书馆，1937年，第2页。

干旱气候,不具备形成降水的有利地理和气候条件,而且较高的纬度和海拔也大大地缩减了作物生长的无霜期。内蒙古的中西部地区,是典型的温带大陆性气候,常年干旱少雨,这样的气候对于依赖充分降水和适宜温度的农业生产来说是很不利的;即使在温带季风气候主导的东部地区,由于雨水多数集中在夏秋季节,春季降水较少,春旱导致春种不能按时进行,也会影响一年的农业收成。通过《出使蒙古记》可以了解到这里的天气恶劣,并且不符合常规。仲夏之时,天气酷热,但是凶猛的雷电和闪电随时会降临,而且可能会伴有大雨。夏季虽常常下雨,但是雨量极小,以致有时候地面的尘土都没有湿润。下冰雹是常有之事,冰雹突然融化,不仅能够冲走帐幕和财产,也会有人被淹死。凛冽刺骨的飓风来袭时,人需要付出巨大的努力,才能骑上马背。冬天降雨较少,但是大雪天气却会带来灾难性的损失。①

　　另外,内蒙古区域的土壤构成和游牧时期的农业生产水平也限制了农耕生产在内蒙古区域的发展。由于长期干旱,稀疏的植被不能产生足够的腐殖质,土壤中有机碳含量远低于其他地区,这样的土壤很难满足作物生长的营养要求。"肥沃的土地不及百分之一,而且除非用流水来灌溉,是不能收获的,而那里溪流和小河不多,大河更是十分稀罕。"②在绿洲地带可以种植作物,但是在绿洲之外的地方,贫瘠的土地适合牧畜,即使不是很好的牧地,也足以为牸畜提供草料之需。在游牧时期,草原农耕技术十分落后,牧民既缺少能适应当地气候的作物品种,也缺少经验和工具。同时,农作物种植需要按时地播种、施肥、除草、收获,这对于"逐水草而居"的蒙古族来说是很难实现的。

　　蒙古草原的降雨、气温等气候环境具有"不确定性",使得农业在此无法发展,这种不确定性所带来的风险只有依靠牸畜的移动能力来避免。人无法直接从固定的植物中获取食物,因此不得不靠食草动物来获得生

---

①② [英]道森编:《出使蒙古记》,吕浦译,中国社会科学出版社,1983年,第6页。

存的能量和生活的物质。①这种不确定的环境也对牧业产生了一定的不利影响，比如过于潮湿、牛蝇滋生、冬寒夏旱等不利的环境。但是游牧民充分利用广阔的空间进行"游牧"，通过季节性的"迁徙"避开这些不利的环境因素。丘处机的诗句"坡陁折叠路湾环，到处盐场死水湾。尽日不逢人过往，经年时有马回还。地无木植惟荒草，天产丘陵没大山。五谷不成资乳酪，皮裘毡帐亦开颜"生动地描写了蒙古戈壁草原和蒙古人的生产生活场景。

二、牛与五畜

考古学者发现，"六畜"中的牛、羊、狗、猪在新石器时代就已经作为家畜出现。②从阴山岩画和乌兰察布岩画看来，动物岩画在各种岩画中占有绝对优势，其比例高达90%。③考古学者通过对这些岩画的分析，判断家畜岩画大部分都是青铜时代的作品。因为狩猎时代，人类无法定居，而野生动物的驯化需要相对固定的生活方式，所以对野生动物的驯化始于狩猎时代的后期。而且驯服大型野生动物，如野马、野驼等，不仅依赖人类智慧和体能的进步，还需要先进的工具。尤其是对马的驯化，马不仅气力大，还善于奔跑，直到青铜时代，马衔和马镳的发明和制造才为驯服野马提供了可能。在青铜时代，马、牛、羊等的驯服，以及其从中亚或西亚传入东亚，游牧民族才开始在西北的河湟地区、北方的鄂尔多斯地区、东北的西辽河流域等地发展起来。④

游牧是在特定的环境下，人类依赖牛、马、羊等动物获取主要生存生活资源的一种生计方式。根据新旧唐书记载，8至9世纪时，居住在额尔古纳河一带的蒙兀室韦和其他室韦部落，饲养的家畜已有犬、豕和马、

---

① 王明柯：《游牧者的抉择：面对汉帝国的北亚游牧部族》，广西师范大学出版社，2008年，第7页。

② 袁靖：《中国新石器时代家畜起源的问题》，《文物》2001年第5期。

③ 盖山林：《从内蒙古动物岩画探索草原原始畜牧业的起源》，《内蒙古农牧学院学报》1989年第1期。

④ 易华：《六畜考源》，《古今农业》2012年第3期。

牛。①9世纪时,北方草原上的蒙古语族部落呈现出"畜牧富饶""牲畜遍野"的景象,甚至开始与中原地区进行大量的牲畜贸易。《出使蒙古记》中描写了13世纪中叶北方蒙古族拥有的牲畜情况:"他们拥有牲畜极多:骆驼、牛、绵羊、山羊;他们拥有如此之多的公马和母马,以致我不相信在世界上的其余地方能有这样多的马;他们没有猪和其他耕作的牲畜。"②

　　牲畜是游牧之本,牛、羊、马等牲畜是游动的财富,是游牧民族的衣食之源。牲畜不同于农耕之本的土地,土地是不能扩大再生产的,而牲畜可以通过繁殖实现扩大再生产。因此,保护畜群和增加牲畜的头数是牧民最强烈的愿望。游牧民从生下来就与牲畜打交道,小孩子刚刚学会爬行,便与小羊羔一起玩耍,他们在牛、羊粪堆中滚来滚去,身上总是占满了牛粪、羊粪,甚至会直接喝母羊温热的鲜奶。在玩耍的过程中,孩子了解牛、羊、马的脾气、特征和生活习惯。当到达一定的年龄,会学习骑马,跟着大人们外出放牧,或在家从事家务劳动,比如挤牛奶、挤羊奶、做奶酪、做酸奶、做黄油、拾捡牛粪等。游牧民两三岁就开始学习骑马,这是他们在草原上生存最基本的技能。大人们会将适合他们的弓送给他们,教他们练习射箭。《黑鞑事略》中写道:"其骑射则孩时绳束以板,络之马上,随母出入。三岁,以索维之鞍,俾手有所执,从众驰骋。四五岁挟小弓短矢,及其长也,四时业田猎。"③骑射是男人打猎和放牧的基本技能,而且游牧民族的女性也都是骑马的高手。

　　蒙古族将骆驼、牛、羊(绵羊和山羊)、马,合称为"五畜"。这些家畜为蒙古族提供一切生活之所需,也是蒙古族的全部财产。蒙古族喜食畜肉,将畜肉切成细条,在空气中晾晒或直接烟熏使其变干,进行储藏。畜乳是最方便的食材之一,牲畜每天生产的畜乳不需要运输和储藏,多余的畜乳还被牧民制作成奶酪、奶酒等能够更长时间保存的食物。"衣此种家畜之

---

　　①白歌乐、王路、吴金:《蒙古族》,民族出版社,1991年,第25页。

　　②[意]约翰·普兰诺·加宾尼:《蒙古史》,[英]道森编:《出使蒙古记》,吕浦译,中国社会科学出版社,1983年,第9页。

　　③(南宋)彭大雅:《黑鞑事略》(影印本),国家图书馆出版社,2009年,第19—20页。

皮革,用其毛与尾制毡与绳,用其筋做线与弓弦,用其骨作箭镞,其干粪则为沙漠地方用之燃料,以牛马之革制囊,以羊角作盛饮料之器。"[①]牛、马、羊、骆驼是游牧人主要的交通和运输工具。牲畜对于牧民而言如此重要,因此牧民们非常珍视牲畜。正如《夷俗记》所言:"夷人畜产,惟牛羊犬马骆驼而已。其爱惜之勤,视南人之爱惜田禾尤甚。"[②]

牧民虽然有着很多牲畜,但是他们索之有度。"其食,肉而不粒。猎而得者,曰兔、曰鹿、曰野豕、曰黄鼠、曰顽羊,其脊骨可为杓。曰黄羊,其背黄,尾如扇大。曰野马,如驴之状。曰河源之鱼,地冷可致。牧而疱者,以羊为长,牛次之。非大宴会不刑马。"[③]蒙古族主要食的肉类为"牛、马、羊、鸡、豚,与他之鹿、兔、野羊、野鸡及野鸟等类。牛非富者大宴会时,屠宰者甚稀,平常不过食已毙之牛马而已,羊肉各地通用,为数极巨,鸡、豚则只开垦地方用之。野兽之肉以兔为最,鹿、狼、野羊仅用于狩猎地方……但无论牛、马、羊、豚,每干其肉而贮之,以备不时之需。兽皮则除自用为蛰被衣类外,外卖与行商,或以交换必需之品焉。"[④]由此可以看出,蒙古人通过狩猎丰富食物,尽量维护牲畜的数量。为了保护自己的畜群,他们通过打猎获取更多的猎物来对食物进行补充,只有牲畜死亡,他们才会食用。夏季不利于肉类的保存,他们会将肉分割成条状,风干晾晒,即使不洒盐,这样制成的肉干也不会变质。夏秋季节是畜类产乳的集中期,无论是牛奶、马奶、羊奶还是骆驼奶,都被他们所接受,其中马奶最受蒙古族喜爱,他们把马奶制作成忽迷思[⑤]。在蒙古族眼里,夏天只要有忽迷思,他们就不在乎任何其他的食物。不过在冬天只有富有的人才能够喝到马奶。

牲畜既是游牧民的生产资料,又是游牧民的消费资料。这要求游牧民必须将牲畜保持在一定的数量之上,才能维持再生产和生存,能够在危

---

① [瑞典]多桑:《多桑蒙古史(上册)》,冯承钧译,中华书局,1962年,第29页。

② (明)萧大亨纂:《夷俗记》,中华书局,1991年,第5页。

③ [英]道森:《出使蒙古记》,吕浦译,中国社会科学出版社,1983年,第243页。

④ 花楞编述:《内蒙古纪要》,经纬书局,1916年,第36—37页。

⑤ 忽迷思是马奶经发酵变酸的饮料,即酸马奶。酸马奶实质上是一种酒类,也称为马奶酒。

机来临时,有所准备,不至于生存无继。

在五畜中,马的地位最高。马是游牧民族的象征,有"无马无游牧""无马不成族"之说。"马背上生,马背上长"的蒙古人,被称为"骑马的民族""马背上的民族",蒙古社会则被称为"马上行国"。马匹的驯养极大地扩展了游牧的空间,实现了长距离移动的游牧,由此人类的谋生能力也大为增强。马群是古代蒙古人重要的财产,没有马,草原经济就无法经营和运转。马是蒙古人身份地位的象征。《蒙鞑备录·粮食》记载:"鞑人地饶水草,宜羊马,其为生涯,只是饮马乳,以塞饥渴。凡一牝马之乳,可饱三人。出入只饮马乳,或宰羊为粮,故彼国中有一马者必有六七羊。谓如有百马者必有六七百羊群也。"[1]马的数量成为计算牧民牲畜数量的主要依据。

马是蒙古人围猎和战争中的重要交通工具,并提供马乳。蒙古人对马有特别的敏感性,他们能够根据马来判断兵力和氏族情况。[2]蒙古马在长期的进化过程中形成了采食性独特、合群性(协作性)好、耐力卓越、适应性强、抗病力强、方向感和恋家性强等特点,具有草原神物和"役畜"之美。同时,马具有极强的体力恢复能力。马能够站着睡觉,站着睡觉时还会轮流休息两条后腿,休息的腿微微弯曲轻轻地放在地上,承载较少的体重,另外三条腿承载大部分体重,这是从野马祖先那儿继承下来的生存本领。这些特性为强大的蒙古骑兵提供了基础,蒙古人开拓疆土的速度归功于强大的骑兵。蒙古人的骑兵部队,每个士兵配有数匹马,奔袭期间轮换骑乘,这样可以连续骑行三四天而不会使马疲惫。蒙古人御马的技术非常高超。在战争中,他们将这种技术发挥到了极致。在作战过程中,列阵最前的是全副武装、手持长矛的骑士(重装骑兵)组成的墙阵。其后是轻骑兵和弓箭手。当前面的重骑兵前进的速度不够快的时候,他们会

① (南宋)孟珙:《蒙鞑备录》,中华书局,1985年。

② [苏联]弗拉基米尔佐夫:《蒙古社会制度史》,刘荣焌译,中国社会科学出版社,1980年,第62页。

留出孔隙,让行进速度更加快速的轻骑兵压上进攻。①蒙古马提升了军队的机动性,强大的骑兵迅速而灵活,这是蒙古人能够征服欧亚大陆的重要原因之一。在冷兵器时代,马是重要的战略物资,历朝历代都非常重视马的饲养,并且发展出一套官马(军马)的牧养、养殖、收购、管理、训练、使用的完备制度,即马政。马政的兴衰关乎国力的强弱。②

在牧场的空间分配方面,马群属于外围远牧畜群。马喜食未曾被践踏的新鲜细嫩野草,对水源水质要求较高,生性灵敏好动,对气候与蚊虫等外界因素的感知较快,移动性强,所需牧场空间大,故与在荒漠戈壁滩放养的驼群及在附近牧场放养的牛羊群形成很大差异。通常情况下,1匹种马与15~30匹母马构成一个小群。散养方式没有马圈和马厩等营地设施,除乘骑和挤奶的马,马群通常处在各户游牧半径最外围,其觅食的牧场通常与牛羊的近距离牧场不重叠。

牛性温和,行动缓慢。牛在游牧时代除食用外,主要用于拉车,“见草地之牛,纯是黄牛,甚大,与江南水牛等,最能走,既不耕犁,只是拖车,多不穿鼻”③。牛是反刍性动物,它们的进食时间约为8小时,剩下的时间则是休息和反刍已经进入胃中的草,反刍时长在6~7小时。同时,牛需要大量饮用水,牛的行走速度较慢,因此需要在离水源较近的地方牧牛。如果牛饮水不足,会造成牛体弱、易生病,甚至有死亡的风险。牛怕热和牛蝇叮咬,在湿热、牛蝇多的地方,牛很难吃好、睡好,容易生病。通风、凉爽的地方较适宜放牧牛。牛在冬雪覆盖时,无法自行觅食,需要人类提供草料。在牧场条件较适宜的地方,牛能够很好地进行自我保护,并不需要人类花费过多的时间,因此牛群可以由妇女、小孩儿等放牧。蒙古人巧用牛乳,牛乳为游牧民提供了丰富的奶和奶制品。奶制品易于储存,不易变质,可全年食用。牛的繁殖能力很强,“谚云牛三年五头,言牛岁一胎,至

① [美]芮乐伟·韩森:《开放的帝国:1600年前的中国历史》,梁侃、邹劲风译,江苏人民出版社,2007年,第318—319页。

② 金海主编:《蒙古马与草原文明》,内蒙古教育出版社,2019年,第69页。

③ (南宋)彭大雅:《黑鞑事略》(影印本),国家图书馆出版社,2009年,第12页。

三年犊又生犊,合之而为五也。然牛不能皆牝,以牝、牡各半计之,则养五岁齿牝牛十头,至第六年可增出牛七十一头。"[1]

在五畜中,"以羊的数量最多,马次之,其余较少"[2]。羊有绵羊和山羊两个畜种。羊是产乳量很高的畜种,能够使牧民们在资源匮乏的情况下获得维持生存的食物。羊的繁殖率很高,在多变、灾害频发、风险较多的环境中,羊能够很快恢复生产,维持生计。羊性驯顺,容易遭受狼患兽害,而且若天气急变,在寒风冰雪中,羊很容易相继死亡,因此需要牧羊人的守护。对于牧民来说,牧羊是一件十分辛苦的事情。牧羊人需心性宛顺,"起居以时,调其宜适"[3],牧羊人决定着羊群的生息安危。牧羊需要居水源远些,不能饮水过量。牧羊需要持续缓行,这样可保证羊既能吃饱,又不至于激起尘土或者吸入鼻中蝇虫。牧羊人可利用头羊来提高放牧的质量。头羊是群羊中雄而大者,头羊居前,遇水先涉,群羊则会紧随其后。蒙古人通过长期的牧养实践,总结出羊繁殖的经验,明朝萧大亨在《夷俗记》中记录到:"羊之羔,一年一产,产于春月者为佳,羊有一年再生者,然秋羔多有倒损之患,故牧羊者每于春夏时以毡片裹牝羊之腹,防其与牝羊交接也。"

《史记·匈奴列传》写道:"其畜之所多,则马牛羊,其奇畜,则橐驼。"骆驼像马一样是牧民财富和社会地位的象征。骆驼被誉为"沙漠之舟",是游牧人重要的交通工具。骆驼的驮载量大,且能够在戈壁荒漠中长程行走,是古代蒙古地区重要的商业运输工具。"骆驼则两年一产,力能任重,每藉以负载行装,故虏贵驼也。"[4]骆驼的游牧半径大,耐渴,能够在干旱且水源不定的戈壁沙漠中觅食苦、咸、坚硬带刺的植物。骆驼可根据季节、气候、土壤、地形等变化采食不同种类的食物,以适应和利用自然环境。[5]

值得注意的是,狗不算在"五畜"之内,但却是游牧生活中不可或缺的

① 忒莫勒、乌云格日勒主编:《哲里木盟十旗调查书》,黑龙江出版社,2014年,第18页。
② 盖山林:《乌兰察布岩画》,文物出版社,1989年,第296页。
③ 谢成侠:《中国养牛羊史》,农业出版社,1953年,第156页。
④ (明)萧大亨纂:《夷俗记》,中华书局,1991年,第5页。
⑤ 乌尼孟和:《游牧文化的传承与发展——论骆驼与草原生态的关系》,《原生态民族文化学刊》2015年第3期。

动物。在乌兰察布岩画中可以看出狗与游牧、人类的密切关系。狗既经常出现在马、牛、羊、驼等畜群图形中，也常常出现在游荡的列骑及狩猎场面中。正如历史学家康拉德·洛伦兹所推断的那样："狗是人类的第一个结盟者。"①在狩猎时代，狗和人类便相互合作，共同狩猎。狗有着灵敏的嗅觉，能够帮助人类寻找猎物，而且能够及时追捕受伤的猎物，人类食用过的动物残骨和剩余食物则是狗的食物来源。蒙古人在长期的放牧实践中驯养出了"牧羊犬"。牧羊犬不仅减轻了牧民的放牧负担，也减少了牧羊人的寂寞。在游牧时代，狗会在危险来临时发出预警，保护主人以及保护和管理畜群。狗一直是游牧民的伙伴。

原始状态的放牧方式是"野牧"②。在早晨，牧人将牛、羊、马等畜群从营地赶出，赶至距离营地一定距离的地方，然后牧人返回到营地，牛、羊、马等牲畜则自行采食，待到傍晚，牛、羊、马等会独自返回到营地。如果有牲畜多日或者长期不归，牧人则会骑马去畜群活动的地方及附近寻找，基本上是可以找到的，找不到只是偶然现象。由于马的活动能力比较强，移动速度快，所以牧人会经常骑马到各处查看。③在"野牧"时期，牲畜进行自然交配和繁殖。

蒙古人在长期的放牧实践中总结出两种游牧方式：一种是混牧，一种是专业化放牧。混牧是将几种牲畜放在一起放牧，通常情况下是将大畜和小畜放在一起放牧，即马、牛、骆驼分别和羊在一起放牧，也有大畜混合放牧。混合放牧虽然有碍于劳动生产率和商品率的提高，但是混合放牧却可以根据家畜对草料的食用特点，综合利用草场，使得空间利用得以立体化，使得时间利用更加连续化。不同牲畜的食料口味不同，喜食的牧草也各不相同。④专业化放牧主要是将不同种类的牲畜分为不同的畜群进

---

① 引自盖山林：《乌兰察布岩画》，文物出版社，1989年，第298页。

② "野牧"也称"瞭牧"，在畜牧学上称为"群牧法"。

③ 盖山林、盖志毅：《从内蒙古动物岩画探索草原原始畜牧业的起源》，《内蒙古农牧学院学报》1989年第1期。

④ 盖志毅、盖山林：《我国北方草原古代猎牧经济的岩画学观察（续）》，《农业考古》1992年第3期。

行放牧。放牧的技术主要有"一条鞭"和"满天星"两种。"一条鞭"需要畜群排成一字形的队列,始终要保持1~2列牲畜同时前进,作为领群的牧人需要离前排畜群数步,并面向畜群后退,压制住抢先的牲畜。而另一个牧人则跟在畜群的后面,确保牲畜不要掉队和防止两侧的牲畜向外走散。这种放牧方式适用于比较开阔的地带,能够保证畜群里的每一只牲畜均匀进食,使得畜群能够充分采食草料,增加牲畜的采食量,从而减小放牧范围,减少放牧时间。同时,"一条鞭"方式能够更好地抵御极端天气,如狂风沙尘、冰雹天气、大雪天气等。"满天星"放牧方式是在一定的范围内,让畜群分散开来呈大片松散状态,均匀分散在草原上,牲畜自由进食。这种方式比较适用于丘陵、山地和分布不均的牧场。

马、牛、羊、骆驼等都是食草动物,不是人类食物的竞争者。五畜是群居动物,而且它们的幼崽皆在出生十分钟内便可行走移动。[①]这些特点都有利于人类管理和控制。蒙古人的一生都在关注和照料着牲畜群,他们从一个牧场搬到另一个牧场,不断地移动,这一切都是为了牲畜的生存和健康;为了保护牲畜群,他们会与野兽搏斗,会与恶劣的自然环境斗争。在蒙古人的悉心照料之下,他们的牲畜过着一种自由、从容、闲散的生活。实际上,蒙古人与牲畜的关系是共生性的,二者相互依赖,人类帮助牲畜繁育,为他们提供必要的饲料,寻找合适的草场和水源,保护他们不受天敌和自然灾害的侵害。牲畜的食草特性和灵活的移动能力,将人类无法直接消化和利用的自然植物资源转化为人类可食用的肉类、乳类等食物,以及可资利用的生活用品,并且供人类役使。这种共生性关系使得人和牲畜维持着各自的生命,确保了人畜在蒙古草原上世代生息繁衍。

游牧是人类利用农业资源匮乏的环境和牲畜的生物特性进行的一种经济生产方式。游牧的魂是"游",游牧民将辽阔的草原划分为许多牧场。他们清楚地知道这些牧场的边界,并且熟知冬、夏、春、秋四季到哪里去放

---

① 王明珂:《游牧者的抉择:面对汉帝国的北亚游牧部族》,广西师范大学出版社,2008年,第8页。

牧他们的牛、羊、马等畜群。即使牧场在同一个季节,牧民也会不断地进行短距离的移动。游牧使得人、牲畜、自然三者和谐共存,其"'游而牧之'的生产方式、'逐水草而居'的生存方式、'肉体来自青草'的生活方式"①创造了游牧文明。

在清朝中叶之前,蒙古人以游牧为主,农业只是作为牧业的补充而存在。但是自清中叶以后,蒙古地区的农业之势渐强,到清末,蒙古地区形成了农业区、牧业区和半农半牧区。白村一带属于半农半牧区。在农业化过程中牛、马承担起了耕作的任务。当时的白村一带主要是牛拉犁,一方面是因为农业种植主要集中在以沙土为主的坨子地,牛拉犁慢而稳,土地很容易被耕出槽沟,而马拉犁速度较快,很容易损坏木质犁铧,使用行动缓慢的牛可以延长木制犁铧的寿命;另一方面牛比马更驯服,它的反刍特性使得它比马更节省草料。参与农事的牛自然也得到了来自牧民的特殊待遇,它们不必同牛群一起到草场觅食,而是在家里单独享用主人从草场打回来的饲草料。春耕等农忙时节,它们甚至能得到玉米、高粱等粮食作为奖励和能量补充。

清中叶后,关内生齿日繁,天灾人祸频发,生计艰难,部分关内人不得不选择出关谋生计。虽有蒙禁政策,但是私自出关者屡禁不止。清末边患吃紧,清政府为了移民实边,也为了增加财政收入,逐渐实施放关开垦。大量汉民进入蒙古地区,定居从事农业活动。汉民不仅开垦土地,还带来了生产技术、种子和生产工具等生产资料。在这种情况下,蒙古地区的耕地面积不断增加,放牧的草场面积不断缩小。而且自清末起,东部蒙古地区武装冲突不断,易于劫取的牲畜成了劫掠者的首要目标,而固定在土地上的作物只有到成熟季节才具有价值,即使在成熟季节,劫掠者面对麻烦的收获程序也不会打作物的主意。另外,收获后的粮食便于藏储,这也促进了蒙古地区的农业化趋势。

---

① 包庆德:《游牧文明:生产智慧及其生态维度研究评述》,《内蒙古社会科学》2015年第1期。

第二节　玉米——舶来之物

一、走出北美

玉米是玉蜀黍属一年生的草本植物。在18世纪上半叶，玉米被命名为赤麦(ZEAMAY)，这个名字来自于两种语言。赤(ZEA)在希腊语中，是谷物粮食的统称。赤(ZEA)在其他语言中，还有给予和维持生命的意义。麦(MAY)可能出自安的列斯群岛的土著语言，有生命赐予者的含义。玉米这一名字所具有的意义体现出了玉米对人类生存所具有的意义。在15世纪末，欧洲人正是在这里第一次发现了玉米，并将玉米带出美洲，使其遍布世界。早在3500年前，印第安人就在美洲辽阔的土地上种植玉米，他们选择和培育了200多个玉米品种，颜色各异，用途不一。玉米除作为食物外，还作为食品和衣物的染色剂，印第安人还利用玉米和玉米茎秆榨制糖浆或酿造甜酒。玉米在印第安人的日常生活中占有举足轻重的地位，很多印第安部落是以玉米命名的，被称为"玉米族"或"青玉米族"等。在古印第安人的宗教文化中，玉米已经远远地超出了普通食物的意涵。印第安人将玉米植株和果穗作为庄严的形象绘制在庙宇、神像、衣物和陶瓷上。在阿兹特克文明中，古印第安人信奉的诸神中，有好几位是玉米神；印加文明则把玉米视为太阳神的化身，并且每年都会举行盛大节日祭祀——太阳祭；玛雅文明认为人的身体是造物主用玉米做成的，正是玉米做成的心脏，才使得人具有了情感。特别是在玛雅文明中，玛雅土著人被称为"玉米人"，玛雅文明也被称为"玉米文明"。美洲的三大文明皆崇敬、赞美和颂扬玉米，因此玉米被称为古印第安人的"灵魂"。

玉米相较于其他作物而言，不仅耐旱、耐寒、耐贫瘠、利于种植、产量高且富有营养，而且未到成熟季节也可以收获食用，所以它在促进早期人类进步的力量上,比其他所有一切的谷物的总和还要强大。①玉米的栽培种植对人类命运有着伟大的影响,它使淀粉类食物逐渐成为人类的主要食物。美洲人把淀粉类食物作为主要食品使定居成为可能,也促进了村落生活的产生和发展,尤其是在印第安人社会,植物的栽培逐渐代替鱼食及狩猎。埃米尔·W.华利根据克查斯人居址出土的文物,认为玉米品种的改进促进了人类向村社生活的过渡,玉米的不断进化和传播刺激了更迅速的文化变迁。②定居的村社生活又进一步促进了农业的发展,并在此基础上发明了定居所需要的生产部门,从而稳固了定居的趋势。③

哥伦布于1494年把玉米从美洲带回西班牙后,随着16世纪世界性航线的开辟,玉米沿着三条线路开始走向全球。第一条线路:玉米经地中海被带到葡萄牙、意大利、土耳其、希腊和北非的一些地区,开始在欧洲传播。第二条线路:16世纪20年代后,玉米随着地中海沿岸国家的商业往来从非洲北部向中非传播。在非洲,玉米沿着殖民主义者贩卖黑人奴隶的道路,将其作为奴隶食品带至南非。第三条线路:约在16世纪30年代,玉米通过陆路从土耳其经伊朗、阿富汗传入东亚;另一个是经水路从非洲好望角至马达加斯加岛,后传入印度和东南亚各国。④玉米经过了400多年的环球之旅,加之杂交玉米的发明,现在除南极洲外,其他六大洲都有玉米种植。到20世纪80年代,玉米的年产量已达到4.4亿吨,成为世界上仅次于小麦和水稻的第三大作物,产量基本与水稻持平。1998年后,玉米已成为世界第一大粮食作物。玉米的种植面积还在持续地增长,尤其是发展中国家的玉米种植面积正在成倍地增长。

玉米作为一种热带植物,气温和降水是影响它传播的重要因素。未经培育改良的玉米品种需要经过120天的无霜期才能成熟。当它离开美

---

① [美]摩尔根:《古代社会》,杨东莼等译,商务印书馆,1991年,第40页。

② [美]雷蒙德·H·汤普森:《北美西部早期居址:美国西南》,何努、罗明译,《农业考古》1991年第1期。

③ 黄其煦:《美洲中部原始农业的起源》,《农业考古》1981年第2期。

④ 佟屏亚:《玉米的起源、传播和分布》,《农业考古》1986年第1期。

洲中部的原生环境,新的家园必须满足它的生存条件。在降水较少的地区,玉米的每个生长阶段都需要有与之相适应的灌溉。但是基于玉米的繁殖特性,加上人类不断地探索培育,开始出现了能够在干旱和无霜期短的地区生长的玉米品种。在缺少水源灌溉的地区可种植旱作玉米,它们主要依赖季节性降水,可在年降水量在 10～200 毫米之间的地区种植。玉米种植一方面受到自然环境的制约,另一方面也因人类的需要和培育逐渐地适应了原本不适宜其生长的自然环境。灌溉系统的建造、保温地膜的使用等都促使玉米更好地适应自然环境,从而在更广阔的区域得到种植。

玉米所具有的极强的环境适应能力得益于它的植株特征。玉米裸露的宽阔的叶子可以有效地接收阳光,通过光合作用将太阳能转化成储存在体内的有机物。玉米具有发达的根系,它由初生根、次生根和支持根组成,一般有 6～7 层,保证了玉米植株能够充分地从土壤中吸收水分和无机盐。玉米皮的存在对于种子来说无疑是一层独特的保护,它有效地防止了环境和动物对种子的损伤。在收获和运输的过程中,玉米皮可以防止玉米粒因脱落而丢失;玉米的结种位置位于植株的中部偏下,这不仅利于养分的存储,也减轻了植株因果实压力而对其重量的限制。①玉米异花传粉,这是它能够培育出大量不同品种的重要原因。它的雄花位于植株顶端,可以产生远高于其他谷类作物的花粉,通过风这一媒介将花粉吹落到位于植株中部的雌花上,花粉与顶端裸露在雌花外的花丝结合,开始受精。这种传粉方式,大大地提升了不同植株间的传粉可能,花粉与雌花中的卵细胞所携带的遗传基因得到了交流融合,就会产生具备不同性状的新品种。在自然界交叉授粉的过程中,基因变异使得玉米品种具有多样性。通过自然的驯化以及人类的选择与培育,玉米不断地进化,它成为

———————————

① 玉米不会像其他在植株末端结粒(果)的谷类作物,因受到自身重量的牵制,限制了养分吸收和颗粒数量与重量。

植物王国中最进化的成员,享有人类在动物王国中的地位。[①]玉米的生存和进化完全依赖于人类的需要。达尔文在《物种起源》中指出:"我们的家养族的最显著的特点之一就是,我们看到它们确实不是适应动物或植物自身利益,而是适应人的使用和爱好。"[②]玉米满足了人类的需要,但是从玉米自身的生存来看,玉米已经丧失了其他谷物所具有的自然散种的能力。在自然条件下,因为玉米皮的包裹,很难通过鸟兽、风等其他外力来实现传宗接代,只能通过人工播种。如果失去人类的帮助,玉米将会是第一个绝种的谷类作物。

二、玉米进白村

玉米原产于安第斯山麓狭长地带,广泛分布于墨西哥、秘鲁、智利等国家和地区。玉米的世界性传播始于哥伦布发现新大陆,由此玉米也开始通过文字被写进人类历史。玉米先被引进到北欧诸国,然后向非洲、亚洲等世界各地区传播。玉米于16世纪初传入中国是学界公认的说法。在16世纪,花生、腰果、甘薯、土豆、玉米、胡椒、番荔枝、西红柿、鳄梨等新大陆的植物和农作物接连迅速地被引进中国,并且快速地实现了普及。这使得清朝农业具有了与前期发展相区别的显著特色,即美洲农作物普遍用于商品性农业和自给性农业中。其中三种美洲农作物——玉米、花生和甘薯不仅改变了中国农业的种植结构,也改变了中国广大农村社会的饮食习惯。玉米因其具有对环境的广泛适应性、良好的食用价值和高产量,缓解了人口急剧增长对粮食的需求,从而实现了自身的迅速传播和发展。

在古籍和地方志的记述中可以看出,我国最初是把玉米作为一种"救荒作物"在丘陵山地等相对贫瘠的土地上垦荒种植的,因此,地处内陆的一些省份玉米种植最早、面积最大。直到17世纪后,玉米的种植才逐渐

①[墨西哥]阿图洛·瓦尔曼:《玉米与资本主义——一个实现了全球霸权的植物杂种的故事》,谷晓静译,华东师范大学出版社,2005年,第27页。

②佟屏亚、赵国磐:《玉米史话》,农业出版社,1988年,第33页。

扩展到广大平原地区和沿海地区。①无论是在"持之为粮"的山地地区，还是在"莳以为果"的平原地区，玉米都以惊人的速度传播。道光年间，玉米与中国传统"五谷"并列，跃升至"六谷"的地位，而且在广大丘陵山地等后来居上，发展成为"恃以为终岁之粮"的主要粮食作物。②至19世纪末，玉米基本上在中国大部分适宜种植的地区安家落户。

在缺乏考古学挖掘实物证据的情况下，古籍中关于玉米植物形态方面的描述，被认为是玉米传入中国最早的可靠史证。我国"玉米之路"大致是先边疆，后内地；先丘陵，后平原。③农史学界通过对各地方志等文献的记载分析，普遍认为玉米传入中国有三条途径：第一条线路是西北陆路，先从西班牙传至麦加，再由麦加经中亚细亚的丝绸之路，最早引种到我国西北地区；第二条线路是西南陆路，先从北欧传至印度、缅甸等地，再由印度、缅甸最早引种到我国的西南地区；第三条线路是东南海路，先从欧洲传至菲律宾，然后由葡萄牙人或在当地经商的中国人经海路引种到中国东南沿海地区。④

清朝末年，人口增长，土地兼并严重，人地矛盾突出，天灾人祸频发，农产品满足不了社会的需求。因此，清政府打开了关门。当时的通辽地域毗连，人口稀少，大批关内流民涌入科尔沁草原租地垦荒。据史料记载，内蒙古科尔沁地区第一次开荒放垦是在1791年。据此推测，玉米传入通辽的时间应该在1791年以后，玉米在通辽应该有200多年的种植历史。乾隆年间（1781年）的《热河志》中玉米被称为"包儿米"，⑤道光年间（1839年）的山东《蓬莱县志》中将玉米称为"包（苞）米"，在白村一带，农牧民皆把玉米称为"苞米"。据此可以推断，玉米是由关内（河北、山东）的

　　① 杨虎：《20世纪中国玉米种业科技发展研究》，中国农业科学技术出版社，2013年，第31页。
　　② 佟屏亚：《玉米传入对中国近代农业生产的影响》，《古今农业》2001年第2期。
　　③ 佟屏亚、赵国磐：《玉米史话》，农业出版社，1988年，第69页。
　　④ 咸金山：《从地方志记载看玉米在我国的引进和传播》，《古今农业》1988年第1期。
　　⑤ 何炳棣：《美洲作物的引进、传播及其对中国粮食生产的影响（二）》，《世界农业》1979年第5期。

流民带到科尔沁地区的。目前关于科尔沁地区种植玉米的最早的文献记载只有1910年清朝廷钦差大臣叶大匡、春德的《调查科尔沁左翼后旗报告书》,此报告书中写道:

> 该旗自嘉庆年间即招民垦地,为朝于蒙古借地养民之第二期迄今已百有余年,较他蒙旗开垦地土为先,较郭尔罗斯前旗长春地方开垦为后,其境东南两部无不田畴相望,禾稼云连,凡高粱、秋麦、元豆、谷子、糜子、荞麦、玉黍、粳子、稗子、麻子、瓜子、芝麻、棉花、地豆、菜蔬无不适宜种植,收获极登膏腴上,地每晌价值二三百斤,每亩秋成能收五六石之粮,由此可见地产之厚,物产之饶,农业之兴。即西北部多沙,蒙民亦耕种无遗,届秋收后,无户不仓箱满贮,称大有千。

据此可知,玉米在清朝末年已有零星的种植,种植面积较小,与其他农作物一起相宜种植。由此可以确定玉米在通辽至少有100年的种植历史。在此前100至200年间,玉米在科尔沁左翼后旗经历了由西部到东部,后又传入科尔沁区,并从科尔沁区分东西两路传至通辽各个旗县区,遍布西辽河两岸的过程。其中,一路是向西传播到开鲁、奈曼至库伦;另一路是向东传播到科尔沁左翼中旗,再由科尔沁左翼中旗传至扎鲁特旗。

文献中关于玉米在通辽地区的种植的记载是一种证据,同时带有玉米吊坠的蒙古族烟荷包[①]是玉米传入通辽的另一个有力的证据。烟荷包是蒙古族重要的民间艺术品,在蒙古人日常生活中具有重要的作用和意义。蒙古族妇女,尤其是年轻女性,就地取材,制作纤巧秀丽的烟荷包,经常作为贵重的礼物相互馈赠。在很多地方,年轻姑娘会制作烟荷包作为定情信物送给自己的恋人。通辽市玉米博物馆收藏着一个带有玉米果穗吊坠的烟荷包。雕刻精美的玉米果穗吊坠的用途是把烟荷包固定在腰间,也兼具装饰作用。据收藏专家鉴定,玉米吊坠至少有100多年的历

---

① 此带有玉米果穗吊坠的蒙古族烟荷包现收藏于内蒙古通辽市玉米博物馆。

史,反映出了百年前玉米与科尔沁蒙古族之间的关系。

　　当时人们在甸子地主要种高粱、谷子和黄豆,在沙坨子地里一般种糜子、荞麦、黄米、绿豆、芸豆和苞米。那时人主要吃高粱米、小米、荞麦面、糜子(主要做炒米)、黄米和黄米面等。玉米种得比较少,很少食用,只有夏天吃青苞米棒子。(SY 20170910)①

　　新中国成立前地里种黄豆、绿豆、耙豆、黍子、高粱、苞米、荞麦,那时候高粱种得比较多,苞米种得比较少。苞米有白苞米,也有黄苞米。苞米秸秆长得不高,长得高的也就和我(PXZ身高约156cm)差不多高,苞米棒子很短,不像现在这么长、这么粗,苞米粒也小。人一般不吃成熟苞米,只有在青苞米的时候掰来煮着吃。苞米成熟后,苞米粒太硬,没法儿吃。那时候没有机器,没有收割机,也没有脱粒机,都是用手搓,搓掉的苞米粒用碾子压碎,里面的糠太多,太浪费粮食。那时候都不知道苞米怎么吃,也不知道牛羊吃苞米对它们有好处。食用苞米和苞米收割都非常费事儿,因为大家嫌麻烦所以就很少种苞米。那时候早晨吃炒米,中午和下晚儿②吃高粱米饭或者荞麦。(PXZ 20170909)

在20世纪初,白村已有玉米种植,但限于当时的生产力水平,玉米的种植面积比较小,多在坨子地种植,属于"漫撒子"的粗放式种植。需求推动生产,因为各种原因,白村人对玉米并不喜爱,所以玉米在进入白村初期,并没有得到大面积的种植。一方面因为缺少工具,脱粒困难,直接使用石碾子碾制的玉米粉,糠和面掺杂在一起无法分离;另一方面也缺少制

_____

①出于学术伦理,对访谈对象进行匿名化处理,将访谈对象名字及访谈时间以英文字母和数字相结合的形式进行编码,括注于访谈内容之后。其中,英文字母为访谈对象名字的汉语拼音首字母,数字为访谈时间。

②"下晚儿",方言,即晚上。

作方法,制作出来的食物口感很差。白村人也没有意识到玉米可以做牲畜的饲料。蒙古族喜食炒米、高粱米和荞麦,所以他们仅种植少量的玉米,在未成熟时煮青玉米吃。另外,习惯于荞麦、高粱等作物粗放式的种植方式,对于需要精耕细作的玉米,白村人并未"搞特殊化",传统的"漫撒子"的粗放式种植使得玉米的产量优势并未显现出来。因此玉米在白村种植比较少,对白村的日常生活影响并不大。但是玉米在白村的故事才刚刚开始。

第三节　半农半牧生计方式形成

游牧民族从事农耕并将其产品用于生计由来已久。纯粹专靠打猎为生的狩猎民族从未有过,作为食物来源的动物长期处于移动状态,食物很难保证,所以单靠猎物维持生存生活,是极其靠不住的。[①]曾经住在蒙古地区的先民们,在从采集植物果实作食物到人类农业史的各个阶段中,都延续了农耕活动。[②]据史料记载,在5世纪时,蒙兀室韦部的蒙古人已有种植业,出现了"人挽以犁""刳木为犁"的种植技术,此时的种植业"田收甚微",难以满足住民的生存需要;同时从事畜牧业的蒙古人已懂得在森林边缘地带和河岸等高原区域养牛,开始"夏天定居,冬逐水草"的游动生活。9至12世纪,牲畜开始分群放牧,牲畜饲养工作开始分工,大大提高了牲畜的繁殖率。蒙古人在改进和发展畜牧业的同时,也不排斥种植业。在蒙古汗国建立之前,至迟在辽代,汉族的农业生产技术已在蒙古族社会中发生了影响,有的牧民已经开始从事农业生产,《建炎以来朝野杂记》中记载:"近汉地者能种秫穄[③],以平底釜煮而食之。"[④]《汉书·匈奴传》载:

---

①[德]恩格斯:《家庭、私有制和国家的起源》,人民出版社,2018年,第33页。
②[蒙古]若罗姆扎布:《蒙古的传统农业》,额尔敦布和译,《蒙古学信息》1993年第2期。
③秫,即黏高粱,有的地区就指高粱。穄,即穄子,又叫糜子。
④白歌乐、王路、吴金:《蒙古族》,民族出版社,1991年,第40页。

"逐水草迁徙,无城郭常居耕田之业,然亦各有分地。"①13世纪初繁荣的蒙古族成为游牧文明集大成者,整体民族具有"游而牧之"的生产特征,"逐水草而居"的生存特征,以及"肉体来自青草"的生活特征。②元朝建立后,为满足对内和对外战争用兵,"以资军饷",发展屯田。农业从漠南汉族聚居区逐渐向漠北蒙古族聚居区的牧区扩展,随着与汉族接触渐频,习得务农之术,获得农具、种子。因此,在环境适宜的地方,农业开始发展起来,部分蒙古人在从事畜牧生产的同时开始兼营农业。

元末明初,动荡战乱,蒙古地区萧条凄凉,蒙古人在汉人的影响下,掌握了农时,使用牛耕,主要作物有麦、谷、豆、黍,虽是广种薄收,但是这些作物的种植由来已久。随着与明朝"通贡",瓜、茄、芥、葱等菜蔬传入蒙古地区。不过在鄂尔多斯、察哈尔、奈曼、阿鲁科尔沁等部,农业技术较为粗糙一些,又受到气候的影响,作物仅为糜黍稷和蜀秫(即高粱)。随着明朝统治的稳定,蒙古地区的社会经济也渐趋恢复,畜牧业作为蒙古地区最传统的生计方式在社会稳定的条件下得到迅速复苏,农业也得到了发展。农业主要集中在漠南地区,特别是在丰洲形成的板升农业③成为畜牧业的重要补充。但是耕作方式仍旧粗放,"但有耕种,惟藉天不藉人。春种秋敛,广种薄收,不能胼胝作劳以倍其入"④。

至清朝初年,蒙古地区大部分属"人不耕织,地无他产"。蒙古地区在清代之前的历史发展过程中农业始终是以副业的形式出现且终未能兴旺发展,这与游牧经济的内在特征有密切联系。牲畜产品是游牧民族的主要生活来源。他们以牲畜皮革为衣,用毛毡建居,以肉奶为食。牧养牲畜

---

① 包庆德:《游牧文明:生存智慧及其生态维度研究》,《内蒙古社会科学(汉文版)》2015年第1期。

② 包庆德、蔚蓝、安昊楠:《生态哲学之维:蒙古族游牧文化的生态智慧》,《内蒙古大学学报(哲学社会科学版)》2014年第6期。

③ 板升,蒙古语"房屋"之意,源于汉语。当时蒙古族把迁入蒙古地区的汉族百姓及其所修筑的房舍、村镇称之为"板升"。板升农业是指蒙汉两族人民在板升聚落内引水垦田,进行耕植的农业活动。

④ (明)萧大亨纂:《夷俗记》,中华书局,1991年,第7页。

的生活迫使他们不得不随季节换场迁徙,以致他们不可能固定居住于一处。由此,游动迁徙便成为畜牧业生产和再生产的一个基本方法,进而也成为其他各种产业生存的一个前提。①同时,这一情况也受到人为因素的影响。蒙古族的宫廷大汗与其他上层人士并不希望农业在蒙古地区得到发展。一方面是因为这些蒙古族上层人士畜养规模庞大的畜群,需要拥有大量水草丰美的牧场来维持其畜群的发展,而农业发展则需要开垦牧场为耕地,抢占牧场;另一方面屈服于严酷的自然气候条件而强令禁止发展农业。例如,1302年和1337年分别以北部地区不产粮和北部边疆戈壁地区过于寒冷为借口,下令禁止发展官田。②同时,以君王贵族为首的统治阶级集团需要的谷物粮食由被占领区供给,统治集团并没有产生在蒙古地区发展农业的意愿。因此,在蒙古地区农业作为副业以自流形式存在和延续下来了。

16至17世纪,漠南蒙古地区的农业虽有发展,但蒙古人从未大量开垦牧场,其农业人口与农耕面积远远不足以与牧业相提并论。到清代,蒙古游牧社会出现了大转折。③清朝的建立实现了大一统的局面,结束了蒙汉两族长期以来对峙的历史,稳定的社会局面为蒙汉两族的交流与融合创造了良好的条件。同时,社会和平安定孕育了中国历史上人口增长的伟大时期。当17世纪到来的时候,由美洲引进的各种新作物(玉米、甜薯、花生、烟草等适于在干燥高地生长的作物),早已由那些打破了中国种种内部疆界束缚而迁徙他乡的人们移植到难以灌浇的山坡上。到了17世纪下半叶,征战年代人口锐减的现象开始扭转,导致现代人口激增的环境已经形成。有人认为,在整个18世纪的过程中,中国的人口数翻了一番。④关内凡可垦之地皆已开垦完毕,允许流民⑤进入蒙地谋生计成为不得已而

---

① [蒙古]若罗姆扎布:《蒙古的传统农业》,额尔敦布和译,《蒙古学信息》1993年第2期。
② 色音:《蒙古游牧社会的变迁》,内蒙古人民出版社,1998年,第3页。
③ 同上,第4页。
④ [美]孔飞力:《叫魂:1867年中国妖术大恐慌》,陈兼、刘昶译,上海三联书店,1999年,第34页。
⑤ 流民系指"内地人私入垦辟者"而言。究其实质,流民乃是指那些在封建势力压迫剥削下,破产或丧失生计的一切劳动者,被迫自发地沦落到关外"求食"谋生的人口。

为之的缓兵之计。

清朝初期，清统治者为加强对蒙古地区的控制，通过分散蒙古的力量，孤立蒙古各部的手段，对归附和被征服的蒙古各部一律按其向背程度、住地远近及政治上的考虑，予以不同的安置，实行盟旗制度。①在蒙古地区厉行封禁政策，进行民族隔离。规定各蒙旗一律禁止招垦；各旗不得越界游牧和互相往来；禁止蒙古各部互相贸易通婚；禁止蒙古人学汉族文化和与汉人通婚；限制汉人到蒙古地区贸易耕种。这一系列封禁政策的核心是边界的划定与清晰。一是蒙地各旗之间的界限。清政府对蒙古各部采取"分而治之"，以削弱其势力。这使得各旗领地的边界明确，且不能越界，导致牧业被固定在一定的区域范围内，游牧的范围受到了限制，甚至缩小，再也不能像以往那样在广阔的范围内迁徙游牧。②这在一定程度上促进了蒙古人的定居化进程，也为农耕发展提供了条件。二是蒙地与汉地之间的边界。清政府禁止蒙古人招汉人进入蒙古开垦牧地，同时也禁止汉人私自进入蒙地垦殖种田。蒙汉在地域上有了严格的划分，地域上边界的存在，强化了民族之间的差异。同时，限制了蒙地的农业开发，也有利于蒙古地区游牧业的保留和维持。三是蒙古族与汉族之间的边界。清政府不仅在地域空间上对蒙汉实施隔离政策，而且严格控制蒙汉民族在经济文化上的交流，在文化上建立严格的空间边界。这些政策导致了边界的清晰化，使得蒙古地区长期处于封闭状态，③为清政府实现对蒙古地区的统治提供了保障。

在封禁期间仍有汉人进入蒙地开垦土地从事农耕，出边开垦的汉人（兼有一部分满族人）主要有三类人员，一是以农奴身份，随同公主、格格下嫁蒙古贵族——内地农民由属于清朝皇室、满族贵族的"庄头"④"庄

---

①《蒙古族简史》编写组：《蒙古族简史》，内蒙古人民出版社，1986年，第224—227页。

② 王玉海、王楚：《从游牧到定居——清代内蒙古东部农村社会研究》，黑龙江教育出版社，2012年，第21页。

③ 郝亚明、包智明：《体制政策与蒙古族乡村社会变迁》，中央民族大学出版社，2010年，第30页。

④ "庄头"为所设田庄的管理人。

丁"变为蒙古的王、贝勒、贝子、公、台吉的"庄头""庄丁"。二是清朝统治者为了巩固边防和节省军事开支,下令在归化城土默特、察哈尔、热河一带建立"官庄"和"庄园",在土拉河、鄂尔浑河等流域实行军事屯田。三是汉族人民违禁出边。蒙古王公贪利招垦,内地破产农民冒险出关出口。其中第三类是最主要的情况,这些汉人主要来自陕西、山西、河北、山东等省。清朝统治者对于汉民出口进入蒙地开垦的容忍是与其主观愿望相矛盾的,一方面关内生齿日繁,田土未增,米价渐贵,天灾频降,对到口外种地度日者"若不容留,令依何往?"另一方面又担心任其自流,"将来具为蒙古矣"。在内地人地矛盾、蒙旗私招私垦、自然灾害和战乱等因素的作用下,关内流民出关垦殖谋生既成事实,清政府不得不对此事实持默认态度。

自清中叶后,清政府以"借地养民"的名义开始局部开放蒙地①,大量汉族流民涌入蒙古地区垦地事农。因蒙地广大肥沃且租金少,越来越多的内地流民涌入蒙古地区开垦土地。尤以"直隶旁外之喀喇沁、翁牛特、土默特、敖汉诸地;奉天边外之科尔沁左翼各旗;山西边外之归化城、土默特、鄂尔多斯等处,内地人民前往开垦者年增一年"②。蒙汉杂居的地域日趋广大,交涉事件层见叠出,为此,雍正乾隆之时,在蒙古地区增设府厅州县,此官制如内地官制一样管理庶政,对蒙汉民众采取"分而治之",与蒙旗"划界分治",在蒙古地区形成了旗县并存的管理体制。清朝末年,日俄等帝国主义加紧了对蒙古地区的侵略活动。"实边莫要于养民,而养民莫先于借地"③。同时,清廷在对外战争中均以失败而告终,签订的不平等条约均有巨额的战争赔款,清政府国库枯竭,债台高筑,入不敷出。财政困难,巨款难筹措,除放荒地别无他法。清政府为解决日益严重的蒙边危机和财政困难,不得不废止从前开垦蒙地的各项禁令,在蒙古地区推行

---

① 蒙地,即清代蒙古王公的领地,属蒙古王公私有,是清政府在蒙古地区实行的一种特殊的土地制度,领主向领地内的蒙民课征租税,其中一部分上缴清廷作为报效。
② 谢彬:《蒙古问题》,商务印书馆,1926年,第42—46页。
③ 忒莫勒、乌云格日勒主编:《哲里木盟十旗调查书》,黑龙江出版社,2014年,第27页。

"新政",实施"移民实边"政策。1910年(宣统二年),清政府宣布彻底开放蒙地,解除不准蒙汉通婚之禁,奖励汉人携家往蒙地开垦,一律废止蒙人改用汉名,聘汉人为书吏学习汉文、汉语,以汉文缮写诉讼及其他公文书之各项禁令,并在理藩部内专设机构负责开垦事务,使得蒙古社会的政治经济发生了巨大的变化,加速了蒙古地区的农业化进程。

在清朝统治的200年间,由于农村的社会危机以及战乱的影响,流民出关入蒙地数量逐年增加。蒙古封建主为吃地租,私招私垦,加上清政府在政策上的推动,蒙古地区逐渐形成农区和半农区且日益扩大。蒙古地区的农业产品种类的数量和产量逐年增加,粮食品种除蒙古族传统的糜子、荞麦外,还有汉人从关内引进的高粱、谷子、玉米、豆子、稻子、小麦、大麦、燕麦等。

在清末实行"官垦"之前,内蒙古东地四盟24部36旗,哲里木盟、卓索图盟、昭乌达盟的敖汉、奈曼、翁牛特和喀尔喀左翼共12部21旗已开垦,占总土地面积的7/10。在科尔沁诸旗中最先获准放垦的是科尔沁左翼后旗。1802年(嘉庆七年),科左后旗"招民垦种"常突(昌图)额勒克荒段,准许四万多流民进入该区域垦殖,这标志着科尔沁各旗招垦合法化的开始。清政府于1806年(嘉庆十一年)置昌图厅,隶属盛京将军,专办流民垦殖事务,与蒙旗划界分治。1812年(嘉庆十七年)仅科左后旗开垦土地面积就达271212坰。[①]光绪初年,内蒙古地区招垦进入渐盛阶段,农地日益扩大,人口愈增,于1877年(光绪三年)昌图撤厅升府,同时设奉化县、怀德县,后设康平县,此三县皆归府属,隶于盛京将军。至1909年(宣统元年)科左三旗基本上已无荒可放了。[②]科尔沁地区的草原被大面积开垦,农田连片形成大片的农业区域和星罗棋布的农业村屯。

民国时期,北洋军阀政府从清末继承发展了垦务机构,垦务机构成为国家行政系统直辖下的部门,是重要的地方行政机关之一。北洋政府的

---

① 坰,计算土地面积的单位,在东北地区一坰合一公顷(十五亩)。转引自胡智育:《哲里木盟南三旗土地沙漠化的演变过程及逆转探讨》,《自然资源研究》1984年第4期。

② 田志和:《清代东北蒙地开发述要》,《东北师大学报(哲学社会科学版)》1984年第1期。

放垦宗旨，主要是在清理旧账、余荒、夹荒的基础上，继续扩大垦区。[1]同时，华北地区连年干旱，加上军阀割据混战，导致民不聊生。而关外社会相对稳定，灾情相对较轻，农作物收成较好。因此，关外吸引了大量难民背井离乡，来此定居，生活生计。国民党上台后在蒙古地区又开启了新一轮的土地掠夺浪潮。放垦蒙地是国民党在政治上加强对蒙古边疆的统治、在经济上扩大对蒙地掠夺的一举两得之举。通过改省为县分解了蒙古王公扎萨克对蒙旗土地牧场的支配权力，将其完全置于省县的控制下。民国时期，铁路的修筑促使大量移民涌入蒙地，造成垦殖面积不断扩大，甚至将很多不适宜耕作的土地开辟为农田。省县的行政管理体制的设置促进了国家政权对蒙古族地区的控制与渗入，使得蒙古族地区逐渐被纳入国家政权空间中。

综上，蒙古地区大面积垦殖，由纯牧业向农业或半农半牧转变的原因有四：第一，关内因天灾人祸、人多地少造成大批流民不得不出关，进入地广人稀的蒙地谋求生计。第二，蒙古地区地旷人稀、土地丰美膏腴，且"地租轻薄""有租无赋"，利于流民"求生觅食"，对流民具有较强的引诱性。第三，蒙古各旗王公"出荒放垦""私招私垦"，蒙旗王公在利益的驱动下大量招纳内地汉人进入蒙地垦种。第四，政策的导向，清朝的"借地养民""移民实边"，北洋军阀的"移民殖屯"，日本帝国主义的"开拓殖民"，各个时期的"派兵屯垦"等推动了蒙地农业化。

蒙地开垦实行押租制，佃民需要向蒙旗领主缴纳一定数额的押荒（租）银，才能获取蒙地的垦殖权。但是大多数来蒙的流民身无分文，无法缴纳押荒银。同时在刚开垦时，因为蒙汉语言文化等差别，蒙汉之间的沟通需要中间人。因此，佃民与蒙地领主之间出现了中间人，这一中间人被称为"揽头"。揽头从蒙古王公那里批租土地，后将土地承包给身无分文的流民，收取粮租，赚取差额利润。揽头不仅负责招佃之事，还负责征收粮租，丈量土地。"查揽头多系趋利若鹜之徒，钻营谋干，许给蒙古银两认

---

① 色音：《蒙古游牧社会的变迁》，内蒙古人民出版社，1998年，第22页。

领荒地。不论垧亩,惟以里数为段,鲸吞到手,然后辗转愚尔众佃。只图多收押荒银两……各揽头外欺蒙古,内愚众佃。"①由于土地重复买卖,蒙古人和汉人对揽头的中间剥削产生反感,民间争端不断。后在吉林将军干涉下,设立公益土地局代替揽头这一中间人角色,佃户一律到地局办理租务,揽头制消失。②揽头的存在一定程度上促进了蒙古地区土地租佃关系的发展和蒙地向民地③的转化,这种转化则促成了汉族地主势力和自耕农的发展。土地关系的转变加快了土地农业化进程。

白村附近地区的招垦殖耕较晚,始于清末民初。巴林他拉是离白村最近的一个牧场荒地,位于现在的通辽市区南端,距白村约25千米。开垦后,"巴林他拉"改叫"巴林太来"。巴林他拉的"他拉"在蒙古语中的意思是"草原",巴林太来的"太来"在蒙古语中的意思是"农田"。从这一地区的名称变化可以看出由草原到农田的变化,也反映出了此地由牧业向农业的转变。

在清朝时期,巴林他拉及其附近地区属科左中旗(达尔罕旗)卓哩克图亲王的领地。此地区水草丰茂,土壤丰腴,是一望无际的天然牧场。卓哩克图亲王因私债累累,不断请旨放垦,遂成为哲盟闲散王公中出放领地最多者。1887年(光绪十三年),西兆王向民人举债近50万吊,因无法清偿,遂将长60里,宽32里的彩哈新甸荒地抵押给当地孙玉堂等500民人,相当于10.8万多垧荒地的荒价,这500民人凑钱为旗王偿清了债务。④1908年(光绪三十四年)在东三省蒙务局主持下,制定《允许采哈新甸等荒地抵还债办法》,丈放86万垧。1912年(民国元年)承袭爵位的是色旺端鲁布,其因"京债过巨无款筹还"⑤,遂与奉天都督商议,呈请大总统袁世凯准许,把东自巴林他拉,西至爱新庙,南起小细河(教来河),北至辽河

---

① 孙经纬:《清初至甲午战前东北官田旗地的经营和民佃以及民地的发展》,《历史研究》1963年第4期。

②④ 王建革:《清代蒙地的占有权、耕种权与蒙汉关系》,《中国社会经济史研究》2003年第3期。

③ 民地是指汉族地主拥有的土地和汉族自耕农所有的小块土地,在蒙地,汉人被称为民人。

⑤ 田志和:《清代东北蒙地开发述要》,《东北师大学报》1984年第1期。

南岸,长约50里、宽约30里的牧场出放,以偿还债务,民国政府准许开放巴林他拉牧场荒地,当年开始行绳丈放,历时3年丈量放垦告竣。[1]巴林他拉牧场放荒时,大揽头刘振亭与蒙荒行局总办黄仕福勾结,"包揽了大段"。[2]

蒙古地区的草场荒原被大面积开垦,牧场日益缩小,牧业受到了严重的冲击,使得蒙古地区的经济结构发生了转变。但是蒙古族的经济生活与蒙古地区的经济生活并不是同步发生改变的。在蒙旗制度下,蒙汉分治,在地域上蒙古族和汉族划界,汉族人进入蒙地垦地从事农业活动,蒙古族则从事牧业活动,二者之间在地域、经济、文化等方面严禁交流。蒙古族属于蒙旗管理,汉族则属归府、厅、州、县管辖。蒙民与汉民处在不同的管理体系之下,加之身份有所差别,在占有土地和居住的村庄之间界限分明。[3]甚至出现了居于同一地域,蒙古族和汉族仍然"各行其是",不相往来的情况。

在开垦之前,白村一带就已经存在农业,农业主要作为从属于游牧业的副业存在。农作物播种后几乎不做任何管理,也不在耕种处长期居住。"蒙古土民不讲耕作,既播种,四处游牧,及秋乃归。听其自生自长。"[4]蒙古族主要采取"漫撒子"的粗放式耕作方式。耕种主要是在土质松软的坨子地耕种,而不是肥沃的甸子地。虽然农业经营方式比较粗放,但是农牧兼营的生活方式使得其比纯游牧者更容易适应定居。清末民初,开垦土地不断扩大,牧场逐渐缩小。蒙古族开始从游牧转到定居从事农业活动。蒙古族聚居区出现了纯牧区、纯农区和半农半牧区。其中纯牧区逐渐向北和向西迁移;纯农区的蒙古族完全放弃了牧业,主要从事农业生产,耕

① 郝亚明、包智明:《体制政策与蒙古族乡村社会变迁》,中央民族大学出版社,2010年,第57页。

② 田志和:《清代东北蒙地租佃及其向民地的转化》,《吉林大学社会科学学报》1984年第4期。

③ 张士尊:《清代东北移民与社会变迁:1644—1911》,博士学位论文,东北师范大学,第227页。

④ (清)徐珂:《清稗类钞》(农商类),中华书局,1984年,第5册,第2272页,转引自王建革:《农牧生态与传统蒙古社会》,山东人民出版社,2006年,第204页。

种方式也从粗放式逐渐走向精耕细作;半农半牧区的蒙人既经营牧业也经营农业,并且从以牧业为主兼事农业逐渐向以农业为主兼事牧业转变。白村所在的地区形成了典型的半农半牧区。

第四节 小 结

在游牧民族或者说在蒙古族人的游牧世界里,牛是他们重要的畜产之一。牛与马、羊(山羊和绵羊)、骆驼是游牧民赖以生存和生活的基础。在数量上,牛的数量远不及羊的数量;在地位上,牛只能排在马和骆驼之后。玉米这一美洲作物,由于其特有的生物特性,在哥伦布发现新大陆后,被带到世界各地并落地生根,随着环境的改变和人类的培植而不断进化。玉米进入中国境内后,通过移民将其带入蒙古境内,但是种植并不广泛,不能与蒙古族传统的农作物相提并论。从玉米和蒙古牛二者的来源来看,二者并不相关。但是牛与玉米却在白村相遇了,并且在后来逐渐成为白村生产生活中的主角。白村从纯游牧社会到半农半牧社会的转变是两个主角共同存在的前提。由此可以从两个方面对本章做出总结:①玉米等农作物从农业区到牧业区,这是一种农业的扩张,相对应的牧业会出现萎缩;②从游牧到定居,国家空间与领土之间的关系逐渐明确,国家在地域上逐渐有了明确清晰的界限。

在本研究中,牛作为畜牧业的符号象征,玉米作为农业的符号象征,二者的相遇有着上千年的历史铺垫。游牧业不是一种可以自给自足的经济类型,游牧民的生产生活既离不开辅助性的经济活动(最简单的就是物的交换行为),也离不开为克服游牧经济片面性和单一性所开展的政治和社会活动。①在很长的历史时期,北面的游牧民族南下劫掠是十分稀松

---

① 王明柯:《游牧者的抉择:面对汉帝国的北亚游牧部族》,广西师范大学出版社,2008年,第12页。

平常的事。甚至在10世纪，唐朝灭亡后，北方出现了一些少数民族政权，这些政权有时主动向南，有时是占据南方的五代和宋主动向北，南北政权之间的劫掠事件时有发生，但并不一定是王朝之间的正式战争。就当时而言，政权之间的地域边界与政治边界并没有明晰的界限。甚至至汉代，汉将入辽并不具有叛国性质，但到了1005年，汉将不论出于什么原因入辽都会被视为叛国，一人一生只能忠于一个国家、一个君主。①从另一个角度来看，这种"忠贞不贰"的忠诚观的形成和确立，也代表着政权边界的明确和清晰，以前作为平常事的劫掠在这时已成为国家之间的侵犯之战。自此具有政治意义的领土和边界成为建构国家的必要条件。而边界的概念不仅限于地域空间上的领土明确划分，还包括政治、情感、道德、文化等边界。大元兀鲁思②出现之前，中国境内的政权并没有超出族群范围，而大元兀鲁思的出现则打破了以族群为主的政权，建立了"超越生态系统和种族界限的统一的'多元复合超域帝国'"③。

蒙古帝国作为统一的多元复合国家，由于疆域之大、人口之众、民族之杂，国家政权并未通过中央行政权力深入到底层社会。元朝设立南、北面官，南面官管理汉族事务，北面官管理北方民族事务，并且严禁蒙汉通婚。但是这些禁令并没有得到很好的执行。元朝通过四通八达的驿道将南北方紧密联系在一起，这在一定程度上使朝廷的政治力量得以在其所统治的疆土空间范围内渗透。随着元的灭亡，明的建立，明朝重新修建长城以抵御蒙古族。但是长城并没有如明代皇帝所愿，阻挡住蒙古族的侵扰。换句话说，长城这一实体边界线并没有成为阻断南北的界限和分裂南北经济的界限，而是不断演化为南北经济之间的连接线。长城虽然没能阻隔南北联系，但是在实体长城基础上形成的"长城"这一概念却贯穿

① [英]史怀梅：《忠贞不贰？——辽代的越境之举》，曹流译，江苏人民出版社，2015年，第37页。

② 古代蒙古人隶属于首领、汗、那颜、太师、把阿秃儿等的一切氏族、氏族分支和部落联合体，都叫兀鲁思(ulus)，即"人民—领地""人民—分地"。参见[苏联]弗拉基米尔佐夫：《蒙古社会制度史》，刘荣焌译，中国社会科学出版社，1980年，第159页。

③ [日]杉山正明：《疾驰的草原征服者：辽西夏金元》，乌兰、乌日娜译，广西师范大学出版社，2014年，第7页。

历史始终。早期的燕赵北长城，到秦汉长城，以及明长城都是作为军事防御的实体而修建，是明确划分敌友的分界线，其具有的内涵不仅限于军事防御的隔离城墙。在自然地理上，长城是半湿润到干旱半干旱地区分界线等；人文上，长城是农业（经济）区和牧业（经济）区、农业民族和游牧民族、"居国"与"行国"的分界线。①这种连接由游牧经济的特点决定，游牧民以肉和乳制品为主食，但也需要有适量的粮食作为补充。北方草原的地理气候条件和牧民的农业生产技术有限，农作物的收成非常不理想。在游牧社会中，每户的畜牧产品几乎都是一样的，而游牧民族的日常生活需要却是多方面的。单一的生产与多元的消费需求的矛盾使得游牧民族不得不与其他民族发生关系。游牧社会需要的消费品中的生产工具、农产品、奢侈品等需要从外部供应，而中原社会则是最好的供应地。因此，游牧民族获得这些物资的主要途径是通过掠夺和买卖交易。

清朝为拉拢、笼络和控制蒙古各部，采取"分而治之"，实施盟旗制度。清朝统治者认为大量内地人口流入蒙古地区会引起蒙古地区的不安定，不利于北面边疆地区的稳定，因此多次颁布封禁令严禁其他民族的人进入蒙古地区。②清朝是一个统一的多民族国家，疆域广阔、人口众多、民族多样，并未实行中国历史上出现过的二元或多元体制，而是根据边疆地区各民族的实际情况"因俗而治""各安其习"，在一国内实行多种政治制度，进行统治。如在西藏地区和西南地区的"土司制度"、新疆地区的伯克制度和扎萨克制度等。在这时，由于沙俄等外敌对中国北方和东北边疆地区的觊觎，传统的"夷夏之防"观念发生了转变，专指边疆各民族和周边藩部的"夷"开始转变为"外夷""洋夷""海外诸夷"等西方列强。③清末东北地区频遭日俄侵略，1904年春，日俄战争在中国东北全面打响，战火遍

---

① 史继忠：《论游牧文化圈》，《贵州民族研究》2001年第2期；[英]史怀梅：《忠贞不贰？——辽代的越境之举》，曹流译，江苏人民出版社，2015年，第30页；冯嘉苹、程连生、徐振甫：《万里长城的地理界限意义》，《人文地理》1995年第1期。

②③ 成崇德：《清代前旗边疆通论（下）》，《清史研究》1998年第1期。

及整个东北地区。"这里的土地'没有'国界、这里的人民'没有'政府。"[1]
自此开始至1947年内蒙古全境解放,东北处于列强殖民、军阀混战、解放
战争等军事冲突之中。正是在此时,近代国家之间的国家、主权、疆域、国
界、领土等概念逐渐明确且确立。白村便是伪满洲国为加强对东部蒙古
族的统治,实施"并户"政策,将分散的居民聚集到一起建的村。通过修筑
围墙这一实体界限将村民与"匪"隔离,并且通过保甲组织、连坐制度、"守
章"的身份证明手段等,来实现对村民以及村民的生产生活实施全面监控
与控制。领土是国家建构的重要前提,对领土行使主权使地域空间具有
了政治意义,也是现代民族国家形成的必要条件。

---

① 李晚成:《这里没有国界》,《党政论坛》1993年第6期。

第三章 改革与改造:观念空间的建构
(1947—1957年)

第一节 土地政策与农牧关系

一、土地改革

近代以来,尤其自1911年起,东蒙①地区成为各方势力争夺的战略要地。日俄战争的发生,使得东蒙地区处于水深火热之中。俄国战败,日本建立了日伪政权,逐渐开始对我国东北和东蒙地区进行殖民统治。1945年,日本侵略军土崩瓦解,伪满洲国也随之倒台,中国共产党开始在东蒙地区进行武装斗争,并陆续开展土地革命,同国民党展开了长达两年的战略争夺。1947年春,东北民主联军在东北节节胜利,国民党军队被迫收缩防线,进行重点防御。同年7至8月,在中国共产党的领导和其他武装的协助下,内蒙古人民骑兵第二师解放了白村所属的哲里木盟全境。解放后,土地改革进一步开展。

在解放前内蒙古东部地区已经形成了农耕区、半农半牧区、游牧区三种经济类型的区域分布,其中农耕区人口占大多数。农耕区为蒙汉杂居,汉族人通过各种手段从蒙古族人手中获得了土地和地权,因此这一区域的

---

① 东蒙是内蒙古东部地区的习称,指今日内蒙古自治区的兴安盟、通辽市(原哲里木盟)、呼伦贝尔市(原呼伦贝尔盟)三盟及赤峰市(原昭乌达盟和卓索图盟),还包括属区外的原郭尔罗斯前旗、郭尔罗斯后旗、杜尔伯特、依克明安四个旗(习称省外四旗),地处东北地区的侧翼和后方,是关内外解放区连接的枢纽,战略地位十分重要。

汉族地主多于蒙古族地主。不过,完全没有土地的蒙古族农民很少,他们只是拥有的土地不足或者土地品质较差。[①]广大的农牧区,土地只是名义上的占有,实际上好地、熟荒地、好的牧场早已转到地主、牧主、富农的手中。掌握土地和牧场的地主、牧主和富农通过雇佣"耪青"来经营土地,即地主招来无地的流民或少地的自耕农,为其提供土地、耕畜等生产资料,收获按一定比例分配(地主往往能够获得一半以上的收获)。牧主和牧工之间也存在类似的雇佣关系。"耪青"雇工制在半农半牧区普遍存在。

1947年10月10日,内蒙古共产党工作委员会和内蒙古自治区政府根据《中国土地法大纲》的基本精神,结合内蒙古地区的土地、社会经济、阶级和民族特点,制定内蒙古地区土地改革的基本政策:①废除封建土地所有制,承认内蒙古境内土地为内蒙古各民族所有。②农业区实行耕者有其田,原来封建地主与庙宇所占有的土地一律收为公有,按人口统一分配给所有无地或少地的蒙汉农牧民。③对内蒙古一般地主富农的土地不动,坚决保护中农的利益。土地分配后,承认各阶层人民对其分得的土地自由经营、买卖与在特定条件下出租的权利。④取消"二地主",取消蒙租,适当照顾蒙古族农民,以弥补取消蒙租带给蒙古族农民的部分损失。[②]

牧业区和半农半牧区的特点与农业区有很大的不同,但在土地改革过程中采取了过"左"的错误方针,否认民族斗争的特点,机械地照搬农耕区土地改革的一套办法,搞划阶级、斗牧主、分牲畜,甚至提出"耕者有其田""耕者有其牛""牧者有其畜""住者有其房"等过高的口号。在这一口号指导下,牧业区和半农半牧区的特点遭到忽视,斗争方式简单、过火,各地区都不同程度地出现了乱杀乱打牲畜的现象,严重破坏了畜牧业生产。内蒙古工委和政府及时总结经验教训,根据牧业生产的特点,在牧业区实行"牧场公有、放牧自由""不分、不斗、不划阶级""牧工牧主两利"的牧业区改革政策。解放前,牧场虽然名义上为牧场民族或部落公有,但实际上

① 中共中央统战部编:《民族问题文献汇编》,中共中央党校出版社,1991年,第1057页。
② 郝维民:《内蒙古革命史》,内蒙古大学出版社,1997年,第574页。

却被依仗封建特权的王公、贵族、大牧主所垄断。实行"牧场公有,放牧自由",就废除了这一特权。所谓"不分、不斗、不划阶级",是不发动群众诉苦、算账、斗争牧主,不平分牧主的牲畜,不公开划分牧主成分,只是由工作队干部掌握牧主的阶级成分。"牧工牧主两利"政策,是根据畜牧业经营方式制定的,牧主雇工放牧,带有资本主义雇佣劳动性质,不能像对待封建剥削那样予以废除,而应允许其暂时保留。实行"牧工牧主两利"政策,一方面调整了劳资关系,维护了底层农牧民的利益,另一方面也安抚了地主、牧主等地方势力,消除了他们的反抗情绪,维护了社会稳定。

历史上,内蒙古东部半农半牧区是一望无际的草原,自清末放垦后,逐渐形成了农牧交错的格局。一些汉族官僚和地主通过垦殖大肆掠夺蒙地,部分蒙古王公、贵族通过"放荒""招垦"获取经济收益。草原被大面积垦殖,使得蒙古族牧民不得不放弃牧业而从事农业,或兼事农业,或为坚守牧业而被迫北移。半农半牧区的农业生产历史较短,蒙古族农民的生产技能落后,农业经营方式粗放。蒙古族由牧业转向农业后,相对于传统农业区,这里的地主和富农较少,中农的数量也很少,地主经济尚不发达。①而且由于蒙古族人口较少,不能耕种全部土地,因此通过将土地出租给汉族农民以收取微薄的"蒙租"②。

就半农半牧区的阶级关系、民族和农牧关系的实际情况而言,半农半牧区不能简单地采取农业区的土地改革方式。因此,在1947年11月,内蒙古工委和政府根据半农半牧区的实际情况,制定了半农半牧区的民主改革政策,以"在半农半牧区,发展农业,发展畜牧。适当地提高贫苦农民与牧民的生活"为指导方针。1948年7月,乌兰夫在旗县以上干部会议上提出了具体政策:①在农业占优势的半农半牧区,大中地主固定的大垄地③

---

① 郝维民:《内蒙古革命史》,内蒙古大学出版社,1997年,第583页。

② "蒙租",蒙古王公或蒙古族农牧民将户口地租给汉族农民或地主收取的租金,因其数量大大少于地租,故称为"蒙租"。内蒙古自治区畜牧业厅修志编史委员会编:《内蒙古畜牧业发展史》,内蒙古人民出版社,2000年,第84页。

③ "大垄地"是指固定常年耕种且已经过人工整理垄段的熟地,这种耕地很肥沃。

与耕畜实行平分,漫撒地①和牧畜一律不分,小地主和富农不动。②在牧业占优势的半农半牧区,除大牧主的耕畜分给农牧民外,牧畜不分,财产不动。③个别大蒙奸恶霸的土地、牲畜和财产,经政府批准后没收,土地分给农民和愿意种地的牧民,牲畜由政府组织牧民统一经营,严禁分散畜群。

半农半牧区进行民主改革的同时,党和人民政府根据农牧民的意愿和当地的自然条件,确定了半农半牧区的范围,确定了农田和牧场的界线,分别用以发展农业和牧业。同时,半农半牧区多为不易种植的伏沙地,往往在开垦后成为轮种地,随时开垦种植,收获后便弃之不再耕种,导致沙荒增多,不仅破坏了草场,使草场面积缩小,还导致了风、沙、水、旱等灾害频繁出现。因此,政府规定"保护牧场,禁止开荒,有步骤有计划地发展畜牧业生产",鼓励农牧民兼事农业和牧业。②

1947年9月中共辽吉省四地委③组织由盟干部组成的工作队到白村所属的努古区和另一个区开展工作。这两个区共有100多个自然屯,其中有一半的自然屯没有任何工作基础。而且这两个地区的封建势力很大,大地主、大牧主多是封建王公后裔或伪满官吏。虽然工作难度大,但是工作队仅在两个月内就镇压了19名犯罪作恶的牧主和地主,没收了700多垧的土地,3900多头牲畜,430多间房屋,510件工具,1000多件衣物等,并将这些物资分给了贫苦的农牧民。在牧场的使用上,牧主对草场的垄断被取消,实行牧场公有,放牧自由。同时,根据各村屯的实际情况,初步确定了阶级成分划分的标准:①在农业为主的村屯,参照汉族农业区的阶级划分标准。②在半农半牧村屯按土地和牲畜的多少或有无,以及剥削关系来划分阶级成分。牧主或地主的标准是人均牲畜近3头,且有

---

① "漫撒地"是指临时在草地开垦出来的耕地,种植时是漫撒子,不锄不翻,收割后即不再种,这种地多数属于沙土地。

② 内蒙古自治区畜牧业厅修志编史委员会编:《内蒙古畜牧业发展史》,内蒙古人民出版社,2000年,第82页。

③ 前身为中共哲里木盟工委。

雇工三人以上的。③以牧业为主的村屯的阶级划分标准是牲畜的头数，牧主的标准是人均牲畜5头以上。牲畜以3岁犍牛为标准，老弱幼畜按一定标准折算，山羊8只折算为1头标准牛，绵羊6只折算为1头标准牛。①白村及其附近地区的村屯便是按照上述标准进行了土地改革。土地革命改善了白村的经济状况，地主和牧主的土地和牲畜分给无地少地或无牲畜、少牲畜的农牧民，实现了"耕者有其田，牧者有其畜"，消除了牧主、地主对榜青和佃户的剥削。

二、农牧业合作化

土地改革把封建地主土地所有制转变为个体农民土地所有制，农村成为了个体经济的海洋。②农民拥有了土地所有权和自主经营权，其生产积极性得到了充分的发挥，这进一步解放了农村生产力，促进了农村经济乃至整个国民经济的恢复和发展。但是农民个体经营方式却存在很多局限。首先，由于战乱导致农村的财富被消耗殆尽，从事农业生产所需的生产资料，如牲畜、耕犁、车辆、种子等非常匮乏，本来就薄弱的工业和手工业还未恢复，破损的农具得不到修复，缺少的工具也得不到补充。土地改革虽然解决了土地占有不公平的问题，但是土地私有和买卖转让的制度仍然保留了下来，加之各种差异和意外因素，农民内部在经济上发生了分化，并在整体呈现出逐渐扩大的"中农化"趋势。③其次，在苏联关于合作化和社会主义改造的理论影响下，实现土地的社会主义国有和集体经营成为中国共产党的既定目标。④再次，分散的小农经济无法扩大再生产并支持国家的工业化建设，农业合作化能够在最短的时间内为工业化提供尽可能多的农产品，为工业现代化服务。

---

① 刘忱：《哲里木盟蒙区民主改革》，《哲里木史志》1992年第2期。
② 孙泽学：《1978—1984年农村改革之中央、地方、农民的互动关系研究——以包产到户、包干到户为中心》，《中国经济史研究》2006年第1期。
③ 武力：《略论合作化初期党对农业问题的三点认识》，《党史研究与教学》2004年第2期。
④ 宋娟：《社会主义改造时期中国走农业合作化道路的原因新探》，《安徽农业科学》2014年第26期。

土地改革后,中国约有90%分散的个体经济和手工业经济,这种经济形式是落后的,如何对其进行社会主义改造,如何将占人口大多数的农民组织起来,这是土地改革后面临的问题。为解决这一问题,政府提倡农牧民在自愿互利的前提下组织起来,成立互助组。"要克服很多农民在分散经营中发生的困难,要使广大贫困的农民能够迅速地增加生产而走上丰衣足食的道路,要使国家得到比现在多得多的商品粮食及其他工业原料,同时提高农民的购买力,使国家的工业品得到广大的销售市场,就必须'组织起来',按照自愿和互利的原则,发展农民劳动互助的积极性。这种劳动互助是建立在个体经济基础上(农民私有财产的基础上)的集体劳动,其发展前途就是农业集体化或社会主义化。"①基于这一认识,中央提出了由互助组到初级社再到高级社的农业社会主义改造路线。②

互助组有两种形式:一种是临时性互助组,一种是长年性互助组。临时性互助组农忙时结成互助,农闲时解散。长年性互助组则比较固定,有初步生产计划,记工、记账、派工,一般都是农副业结合。互助形式主要有5种:①人畜工互换,一头耕牛顶一个人工,也可以通过记分找平,一个标准人工记十分,如无工可换,可用钱粮代替;②搭具换工、清工算账,这种形式主要是劳模、干部、党员组成的互助组采用;③搭具换工、不清工、不算账,这种形式主要是有亲戚关系组合的互助组采用的;④搭具不换工、不清工、不算账,合得来的农牧户凑到一起;⑤出租、租犁杖、人工换犁杖工等形式。③白村的农牧户虽然缺少生产工具和役畜,但大部分农户依然坚持独立耕作,所以白村的互助组发展得比较缓慢。1949年白村有56户,役畜共55头(匹),犁杖31副,大车12辆。④在白村,基本每家每户都能够获得一头(匹)役畜,但是只有一半的家户有犁杖。因缺少犁杖而无

---

① 黄道霞、余展、王西玉:《建国以来农业合作化史料汇编》,中共党史出版社,1992年,第51页。

② 孙泽学:《1978—1984年农村改革之中央、地方、农民的互动关系研究——以包产到户、包干到户为中心》,《中国经济史研究》2006年第1期。

③ 杨青峰:《哲里木盟志》,方志出版社,1998年,第131页。

④ 数据来自郝亚明、包智明:《体制政策与蒙古族乡村社会变迁》,中央民族大学出版社,2010年,第66—67页。

法从事农业活动或农业劳动进行得非常慢(主要通过用镐刨地进行种植),播种是农作最关键的一步,没有播种就没有了农作物的生长和收获,而下种之前最重要的就是用犁杖开沟,播下种子后仍然需要犁杖来合垄。因此,在生产工具短缺的条件下,白村主要采取临时性互助,只在农忙需要工具时相互帮工。

直到1952年,白村及其附近地区的互助运动才有了一定的发展,到1954年,白村有78%的农户加入了互助组。没有加入互助组的农户有两类:一类是具备独立耕作条件而不愿意加入互助组的农户,这些农户通常都有犁杖、大车、役畜等生产工具,并且有足够的劳动力;另一类是由于农户自身原因而不被互助组接受的,这些家户是村里公认的"懒蛋户"。

1955年白村成立了一个初级社,名叫"红旗社"。其实质是多个互助组联合形成的规模更大的互助组,与互助组并没有本质上的区别。在初级社成立之初,土地、生产工具、役畜等生产资料依然归农户个体所有,并没有作价归社。而且依然有单干户存在。

表3-1　1955年白村农户参加初级社、互助组的情况[1]

户数	初级社			互助组			单干户	
	数量	参加户数	百分比	数量	参加户数	百分比	户数	百分比
59[2]	1	27	45.76	3	31	52.54	1	1.69

1956年,哲里木盟农业合作化掀起高潮,并且组织初级社向高级社转化。高级社与互助组和初级社在本质上有很大的不同,高级社是集体经济体制,在生产经营上采取包工包产,有的常年包工不包产,有的季节性包工,有的实行小段包工。[3]白村在这一时期与邻接的一个村联合成立了一个高级社,叫"东华社"。成立高级社后,每人口留0.5亩地作为自留地,每户留1头奶牛作为自留畜,全部耕地无偿归高级社所有,所有牲畜

---

① 数据来自郝亚明、包智明:《体制政策与蒙古族乡村社会变迁》,中央民族大学出版社,2010年,第69页。

② 59户是白村从事农业生产的农户,还有10户非农业户没有计算在内。

③ 杨青峰:《哲里木盟志》,方志出版社,1998年,第132页。

皆以低价卖给高级社。1957年另一个邻接的初级社并入东华高级社。高级社不仅是农牧业生产的合作单位,也是党和政府在农村的最基层组织。行政权力逐渐下沉,农牧户个体逐渐与国家行政权力对接。

成立高级社后,实行高级社为基本核算单位的记工分红制,即以劳动力的出勤劳动情况记工分,年终根据所记工分和当年的农牧业收成情况分红。一开始处在探索期,记分标准时有变动,但是经过一段时间的尝试后,通过经验总结出了一套记分标准,并且逐渐固定下来。记分标准根据生产经营的方式分为日工和包工。实行一事一评、一天一评的记分原则。日工的标准又根据劳动量大小的月份和性别不同来记分。为照顾弱势劳动力,则给安排劳动量较轻的劳动,但是记分标准不变。日工的分数多少取决于劳动力的出勤日数,因此出勤日数越多,挣得工分越多。

表3-2 东华高级社日工分标准(日/分)

性别	1—3月	4—5月	6—7月	8—12月
男性	8	10	12	10
女性	6	8	10	8

包工是根据付出的劳动量的大小或多少来记分,包工的工作包括挖河沟、排水渠、灌溉渠和打草等。比如打草800斤记为10分,如果打草1600斤则记为20分。包工形式是干得多工分就多,干得少工分就少,对于勤快能干的人来说具有激励作用,同时也能在一定程度上避免“搭便车”行为。很多能干的人都会选择包工形式,这样能够获得更多的工分,甚至有的人通过一天的劳动能够挣30多分。很明显,对于劳动力数量多的家庭来说,工分自然会多。

另外,社员还要出义务工,义务工包括被高级社上一级抽调的民工(社会义务工)和在本社安排的义务工(社内义务工)。这些义务工以扣除义务工分的形式在劳动力的年终总工分中扣除。每个劳动力每年的社会义务工分是50分左右,社内义务劳动工分是100分左右。人民公社成立后,虽然基本核算单位发生了变化,但是这种工分制并没有发生变化,并且一直延续到农村经济体制改革。

第二节　玉米与牛的改造

一、作为边缘性作物的玉米

自清末起,白村一带一直处于农业化的进程中,一方面因为农业具有稳定性和固定性,在战争期间能够避免随时被抢、被掠的风险;另一方面,农业种植容易恢复,土地是不会被掠夺走的,只要有种子,在春天播种,在收获季节多少都会有所收获,而且再生产周期短。清代,哲里木盟十旗的耕地面积达9657.53万亩。在伪满洲国时期,虽然大量开垦荒地,但是由于残酷掠夺、民不聊生,造成大量土地荒芜,至哲里木盟全境解放前夕,全盟的耕地减少到600万亩。解放后,经过一系列政策改革,土地荒芜的情况得到改善,农业得到了恢复和发展。白村所属的科尔沁左翼后旗是哲里木盟8个旗县市中耕地最多的旗之一,1949年科尔沁左翼后旗耕地面积为194.53万亩,1954年为281.31万亩,1958年为364.71万亩,分别占全盟耕地总面积的17.93%、23.05%、26.75%。[①]内蒙古的畜牧业从19世纪随着农业的发展开始衰退、萎缩,并且随着此后一次又一次的大规模放垦蒙地,优良的牧场被大片大片地开垦种植农作物,一部分牧民被迫赶着牲畜向北方迁移,农牧边界线不断北移,一部分牧民放弃畜牧业而从事农业活动,这种趋势越演越烈。

内蒙古人口从清中叶的100余万减到民国初期的83万,直到中华人民共和国成立前夕才增长到93万,这种人口发展趋势与上述农业发展趋势不无关系,自然也对畜牧业发展产生了巨大的影响。内蒙古的大小牲畜从1936年的937万头/只减少到1947年的828万头/只,减少了

---

① 杨青峰:《哲里木盟志》,方志出版社,1998年,第132页。

11.6%。①由于畜牧业自身的特点,恢复的速度会慢于农业。为促进畜牧业发展,从1949年到1952年,通过发放牧业贷款,创办国营牧场和种畜站,以及实行牧业轻税和免税政策,牲畜总头数从956.3万头/只增加到1593.8万头/只。②

在土地改革时,白村的牲畜数量很少,加上土地改革时"左"的倾向,白村的土地改革完全是按照农业区进行的改革。自1949年始,半农半牧区实行政府控制的计划经济,半农半牧的经济形态发生了变化。土地、役畜、大车等生产工具和生产资料被重新分配。白村的役畜基本上能够实现一家一户一头/匹,但是只有一半的农户有犁杖,1/5的农户有大车。在生产工具不足的情况下,农业作业还比较粗放,与新中国成立前的农业技术相比几乎没有任何改善和提高,仍然保持原有的"漫撒子"做法,并没有实现像汉区农业那样的精耕细作。农业虽然是按照汉区农业的基本技术程序进行的,但是不除草、不施肥,也不像汉人一样起垄耕作以保护耕地,而是实行无垄耕作。③这种农业耕作方式直到人民公社化后才有所改善。

在白村,对于耕种的土地来说,坨子地的面积远远高于甸子地。1954年白村耕地总面积为283.1垧,其中甸子地是114.1垧,坨子地是169垧。白村农户耕种的土地类型与生产工具的拥有情况直接相关。从表3-3中可以看出,单干农户的生产工具相对来说比较齐全,单干户基本上每一户有一副犁杖,而且大车的户均数量为0.69辆,役畜人均达2.69头。常年互助组拥有的犁杖、大车和役畜的户均数量分别为0.54、0.45、1.94。季节互助组拥有的犁杖、大车和役畜的户均数量分别为0.44、0.38、1.81。生产工

① 郝维民、阿言:《前半个世纪经济状况回眸》,《百年风云内蒙古》,http://www.nmg.xinhuanet.com/bnfynmg/bnbs/jjp/jjp.htm。

② 孟淑红:《草原畜牧业的兴衰与发展》,《百年风云内蒙古》,http://www.nmg.xinhuanet.com/bnfynmg/bnbs/jjp/jjp.htm。

③ 王建革:《近代蒙古族的半农半牧及其生态文化类型》,《古今农业》2003年第4期;黄健英:《北方农牧交错带变迁对蒙古族经济文化类型的影响》,中央民族大学出版社,2009年,第141页。

具较为齐全的单干户户均耕种的土地以及耕种的甸子地都要多于互助组的人均情况。而坨子地的面积并不是固定的,其变率较大。因为坨子地容易耕作,但是产量低,农牧民多是随种随开,收获后弃之。这种耕种方式使土壤进一步沙化,草场也遭到了破坏。

表3-3 1954年白村生产资料分配情况[1]

组别	组数	户数	犁杖	大车	耕地(垧)			牲畜(头/匹/只)		
					甸子	坨子	合计	役畜	非役畜	合计
常年组	6	31	17	14	64.2	76.5	140.7	60	116	176
季节组	7	16	7	6	19.4	52	71.4	29	42	71
单干	—	13	12	9	30.5	40.5	71	35	59	94
合计	13	60	36	29	114.1	169	283.1	124	217	341

这一时期,农作物主要有高粱、荞麦、糜子、玉米、谷子、大豆、绿豆、芸豆等,这些农作物是旱作作物,也是半农半牧区主要的农作物。糜子和荞麦是科尔沁地区蒙古族种植的最主要的粮食作物。在科尔沁土语中,糜子这种农作物的名称也叫"蒙古",与蒙古族的民族名称相同,这足以说明糜子在科尔沁地区的重要性,以及科尔沁人民对糜子这一食物的喜爱。[2]糜子可制作炒米,这一地区的蒙古族喜食炒米和荞麦米(面)。糜子和荞麦属于晚田作物,如果早田播种错过农时,或旱田作物因灾害毁种,可种植糜子和荞麦以避免更大的损失。糜子和荞麦对土壤肥力要求条件不高,只要6月雨水充足,墒情好,可在临时开垦的土地上耕种。[3]糜子和荞麦的产量低,即使在肥沃的耕地耕种,产量也不会增加多少,因此农牧民选择在坨子地种植糜子和荞麦。在垦熟的耕地上,农牧民以种植高粱为主,高粱米是农牧民食用的最主要的粮食之一。高粱米用作食用,高粱秸秆则是编织夹风障、编席、打帘子、盖房子等的重要原料。1957年

---

① 数据来自郝亚明、包智明:《体制政策与蒙古族乡村社会变迁》,中央民族大学出版社,2010年,第68页。

② 刘敏:《节水灌溉技术为什么推广困难?——对内蒙古通辽市白村的个案研究》,硕士学位论文,中央民族大学,2013年,第30页。

③ 杨青峰:《哲里木盟志》,方志出版社,1998年,第145页。

以前,哲里木盟的高粱种植面积居粮食作物种植面积之首。1949年高粱的种植面积为170.23万亩,占粮食作物种植总面积的23.17%,1950年是全盟高粱播种面积最多的一年,共266.44万亩,占粮食作物种植总面积的28.04%。谷子、玉米、小麦等作物的种植面积并不高。

白村的种植结构与全盟的情况有些不同。通过表3-4、表3-5可看出,高粱在白村一带的种植面积很高,而且高粱的种植面积与产量是成正比的。这与高粱的植物属性和农牧民的饮食习惯直接相关。糜子的种植面积仅次于高粱,但是其产量与种植面积却不成正比,糜子的产量是非常不稳定的。玉米的种植面积在不断增多,其种植面积与产量成正比。在白村,玉米的种植面积与杂粮①的种植面积相当,白村村民种植玉米仅仅是为了吃青玉米。根据访谈资料可知,当时种植的玉米是一种白色的玉米,产量很低。而且由于生产工具的限制,玉米脱粒非常困难。所以,与高粱相比玉米的种植面积和产量均比较低。在白村,玉米属于边缘性作物。但是自20世纪60年代后,随着土地改良、脱粒机和玉米良种的引入,以及在"以粮为纲"的号召下,玉米的种植面积和产量都稳居其他作物之上。

> 在(20世纪)二三十年代的时候没有脱粒机,种了苞米也不知道怎么脱粒。后来为了脱粒就把苞米棒子铺散在场院上,然后把牛赶进场院让牛在上面踩,牛踩完后再把苞米粒捡起来。很多苞米粒都被牛蹄子踩碎或者被踩进泥土里,收起来特别费力气。苞米棒子特别硬,牛踩完后蹄子疼。后来就有人用手搓苞米粒了。人工手搓苞米脱粒要比牛蹄踩踏脱粒快点儿。白天黑夜全家人一起搓,但是速度还是特别慢。种苞米脱粒太不方便了,所以人们也就不多种苞米了。(PXZ 20171217)

---

① 杂粮通常是指稻谷、麦子、大豆(白村一带将大豆称为"黄豆")、玉米、薯类五谷五大作物以外的粮豆作物。白村人种植的杂粮包括高粱、谷子、荞麦、糜子、黍子、芸豆、绿豆、红小豆、豌豆、黑豆等。

表3-4　花灯嘎查(乡)①不同年度主要粮食作物种植面积所占百分比(%)②

年份	高粱	玉米	糜子	荞麦	其他农作物③
1949	37.49	11.44	19.98	9.50	21.59
1954	39.83	14.79	17.88	5.45	22.05
1956	15.17	32.95	18.77	5.43	27.68

表3-5　花灯嘎查(乡)不同年度主要粮食作物的产量所占百分比(%)④

年份	高粱	玉米	糜子	荞麦	其他农作物
1949	44.82	11.57	16.99	8.67	17.95
1954	38.26	18.84	16.05	1.89	24.96
1956	20.77	36.90	10.19	2.02	30.12

二、作为役畜和产畜的牛

　　新中国成立前由于历代统治阶级对少数民族的武装屠杀,煽动民族之间和民族内部的矛盾纠纷,以及严酷地压榨掠夺牧民财产,使畜牧业生产不仅没能得到发展,反而遭受了严重的摧残。如在日本帝国主义统治时期,帝国主义者勾结蒙奸和封建上层,在草原疯狂地进行掠夺,马匹几乎全被赶走充作军马。苛捐杂税名目繁多,例如牧业税,开始时是十里抽一,每十只羊就要征缴一只,其他牲畜则折合成羊计算(一头牛、一匹马折七只羊,一峰骆驼折八只羊),积蓄十张羊皮也要缴纳一只羊作税,继之而来的是五抽一,最后竟达三抽　。⑤这些导致草牧场纠纷层出不穷,半农半牧区的农牧矛盾不断,抢牧轮牧现象严重,这些问题的存在使得内蒙古

---

　　① 花灯嘎查(乡),1949年和1954年包括白村在内的4个自然屯,1956年则包括白村所属的高级社在内的6个高级社。

　　② 郝亚明、包智明:《体制政策与蒙古族乡村社会变迁》,中央民族大学出版社,2010年,第71页。

　　③ 其他农作物包括谷子、小麦、黄豆、芸豆、绿豆等粮豆作物,蓖麻、向日葵、打瓜等油料作物。

　　④ 郝亚明、包智明:《体制政策与蒙古族乡村社会变迁》,中央民族大学出版社,2010年,第71页。

　　⑤ 内蒙古自治区畜牧业厅编:《内蒙古畜牧业发展概况》,内蒙古人民出版社,1959年,第25页。

的畜牧业遭到了严重的破坏。一般的个体牧民生活极端贫苦,根本没有能力去改善畜牧业的经营和管理。因此,畜牧业在生产技术方面,长期处于落后状态。直到解放初期,畜牧业生产还带有很大的原始性,畜牧生产完全靠自然繁殖,时刻受到风雪、干旱等自然灾害的威胁,畜牧业和农业完全脱离,牧民终年"逐水草而居"。牧业生产极其不稳定,牧民的生活也难以保障。①

发展畜牧业最重要的问题就是保证畜群扩大再生产。牲畜本身既是生产资料,又是生活资料。它与其他的财产不同,牲畜是有生命的,增减变化是一种常态。畜牧业生产过程是一个动物再生产过程,有自身的自然规律,但是人类可以在不违背其发展的自然规律的前提下,对此进行调节和控制。②新中国成立后,自治区政府制定和实施了一系列有利于牧区畜牧业恢复和发展的措施,如推行定居放牧③,加强饲养管理与疫病防治,牲畜品种改良等措施。因此,内蒙古自治区牲畜头数逐年增加(表3-6)。

表3-6 1946—1959年内蒙古自治区牲畜发展情况④

年份	数量(万头/只)	环比(%)	年份	数量(万头/只)	环比(%)
1946	751.04		1953	1912.75	21.7
1947	828.18	10.3	1954	2199.83	15
1948	843.71	1.8	1955	2279.18	3.6
1949	940.82	11.5	1956	2435.92	6.9
1950	1049.90	11.6	1957	2239.45	8.1
1951	1266.94	20.7	1958	2247.20	9.3
1952	1572.56	24.1	1959	2820.00	15.2

① 李宗海、宛然:《我国少数民族牧业区的畜牧业》,民族出版社,1957年,第13页。
② 内蒙古自治区畜牧业厅编:《内蒙古畜牧业发展概况》,内蒙古人民出版社,1959年,第48页。
③ 定居放牧包含两层含义一是在纯游牧区,老人、孩子被安置在一处定居,年轻力壮的人赶着牲畜出外放牧,并且把瘦弱的牲畜留在定居点交由老人、孩子就近放牧;二是在定居定牧区,组织一部分身强力壮的人进行流动放牧,改定牧为有计划的游动放牧。
④ 内蒙古自治区畜牧业厅编:《内蒙古畜牧业发展概况》,内蒙古人民出版社,1959年,第27页。

表3-7　1949年白村及附近村落的牲畜拥有情况[①]

村别	马(匹)			牛(头)			驴(头)			山羊
	产畜	役畜	总计	产畜	役畜	总计	产畜	役畜	总计	
白村	0	1	1	64	41	105	12	13	25	1
西村	0	5	5	30	37	67	22	17	39	0
东村	0	0	0	129	74	193	0	67	67	5

生产资料所有制变革之后,白村一带的牧区、半农半牧区的生产方式逐渐演变成集体生产,但是畜牧业基本上还是靠天养畜,畜牧业发展依然很粗放。受自然条件的影响,牧民无法掌握畜牧业发展的命运。牧业生产具有一慢(生产发展慢)、二低(生产水平低)、三不稳定(生产有增有减)的特点。正如牧民所说的:"大灾大减产,小灾小减产,风调雨顺增点产。"[②]牧群很难摆脱一年四季"夏壮、秋肥、冬瘦、春死"的规律。老天的一喜一怒,皆会对牲畜和牧民造成灾难。如果冬春两季连旱,不下雨,草就长不出来;冬天不下雪,草原不能为春草萌发储存足够的水分,也不能将大多数害虫的虫卵冻死,叫作"黑灾"。如果雪下得太多,冰雪封冻,把牧场的草覆盖上,牲畜吃不到草,甚至被冻死,就叫作"白灾"。牲畜是自然繁殖,牲畜自然繁殖母畜受配率(实际受配母畜数,占能繁殖母畜数的百分比)、配种受胎率(已受胎的母畜数,占实际接受配种母畜数的百分比)都很低,畜群扩大再生产缓慢。

1949年,白村及附近村落的牲畜中,牛的数量最多,驴次之,马和羊的数量则非常少。在战争期间,马作为军马被不断征用,羊被用来缴纳税项。牛不再仅仅是传统游牧意义上的牲畜,牛已经成为农牧民拉犁耕地的重要帮手。耕牛的多少直接关系到农业生产,耕畜的多少也反映了这一地区的农业化程度。白村户均耕畜达0.93头,说明了农业在白村的农牧户生产中占有重要地位。白村一带饲养驴的历史比较短,是在蒙地大

①　郝亚明、包智明:《体制政策与蒙古族乡村社会变迁》,中央民族大学出版社,2010年,第66页。

②　林志元:《我国畜牧业现代化的道路》,中国社会科学院农业经济研究所:《畜牧业经济研究》(全国第二次畜牧业经济理论讨论论文文集),中国社会科学出版社,1982年,第75页。

量开发后,汉民不断涌入蒙地而逐渐发展起来的。驴的动物性决定了它在农牧民生活中的重要性。驴性情温顺,能够适应复杂的地形条件,抗病能力强,省草省料、采食能力强,耐粗放管理等,具有拉磨、骑乘、驮物、拉车耕地等使役功能。因此,在耕地不断扩大、草场缩小的情况下,具有宜牧易农特点的驴也成为畜群中重要的牲畜。就白村所属的哲里木盟而言,1947年末,全盟驴的总数量是77794头,到1955年达200934头。1947年至1955年8年间,驴的数量呈直线发展,最高年增长为27874头。

第三节 小 结

民族-国家建立后,人民随着领土空间的界定也具有了国民的身份。但对于白村人而言,国家并不是一个实体,而是一个遥远而模糊的概念。土地及身体归于国家,并不意味着人们的"心"也归于国家。那么在农牧民的观念空间里建构国家这一概念以及实现国家认同则十分迫切。国家认同对于在纷乱中建立的新型政权是非常重要的,如何构建社会各阶层,尤其是边疆地区的少数民族对其政治合法性的认同,直接关系到新的统治合法性的确立,①这也正是国家理性所要求的。

土地改革运动是一场深刻的社会变革,农村社会通过土地改革得到了深刻的改造。土改既改变了生产关系,也重构了国家与乡村的关系,重塑了乡村社会的政治、经济和文化结构。②土地改革将地主、牧主的土地和牲畜转移给广大的农牧民,消灭了地主阶级,国家获得经济控制权,不仅成为领土的统辖者,还成为土地的分配者。土地改革打破了乡村社会传统的生活秩序和社会关系,重组了乡村社会。由此,国家在乡村治理体

---

① 张宏卿:《乡土社会与国家建构:以新中国成立初期原中央苏区的土改为中心的考察》,中国社会科学出版社,2016年,第36页。

② 张晖:《云南内地土地改革中国家权力与乡村社会的互动论析》,《云南民族大学学报》2016年第5期。

系中的核心与主导地位得以确立，国家权力进入乡村社会得以实现，中央与地方的关系实现了整合。

中国共产党建立政权之初，其所面对的是一个广袤而凋敝的乡土社会和分散而"落后"的农民大众。如何将其组织成摧毁旧世界、建设新社会的力量，并塑造新国家的人民，土改作为一种权力技术，是重构社会认同、划分阶级，进而实现对农村社会重新分化与整合的努力。①阶级分类则是一种不可缺少的社会动员，也是治理社会的主要方式，同时阶级分类使得农民从道德化的个体成为意识形态化的阶级成员。基于阶级分类的土地重新分配不仅是阶级建构和社会动员的过程，也是农民的国家意识生产的过程，是造就社会主义国家人民的过程。

自20世纪20年代初开始，白村一带经历了土匪横行、伪满洲国殖民统治和红白割据的动乱，国家的身份认同非常模糊。在农牧民的眼里，征税和征兵的国家形象更可能是外来的强大势力。而土改却给白村带来了翻天覆地的变化，农牧民都有了一个阶级身份，种植玉米等作物的土地和拥有的包括役用的牛、马在内的牲畜数量，是划分阶级的重要衡量标准。土改实现了"耕者有其田，牧者有其畜"，农牧民有了种植玉米等作物的土地，耕牛、马等役畜和牛、羊等产畜根据农牧民的阶级身份重新进行了分配。贫苦的农牧民"翻身"成为土地和牲畜的主人，而国家通过农牧民这一"翻身"过程塑造了积极的国家形象，并且被农牧民所接受。通过土改运动，每一个农牧民获得了农牧业生产资料、牲畜和土地。牲畜和土地被从地主、牧主手里分到贫下中农手里，农村资源实现了转移，为农牧业的恢复发展提供了有利的条件。

在土改过程中，土地和牲畜不仅是农民生产和生活的资料，还是他们阶级身份的象征。重新分配的土地和牲畜是无产阶级政权建设的一个重要内容，这加强了土地和牲畜的政治性。而在此时由于生产技术和条件

---

① 郭于华、孙立平：《诉苦：一种农民国家观念形成的中介机制》，《中国学术界》2002年第4期。

有限,玉米的种植面积依然非常有限,玉米仅仅作为边缘性作物出现在农牧民的耕地上,而且玉米的种植方式非常粗放。作为传统的牲畜——牛的经营依然采取传统的"野牧"方式。同时,由于白村土改运动是以农业区的标准实施的,这加强了重农轻牧的倾向,为后来玉米种植面积的增加埋下了伏笔。因此,对牛与玉米本身所具有的自然性的改造并不大,而是附加了政治意义。

在土改过程中,中国共产党革命干部带来的全新的革命伦理秩序,颠覆了传统乡村社会的生活秩序和社会关系。在土改前,富裕的农牧民会通过"借给"的方式救助贫困的邻里,比如在夏季牛羊产奶季,富裕的村民会借给贫困家庭一只羊或者一头牛,让其挤奶吃,或者借给贫困户粮食,贫困户偿还时并不向其收取利息。而在亲属关系中,富裕者直接赠送牲畜给贫困的亲属,让其进行养殖。在土改过程中,白村虽然进行了阶级划分,但是阶级斗争并不激烈,村干部既是国家政策的执行者,更是乡村共同体的一份子。因此,村干部在执行国家政策方针时,尽量缓冲革命带来的强烈冲击,斗争活动能轻则轻,能免则免。在革命过程中尽管用革命纪律压倒乡村社会的生存伦理,要求村民的一切行动服从集体领导和国家意志,按照集体利益乃至国家利益进行财产分配,然而乡村所具有的传统以亲属关系为主的生存伦理依然发挥作用。①

---

① 郭伟和:《变与不变:泥河村礼治传统的转型》,社会科学文献出版社,2018年,第119页。

第四章 计划与控制:集体空间的建构（1958—1977年）

第一节 体制控制

一、集体时期

1958年8月,中共中央《关于在农村建立人民公社问题的决议》,要求在全国农村普遍建立人民公社。在"高举人民公社的红旗前进"口号的号召下,仅在短短几个月时间内,全国就实现了人民公社化。内蒙古的农区、牧区、半农半牧区同全国一样开展由小社并入大社,建立人民公社的运动。白村所属的科尔沁左翼后旗积极响应中央"大办人民公社"的号召,在全旗14个努图克,撤销嘎查(乡)建置,在69个嘎查(乡)的基础上成立了19个人民公社。公社下设生产队(后称为"生产大队"),生产队下设生产小队。1960年编并19个人民公社为16个,下辖65个管理区和2镇2街,管理区分辖生产队,生产队下设生产小队。1963年又将16个人民公社分增为30个人民公社,撤销管理区建置,人民公社直接下设生产大队,生产大队下设生产队。这一建置一直保持到1984年人民公社解散。在全国掀起声势浩大的人民公社浪潮的影响下,内蒙古全区在短短三个月内实现了人民公社化。这个过程远远超出农牧民的生产和组织能力,同时也违反了毛泽东强调的"由试点逐渐推广"的工作方法。因此,快速人民公社化为农牧区的缓慢曲折发展埋下了伏笔。

人民公社与互助组、合作社在本质上是不同的。"人民公社是一种规模宏大的、多种经济的、工农商学兵相结合的、政社合一的崭新的社会组织形式。"①人民公社的特点是"一大二公,政社合一"。所谓大,一是公社已经超出单一经济组织的范畴,集工商农学兵于一体,农林牧副渔全面发展;二是公社规模大,一个公社相当于一个苏木(乡),甚至是更大范围的努图克(区)。所谓公,就是生产资料的集体化、公有化,实行公社直接所有制,由公社统一核算。所谓"政社合一",就是人民公社集经济与政治权力为一体,既是一个经济实体,又是一级政权机构和生活组织者,即"什么都管,既管生产又管生活和政权"②。为实现"一大二公,政社合一""跑步进入共产主义",公社将社员的财产无偿地收归公社所有;在公社内部实行平均分配,贫富拉平,实行供给制与工资制结合的分配制度,大办"公共食堂","吃饭不要钱";推行组织军事化、行动战斗化、生活集体化,实行生产大兵团作战,经营、核算、分配由公社统一。③人民公社化速度过快、规模过大,加上"大跃进",且盲目采取"一平二调"、浮夸风等做法,导致农民的生产积极性被严重挫伤,破坏了生产力,给人民生活带来了极大困难。但是在公社化过程中,国家通过人民公社将国家权力直接渗透到社会的最基层单位——自然村。同时,人民公社是人民生活和生产的组织者,国家权力通过人民公社的组织和动员能力广泛介入到乡村的经济、社会、文化生活的各个层面。④

建立人民公社时,白村隶属的东华社(高级社)与附近的几个高级社共同成立了努古公社⑤,东华社属于东华管理区,白村所属的东华社成为一个生产大队(东华大队),白村属于东华大队下辖的第五生产队和第六生产队。人民公社成立后,原花灯社的土地、牲畜、生产工具以及社员的自留地和自留畜,一律归公社统一经营和管理。当时的管理区和生产大

---

① 乌兰夫、汪锋:《不断发展我国各民族的大团结》,民族出版社,1959年,第6—7页。

②③ 陈武元:《从七里营到向阳——人民公社体制改革纪实》,《农村经济》2008年第7期。

④ 蔡清伟:《中国农村社会管理模式的变迁——从解放初期到人民公社化运动》,《西南交通大学学报》2013年第6期。

⑤ 1963年,白村隶属的东华大队与附近的4个生产大队从努古公社分出,成立花灯公社。白村依然属于东华大队的第五生产队和第六生产队。

队只负责组织和管理本区、本生产队的生产活动,经营实权由公社掌握。属于白村的第五生产队和第六生产队分别建了食堂。大队设有专职的食堂管理员,负责全大队的粮食购买、加工和分发工作。每个生产队则设有食堂会计,专门负责到大队领取粮食,并负责给社员发放饭票。白村的两个食堂刚成立时,每家每户的锅碗瓢盆全部收归食堂所有,所有社员皆到生产队食堂就餐。后来改为领取饭票,从社员手里收的锅碗瓢盆又物归原主。吃饭时间,社员凭饭票打饭,然后带饭回家吃。当时白村社员每人每天只能领到2.5两粮食。这点粮食根本无法满足村民的粮食需求,因此村民过着食不果腹的困苦生活。很多人因为吃不饱或营养不良而患病,甚至死亡。人民公社在经营管理上的过分集中、分配上的平均主义等"左"的错误,导致农村的生产生活受到严重破坏,甚至导致农村经济生活处于停滞状态,再加上自然灾害,人民的生活苦不堪言。1959—1961年这三年也被称为"三年困难时期"。

> 1958年食堂化,大伙儿开始在一起吃饭,而且吃饭不要钱。一开始是吃多少都行,后来就没粮食了。我爷爷就是那时候饿死的,那时候穷啊,什么都没有,野菜根都吃不着。那时候饿得都没有力气干活儿,没力气干活儿生产就上不来,不生产哪来的粮食呢。老人们饿得都躺在炕上起不来啊。你说得有多艰难啊。(GRL 20171118)

> 1958年食堂化,全村都在一个食堂吃饭,当时把所有做饭的东西都拿到食堂去了,家里什么都没有了。一开始挺好,后来饭就不够了。饿了的时候,就给你这么一碗饭(用双手比画出一个碗的大小),只有苞米碴子①啥的,根本没有菜。1960年的时候,啥都吃不到了。我们就只能到吃苞米瓢子,把苞米瓢子磨碎后,煮粥吃。小米糠都吃,用来贴饽饽。饽饽从锅里刚一铲出来就碎了,它不黏合啊。因为

---

① 苞米碴子,方言,即玉米渣,又叫玉米糁、玉米碎。

小米糠没有黏性,就和现在的稻壳一样。那时候饿啊!(ARB 20171210)

那时候虽然每天一人口是二两多的饭,但是都是菜啊。我们家和生产队的食堂是东西院,食堂做饭连冻白菜都买不着。锅里都是高粱米糠和苞米糠,现在猪都不吃。三四岁的孩子吃了,拉不出屎来,都是大人用手给抠出来。有白菜根都是好伙食了。食堂的房子后有一个猪圈,猪圈的墙是用土垒的。猪圈里堆着苞米瓢子,我就爬过去,在那里面找苞米粒吃,找到后就直接吃了,生吃啊。甚至有人从刚下完种子的地里挖种子吃。(BH 20191109)①

记得生产队房子很大,屋里是东西方向的大炕,炕上坐满了干活的人。大家都很劳累的样子,他们打饭的打饭,吃饭的吃饭。记得每人一个玉米面窝窝头,一碗野菜汤,汤的表层漂着像油一样的熬碎的泥土,大家饿得受不了了,也管不了那么多,吃得可香啦! 1960年食堂化时期,我妈在食堂做饭。有时候她会偷偷地从食堂带回来黄黄的苞米面馉馉,那吃起来可真是香甜啊。(JW 20171125)

由于民主改革时期"左"的错误,偏离了党的政策,出现了抢杀乱杀牲畜的情况,给内蒙古畜牧业造成了严重损失。内蒙古自治区通过一系列措施纠正这一错误,调整全区民主改革政策,在半农半牧区实施"以牧为主,兼顾农业,保护牧场,禁止开荒,有计划有步骤地发展生产"的政策,调整牧业税②,促进畜牧业的发展。1951年6月25日,内蒙古自治区颁布了《内蒙古自治区牧业税暂行条例》,规定:种公畜及预备公畜,一律免征牧业税;半农半牧区以牧业为主的地区征收牧业税,其他地区不征收牧业

---

① 2019年的访谈皆是电话访谈。
② 内蒙古自治区人民政府于1950年8月14日颁布《内蒙古自治区暂行征畜条例》,开征牧业税。该条例实行税制简化轻征累进税的原则,对牧区和半农半牧区的牲畜统折绵羊征税。

税;自1960年开始内蒙古实行以旗县为单位的地区差别比例税制,取消超额累进税制和人口免征额,实行自留畜、良种畜、当年仔畜免征税制。①直到1983年,白村才开始征收牧业税。这一系列政策的实施使得全区的畜牧业得到了恢复和发展。在白村一带为贯彻这一政策,禁止生产队宰杀牛、马等大畜。然而1960年白村所属的科左后旗因饥饿、营养不良死亡的人数却不断增多,为缓解因粮食不足导致的饥荒,科左后旗决定允许按生产大队杀牛,不过杀牛的数量受到严格的限制。白村所属的生产队每3个月杀一次牛,一次杀三四头牛,牛肉在大队院里用大锅煮好后,分到各个生产队。生产队领取后,各家各户按人口到生产队领取牛肉。因为人口多,牛肉少,所以分到社员碗里的基本都是肉汤,很少有肉块。虽然仅是肉汤,但是也在一定程度上缓解了饥荒。

　　　　那时候饿得不行啦。生产队有牛,但是上边一直不让杀牛,后来南坨子那边饿死的人多了。旗里就下通知让大队杀牛。根本吃不着牛肉,人多肉少,都是汤,但是汤也香啊。(ARB 20171210)

　　　　杀牛的人有七八个,他们每个人偷了三四斤牛肉,被发现了。但是没有惩罚,那时候饿啊,能不偷吗?被发现后他们也没再偷过。(BH 20191109)

　　人民公社化运动和"大跃进"中出现的错误所造成的后果逐渐暴露出来。1961年1月,中共八届九中全会通过了对国民经济实行"调整、巩固、充实、提高"的八字方针,标志着结束了"大跃进"的经济指导方针,开始实行新的、正确的国民经济指导方针。内蒙古畜牧业努力纠正与克服"左"的错误,纠正"共产风",并开始逐步解决人民公社所有制的一系列政策问

---

① 内蒙古自治区畜牧业厅修志编史委员会编纂:《内蒙古畜牧业大事记》,内蒙古人民出版社,1997年,第64页。

题,恢复和发展生产力。1966年5月开始的"文化大革命"导致了全国范围内的十年动乱。在极"左"思想的影响下,大搞并队、并社、"穷过渡""割资本主义尾巴"等,导致广大农村的生产遭到破坏,国民经济出现停滞、徘徊、甚至是倒退的现象。1976年10月"文化大革命"结束,自此农村经济开始恢复发展。

白村于1961年取消了分配上的配给制,且停办了公共食堂,坚持各尽所能、按劳分配的原则,实行记工分红制,执行"三级所有,队为基础"的政策,将人民公社调整为公社、生产大队和生产队三级,并于1962年将基本核算单位由生产大队改为生产队;恢复了高级社时推行的自留地和自留畜的政策。由此白村的两个生产队(五队和六队)成为两个独立的基本核算单位,各负盈亏。这一体制一直延续到1982年家庭联产承包责任制的实施。经过调整后,白村的生产生活终于逐渐步入正轨。1963年,白村的粮食生产恢复到公社化前的水平,农牧民终于能够吃饱饭了。在"文化大革命"时期,农牧业生产都在一定程度上受到了破坏,但是白村人基本上都能够饱腹,没有出现食不果腹的现象。

你看我们村,1961年没有出生的人口,那一年中没有新生儿。那时候没有吃的,没有营养是怀不上孩子的啊!1962年就开始有新生儿了,那时候人开始有吃的了。(BH 20171030)

"文化大革命"的时候,五队没有特别严重的批斗,一队和二队的批斗比较严重。天天晚上开会,成分不好的人要低头认错,还要收拾牛棚、院套啥的,都是脏活儿和累活儿。(BH 20191110)

二、工分制

集体时期,根据劳动的性质将劳动分为义务劳动(义务工)和生产劳动两种。义务工是所有年满18周岁的成年人需要履行的义务。义务工根据劳动力的年龄和性别划分为整劳动力和半劳动力,整劳动力为18—55岁的男性劳动力,半劳动力为18—45岁的女性劳动力和56—60岁的男性劳动力。义务工一方面是在年终分红时扣除,另一方面是参与义务劳动。《农村人民公社工作条例(修正草案)》对义务工进行了规定:生产大队兴办基本建设和扩大再生产的投资,应该从公积金①内开支。基本建设用工和生产用工要分开计算。对于每一个有劳动能力的社员,经过生产大队社员代表大会或者社员大会通过,可以规定他每年做一定数目的生产性的基本建设工,作为集体经济的劳动积累。这种基本建设用工,一般应该控制在每个社员全年基本劳动日数的3%左右,超过这个规定的基本建设用工,必须从公积金内发给应得的工资。②在白村,将这种基本建设用工称为"义务工"。公社、生产大队和生产队根据整劳动力和半劳动力分配义务劳动。单干后义务劳动依然存在,18—50岁的男性、18—40岁的女性必须参加义务劳动,每个劳动力每年义务劳动的天数根据当时的实际情况决定。如果劳动力符合出义务工的条件却不参加劳动,则会按照一定的标准进行罚款,如没收耕地等。白村一带的义务工制度一直延续到20世纪90年代末。

在白村,根据劳动力的性别、年龄将从事生产劳动的劳动力划分为整劳动力和半劳动力,这种划分也为日常的生产活动的安排与记工提供了标准。白村的劳动力有五类:

第一类劳动力就是男性整劳动力,年龄在18—60周岁,男性整劳动力承担生产队里最重的活儿,如春天刨玉米根、夏天铲地、秋天收割、打草、挖河沟等。

第二类劳动力是年满18周岁的未婚女性,这类女性劳动力与男性整

---

① 公积金是集体公共积累的一种,主要用于生产队的扩大再生产,如购买农具、车辆、牲畜、建设水利工程、修路等。其来源主要是乡村工业企业的利润和生产大队的可支配总收入扣留的收入,扣留的公积金控制在大队可分配的总收入的5%以内。

②《农村人民公社工作条例(修正草案)》(1961年6月15日),中共中央文献研究室编:《建国以来重要文献选编》(第十四册),中央文献出版社,2011年,第344页。

劳动力一起从事劳动,除夏天铲地外(夏天铲地可以获得12分/日),她们参与的所有劳动的日工分均比男性整劳动力少2分。

第三类劳动力是60岁以下的已婚成年女性,她们属于半劳动力,这类女性已经成家,从事劳动的时间比较有限。因为她们要照顾家,需要做饭、照顾家里的牲畜,所以出工的时间晚,收工的时间早。劳动时,这些女性为一个小组,单独出工劳动,不与其他劳动力一起出工劳动。同时,这些女性劳动的地点一般都会距离村子比较近,方便照顾家。

第四类劳动力是未成年劳动力,未成年劳动力属于半劳动力。在当时很多未成年人不能继续接受教育,只能回村下地劳动。未成年人力气小,所以从事的劳动比较轻。其中如果有人的劳动进度能够跟上第一类劳动力,也可以和他们一起劳动,拿相同的工分。

第五类劳动力是60岁以上的老年人,这类劳动力属于半劳动力。他们主要是负责集体菜园子,在菜园子里劳动,包括种菜、施肥、除草、收菜等。

这五类劳动力分成四组分别从事不同的劳动,组内的劳动时间和劳动节奏较为一致。白村整劳动力的日工分标准是春天(1—3月)为10分,夏天(4—6月)为12分,秋天(7—9月)为10分,冬天(10—12月)为8分。半劳动力的日工分比整劳动力少2分。据白村会计BH的统计,参加全年全部生产劳动的劳动力所能获得的最高工分为3000分。这五类劳动力中只有少数男性整劳动力可以获得3000工分。

　　妇女都是在离屯子近的地里干活,因为得提前下工回家做饭和照顾家里的鸡鸭啊。离家近点儿,路上就不耽误功夫,这样能照顾到家里的活儿。如果路远的话,走到地里没干多少活儿就要回家去做饭了。(BH 20191109)

　　我13岁时读完小学五年级,就不上学了。在13到15岁这3年中,我在家帮妈妈干些零活儿,有时到生产队里干点半劳力活儿,就是和妇女劳力一起干活挣点工分。18岁那年我算整劳动力啦!我可以和成年人一起劳动了,成年后无论干什么活儿都得和成年人一起劳动。18岁到20岁是我身体最棒的阶段。在这3年中,我的身体非常健康。我的个子高,身体粗壮,很有劲,无论装车还是扛麻袋、铲地、割地,我都能干得非常好。特别是割高粱,割高粱特别累,而且还要有一定的技术。高粱长得密密麻麻的,割倒后要用高粱秸秆一捆一捆地捆起来,完成这些工序是很不容易的。当时有30个劳动力,我割得最快!(JW 20171125)

除一般劳动力外,生产队还有一个特殊的群体——生产队的干部与工作人员,这些人员由于工作耽误出工劳动,则采取补贴工分。生产队设有(生产)队长、副队长、政治队长、牧业队长、生产委员、保管员、会计各1名。队长负责全队的生产计划、劳动任务分配等工作,不需要承担任何生产劳动任务。生产队副队长的主要工作是组织社员在田间劳动,如带队领帮劳动。政治队长负责政治宣传工作,如负责开会传达上级的政治政策,最常见的工作是在晚上为社员读报纸。牧业队长负责畜群的放牧,处理牲畜生病、不上膘等畜牧业问题。生产委员主要负责农业生产问题。保管员负责生产队集体财产的保管和照看,如生产队的房屋、牲畜棚、农用机械等。会计则负责全队的工分统计、对全队的收入和支出进行核算。其中生产队长是全脱产,他的工分是满分,共3600分。其他人员则要从事劳动生产,对误工日进行相应的工分补贴。这部分人员的工分在年终统计时基本上都能够达到3200分以上。

我是五队的会计,每个月我有15天的时间算账,这15天是有补贴工分的。但是我用四五天的时间把这15天的账给算完,然后我就出工劳动,这样我一个月能多出差不多10天的工。一年下来我有3600分,那时候最能干的劳动力一年最多也就3000分。(BH 20191109)

我那时候是六队的副队长,我管劳力的,就是给人安排活儿。我

> 那时候喜欢当干部，当干部挣得工分不多，但是手里有点儿权力，稍微自由些。比如有时候我们说有事儿不劳动了，实际上没有事儿，就是不想劳动了，但是工分还是有的。（TD 20161212）

1962年，白村一带核算单位发生改变，由高级社或生产大队作为核算单位变为以生产队作为核算单位，记工方式保持不变。以生产队作为基本核算单位，实行生产责任制，按劳分配、多劳多得、不劳不得，避免了社员与社员之间的平均主义，在一定程度上调动了农牧民的生产积极性，并且降低了监督成本。基本核算单位的收入来源主要是出售农业产品和农副产品、牲畜和畜产品。所有收入采取分红制，即根据生产队当年的收支情况，核算出劳动分值（每10工分的现金收益），当时叫"分红"，如一个工分为0.82元、1.20元或1.53元等。根据这个劳动分值和劳动力当年的劳动情况折算出每个劳动力的现金收益。这样的核算和分红方式决定了分红时间要在秋收后，一般都是年终。在这种情况下，一个家庭的收入与这个家庭全年投入的劳动力数量和劳动力出勤天数直接挂钩。

> 集体的时候，都是年根儿①的时候才分红。那时候得先交农业税和包干粮，然后再卖剩余的粮食。卖完粮食后生产队对一年的账进行核算，所有的账核算好了后再分红。（BYD 20170722）

生产队的收入扣除全年的支出，包括农业税，购买种子、化肥、柴油、镰刀、锄头等的支出，计算出生产队的全年收入（纯收入），扣除公积金和公益金（公积金是总收入的3%，公益金是总收入的4%）后，按人口分红。因此，家庭消费基本上都是提前消费，如果没有现金购买奶票、肉票等，则采取记账的方式。生产队按人口分粮食（口粮）、蔬菜等生活资料，逢年过节则按劳动力分肉、蛋类等。这些消费所需要的现金皆在一个家庭的年

---

① "年根儿"，方言，即年底。

终分红中扣除,剩下的就是这个家庭的纯收入(现金收益)。由于当时的生产水平有限以及劳动分值较低,大部分家庭其实在扣除各种款项后,不仅拿不到现金分红,还会欠生产队一些款项,这样的家庭被称为"欠款户"。当时的五队有80%的家庭是欠款户,有的家庭甚至能欠下3000多元。直到公社解体后,1984年五队和六队合并成为一个嘎查,每户的欠款只收了全部的30%,其中70%予以免除。但是仍有很多家庭是在单干几年后才还清这些欠款。核算分红有欠款的家庭,也有存款的家庭。存款的家庭被称为"存款户",存款户主要是劳动力多,而且比较勤快。1979年存款最多的一户其一年的存款达1500元。当时生产队无法兑现这些存款,这些存款直到集体解散时才全部兑现。

> 集体的时候我家的人口多,吃的米、菜都是要花钱的。当时没有钱,就只能欠着生产队。一年一年的积累,到最后一共欠了3000多(元),根本堵不上啊。(BYD 20170722)

> 那时候吃的喝的都是记账,过年分红的时候从分红中扣除。有的人在分红的时候根本分不到,而且可能还会欠生产队的,然后接着记账,等到下一年还。其实下一年基本上还是还不上的,就这样一年又一年,欠了生产队很多。到最后有的人根本就不想着还了。(BH 20171030)

> 我们家一共哥四个。我们哥四个都是大高个儿,身体好,有力气。我们四个天天出工,都是整劳动力的工分。所以年底分红时,别人家都是欠生产队的钱,我们家的情况是,生产队欠我们家的钱。(BTR 20171107)

基本核算单位改为生产队后,按劳分配的原则虽在一定程度上克服了平均主义,但是却出现了"出工不出活"的现象,即只追求出勤率,不追求生产能力。由于集体生产有限,农户将生产集中在自留地和自留畜上。

同时,对于生产队干部来说,工分补贴为其提供了偷懒的机会。因此,参与集体生产的劳动力数量和劳动质量都受到了一定的影响。

> 那时候劳动力少,分散的劳动力多。比如说,队长不用干活儿,会计不干活儿,看仓库的保管员不干活儿,还有专门喂牛的、喂马的,菜园子上还有五六个劳动力。1976年我当会计的时候,我们五队有284人,60多户,铲地最多的时候才30多个。那时候有的家庭成员出不去,在家里养猪、拾柴、烧火做饭啊,自己家里的活儿得有人干啊。(BH 20171030)

> 集体的时候,不是不想好好干,但是有些人就是不干,想着法儿地偷懒,不好好干活儿,想着吃现成的。可是谁都不是傻子,一天两天还可以,可是一年到头都是这个样子。记工的时候只看出勤,不看干活用不用力,有的人没出那么多力,却和你拿一样的现金,那心里能痛快吗?而且有人不出工通过在生产队记账照样和你吃得一样,那账他还不上,到头来都得算作集体的债,集体的债还不是得社员承担,就这样,谁还有积极性啊。(JZ 20171218)

> 不是自己家的活儿,谁都不上心,也不下力。他不好好干,那我怎么会好好干呢,大家都是这种心理状态,没有办法提高速度。本来一个小时的活儿,集体的时候能干两三个小时。(GRL 20171118)

第二节　铁杆庄稼

一、农业税

科左后旗征收农业税的历史较短,于嘉庆年间开始招佃开垦,向开垦土地者征地租。伪满洲国时期,征地租改为征地税,规定:"地捐,以土地之等则别面积或土地之等则别犁之大小依数为标准赋课之;地费,对以土地所有者或准次者赋课之。"①1947年科尔沁左翼后旗全境解放,以实物地租征收,以高粱为本位粮,如果交其他粮种,则按高粱折算。高粱作为农业税征收的本位粮一直持续到1984年单干。从表4-1可以看出1948年至1951年1.3斤玉米折算为1斤高粱,自1952年开始,1斤玉米折算为1斤高粱。这一变化促进了以玉米作为农业税的实物粮食。

表4-1　1948年、1952年以高粱为主粮的折算标准②　　　　　　　单位:斤

年份	谷子	小麦	玉米	糜子	大豆	稻子	荞麦
1948	1	0.5	1.3	1.3	0.8	0.7	1.2
1952	1	0.45	1	1.3	0.65	0.55	—

表4-2　1949—1980年部分年度哲里木盟主要农作物产量统计表③　　　单位:万斤

年份	玉米	高粱	谷子	小麦	水稻	大豆	蓖麻	甜菜	黑瓜籽
1949	5145.5	11252	4734	468	205.5	1390	1453	—	8
1952	8874	15584	8122	876.5	53.5	1831	2297	—	6
1960	20207.5	12501.5	8024	2392.5	1608	4262.5	532.5	1810	76
1965	38166	20301.5	12382.5	1026.5	394	3370	909.5	175.5	148
1970	38374	19655.5	16312.5	1639	137	3504	1432.5	3117	329
1975	51466	15775.5	9640	3072	181	2394	1579.5	5659.5	338.5
1980	60553.5	9711	5127	2612	211.5	1524.5	1113	4280	124.5

高粱作为主位粮可以看出高粱在科左后旗的粮食产物中的地位,即高粱是科左后旗以及全哲里木盟主要的粮食作物。不论是在种植面积还是产量上,高粱都在所有的作物中具有举足轻重的地位。高粱耐碱性强,哲里木盟大部分地区都非常适合种植高粱。从表4-2可以看出,高粱的产量以20世纪60年代中期为转折,产量开始不断减少。自50年代开始,玉米的产量逐年增加,特别是在50年代和70年代玉米产量增加的幅度非

---

① 巴根那:《科尔沁左翼后旗志》,内蒙古文化出版社,1993年,第477页。
② 巴根那:《科尔沁左翼后旗志》,内蒙古文化出版社,1993年,第478页。
③ 杨青峰:《哲里木盟志》,方志出版社,1998年,第153页。

常大。玉米产量的增加也促进了农业税征收过程中玉米所占比重的增加，同时这又反过来促进了玉米的种植。在白村，自60年代初开始，农业税的征收以玉米作为本位粮。

集体时期实施统购统销，国家统一计划收购，要求生产粮食的农民按中央统一规定的收购粮食品种、收购价格和计划收购的分配数字将余粮出售给国家，统购价格大体维持在当时城市出售价格的水平。[1]白村地区将每个生产队需要完成的计划收购的分配数字称为包干制，每个生产队均有包干任务和农业税，没有牧业税。农业税和包干任务都是以粮食进行结算，而不是通过现金结算。玉米是结算时唯一认可的粮食作物。70年代时，白村五队一年的农业税是1500元，农业税和包干任务放在一起是5.25万公斤粮食。在粮食收获后，白村五队要向国家交5.25万公斤玉米，农牧民将这部分粮食统称为"上交粮"。"上交粮"包括农业税和包干粮食，包干粮食是国家计划统一购买的粮食。玉米品质根据水分[2]、杂质、生霉、不完善等指标划分为四个等级，其中"上交粮"必须是一等、二等粮（玉米）。一等玉米的价格是0.087元/斤，二等玉米的价格是0.082元/斤。白村一带的"上交粮"全部送往距白村30公里的衙门村粮库。一个公社要派一个驻库代表，驻库代表记录本公社的生产大队和生产队所交的"上交粮"，并进行核算，最终的核算结果交给衙门村粮库，粮库核对后发给各公社现金。整个过程从秋收开始，一直持续到当年年底，社员拿到由此得到的现金分红时已近春节。

> 我爸那时候是花灯公社的驻库代表。从秋收开始一直到年根儿，我爸就一直在衙门村粮库记录公社的粮食数量。那时候的数字一斤可都差不了，一就是一，二就是二。超产粮三七分，国家三成后，剩下的七成属于社员，就是谁出工分给谁，没有出工的人是没有的。

---

[1] 陈锡文等：《中国农村制度变迁60年》，人民出版社，2009年，第142页。
[2] 水分是指单位重量玉米含水量占总重量之比。

比如出一天工,给分二两粮。(BH 20171030)

在完成包干任务和农业税的前提下,每人丁口粮则按年龄划分,1到3岁为一级、四五岁为一级、六七岁为一级,8岁以上的社员吃成人粮,成人粮是每人丁每年450斤粮食。年终生产队核算时,将口粮按照当年的粮价折算成现金,在每户的分红收入中扣除。当全队口粮分完后,还有余粮的话,即为超产粮。超产粮按三七分粮,即30%为国家收购粮,70%是留给生产队社员的粮食,当地人分别将其称为"三分粮""七分粮"。留给生产队的"七分粮"则根据劳动力的出勤情况进行分发。1979年,白村五队大丰收,全队有32个劳动力获得了额外分红。如果遇到灾害导致粮食歉收,在完成农业税和包干粮后,每人丁的口粮达不到360斤,国家则通过返销粮的形式给农牧民发放粮食,以满足农牧民的粮食需要。返销粮的价格要低于国家从农牧民手里收购的粮食价格。"上交粮"全部是玉米,农牧民的口粮也以玉米为主,掺有高粱和杂粮。在白村人的眼里,高粱是细粮,玉米是粗粮。对白村人来说,糜子是其最喜爱的奶制品的最佳伴侣,荞麦是面类食物的主要原料,大豆、绿豆等杂粮则是副食的重要原料。

在白村,玉米的种植面积最大,居所有作物之首,而且种植玉米的土地皆为白村最好的地,即在一等地上种植玉米。但是在农牧民的日常生活中,玉米主要是包干任务和农业税的"上交粮",农牧民并不喜欢吃玉米。玉米的产量虽然高,但是白村人并没有将全部的土地用于种植玉米,种植的作物比较丰富,而且还有菜园,以满足农牧民的饮食需要。同时,玉米的出米率[1]较低,高粱的出米率较高,一斤高粱米能出七八两米,而一斤玉米只能出六七两米。因此农牧民只在8月中旬的时候吃青玉米,平时很少吃玉米。

玉米的产量虽然要比高粱的产量高,可是得留口粮,不能总吃苞

---

[1] 出米率,即指精米率。精米是指谷物(粮食作物的子粒)经碾米机脱壳碾磨加工而成。

米,苞米是粗粮。蒙古族人喜欢吃炒米、高粱米和荞麦。在好地种苞米,在不好的地种这些杂粮。(GRL 20171118)

苞米的出米率低,一斤苞米只能出六两多点儿米,剩下的是糠。高粱出米率高,一斤高粱好的话,能出八两米。(BH 20171030)

在饥荒年代,由于玉米的高产量,玉米则成为救命粮食。在白村60岁以上老人的记忆中,玉米在饥荒年代是最重要的食物,玉米和饥荒密不可分。在经历了那样艰苦的岁月后,很多老人都不愿意再吃玉米了。

那时候困难啊!粮食太少了,没有吃的东西。为了填饱肚子,就把苞米瓢子拿来,放上碱煮,煮好后用石磨磨碎,然后煮成粥吃。(GRL 20171118)

那时候吃的都是"黑苞米","黑苞米"就是不去皮的苞米,也叫全面苞米。当时苞米饼子根本吃不上,吃的东西都是稀的,一碗粥里就几粒米。那时候吃苞米吃够了,到现在我都不吃苞米,一口都不吃。(ARB 20171210)

二、玉米种植精细化

(一)开垦耕地

1958年开始的公社化过程中"左"的倾向导致了重农轻牧,内蒙古很多地区大面积开垦草场,开垦出的土地用于农业种植。1963年,这一错误被纠正后,重农轻牧的现象虽有减轻,但是并没有完全消除。在白村一带,自大量开垦蒙地后,农业化的趋势便强于牧业。内蒙古全境解放后,中国共产党开始在全区范围内进行民主改革,中央政府和自治区政府针对内蒙古境内的不同经济类型制定了不同的民主改革政策。在半农半牧地区和牧业区皆是以牧业发展为主,但是由于"重农轻牧"观念的影响,白村的土地改革完全是按照农业区的土地改革政策进行的,改革并没有任何特殊性,完全不符合中央和自治区政府制定的关于半农半牧区的土地改革政策。

集体时期,白村的生产活动主要是以农业生产为主,牧业生产依然不受重视。国家公社制度与粮票制度控制和计划粮食的生产和消费,实行统购统销控制市场流通,经济交换仅限于国家和农村之间。[①]粮食无法通过市场自由买卖,农牧民的粮食需求只能依赖自给。生产队为保证农业税、生产任务的完成,以及生产队社员的粮食需要,不得不通过扩大耕地面积来提高粮食总产量。从建村至20世纪60年代末,白村农耕生产主要以牲畜(牛、马)拉犁为主。由于生产工具的限制,耕地面积只是零星增加,并未进行突破性的开垦。进入70年代,在"农业学大寨"、大搞农田基本建设、"向草原要田"等口号和政策的号召下,白村人不仅将用来放牧的草甸子开垦为农田,还将原有的土地进行整平,使得高凸低洼、起伏不平的耕地被削平垫高,成为规则清晰、整齐划一的畦田。"两山之间必有川焉,经泉流之灌溉,云气之滋濡,是谓沟川。夏时山水骤发,水沟不及泄泻,则泛滥而平地水深数尺,积久遂为塔拉。"[②]因河水泛滥冲积而成的甸子(塔拉)土质更加肥沃。草甸子的土质比较硬,所以土壤较为沉重,人工以及牲畜拉犁的方式根本无法开垦。白村人从汉族地区借来拖拉机进行开垦。在1974年,白村五队将村落南边的一片面积为400多亩的草甸子开垦为耕地。

> 那时候汉族地方都在开地,他们有拖拉机,五队找人借了拖拉机回来开地。在当时借机器不用给钱,只需要自己掏点儿油钱。草甸

---

① 张乐天:《告别理想:人民公社制度研究》,上海人民出版社,2016年,第79页。
② 塔拉,蒙古语甸子。姚锡克等:《内蒙古历史文献丛书(之四)》,远方出版社,2008年,第157页。

子开垦出来的地都是好地,种啥都能长得好,种粮食比养牲畜实惠。那时候牛羊马啥的都少,谁也想不到现在牛这么贵啦。那时候开多少地也没人管。公社名义上是不让开地的,但是如果你开了,他们也就不说啥了。(DL 20170709)

集体时期,关于半农半牧区和牧业区的政策,明确规定:"禁止开垦牧(草)场。"但是在现实场景中,很多公社并没有严格执行。在白村一带每年都会根据粮食产量评选出产量最高的公社,并且对公社的干部进行奖励。很多干部为了这份荣誉,便对生产队开垦草场的行为"睁一只眼,闭一只眼"。开垦土地一方面是生产队以集体的名义进行的开垦,另一方面是村民隐秘地私自的开垦,这部分土地面积占比不大。自留地是集体时期在公有耕地中按人口分配给社员个人的小块土地。自留地的经营完全由社员个人决定,自留地的产出完全归社员个人所有。自留地的产出是农牧民农副产品消费的主要来源,因为自留地是社员自己的土地,所以在经营上要比集体的土地精细。这导致了自留地的亩产量高于集体土地的亩产量。为获得更多的产出,社员会尽量将自留地的地边地角利用上,偷偷地扩大土地面积。扩大的面积非常小,小到几乎可以忽略不计。自留地不论在经营上还是在产出上都远远高于集体土地。

集体的时候,自留地种的东西都是自己的,那肯定得好好地伺候,伺候得越好收的粮食不也就越多吗?那时候不能开太多,开多了的话就会被集体收回去,都是在地边地角扩一点儿,很难看出来。(BH 20171029)

自留地的产出都是自己的,不归集体管。但是不能随便开地,如果私自开地就会被生产队收回,所以也没有人开地。自留地种什么都是自己的,那也就好好地伺候了,这样产量就比集体地的产量高了。在好年头儿,那么小的一块儿自留地种的菜就能满足一家人的

食用需求了。（DL 20170709）

由表4-3和图4-1可以看出，集体时期白村土地的总面积并没有增加，反而减少了，但是坨甸比值却在不断提高。这说明，甸子地的相对面积越来越大，坨子地的相对面积越来越小。实际上，甸子地的绝对面积也在不断增加，坨子地的绝对面积在不断减少。这一方面是因为畦田化改良了土地，甸子地的品质不断提高；另一方面是因为将草场开垦出来后形成了甸子地。在人民公社集体经营体制之下，决策者的偏好往往在于作物的产量，坨子地和低产量的作物品种不可避免地被忽视。因此，随着土地品质的增加，玉米种植面积随之不断扩大，并且逐渐"占领"了最肥沃的土地。其他粮食作物便不断地被"挤"到坨子地，并且种植面积不断减少。

表4-3　1963—1978年五队和六队甸子地与坨子地比值变化情况[1]

| 年份 | 五队 | | 六队 | | 年份 | 五队 | | 六队 | |
	总计（亩）	坨甸比值	总计（亩）	坨甸比值		总计（亩）	坨甸比值	总计（亩）	坨甸比值
1963	2518	1.72	2118	0.72	1971	2025	1.79	2150	0.87
1964	2193	1.11	2181	1.16	1972	2005	2.13	1934	1.01
1965	2082	0.85	2158	0.87	1973	1805	1.24	1693	1.44
1966	1969	1.94	1942	1.06	1974	1735	3.34	1777	3.44
1967	1949	2.00	2104	0.89	1975	1565	3.29	1453	7.55
1968	2069	1.69	2216	0.82	1976	1700	1.43	1789	3.58
1969	2184	1.47	2054	0.95	1977	1503	9.02	1690	5.63
1970	2038	1.76	2144	0.87	1978	1456	6.17	1497	14.43

---

[1] 数据来自郝亚明、包智明：《体制政策与蒙古族乡村社会变迁》，中央民族大学出版社，2010年，第76—79页。

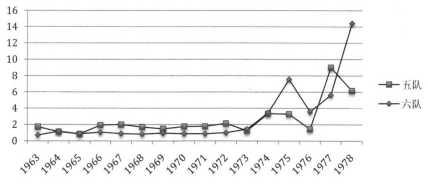

图4-1　1963—1978年五队和六队甸子地与坨子地比值变化情况①

（二）畦田化

农田建设是农业精耕细作的重要标志,是提高土地利用率的关键。农田建设既利于耕作种植,也利于粮食产量的提高。新中国成立前,哲里木盟的广大地区采取的是广种薄收的粗放农业耕作方式,很少有大规模的农田建设。新中国成立后,内蒙古自治区的农业和牧业逐渐恢复和发展。但是农牧业的发展速度并不理想。在区内的很多地方,由于单个农牧户难以承担和组织大型的基础设施建设,农牧民的生产技术和生产方式依然没有根本性的改变。人民公社的建立为广泛地动员和组织劳动力进行大规模的农牧业生产建设提供了组织基础。1963年,哲里木盟开始进行大面积平整农田和搞修建畦田试点。修建畦田在春秋两季进行,春季播种以前、秋季收获以后至冬季冻土之前对耕地进行深翻。随后在翻过后的土地上,按照一定的规格打上畦埂,然后平整畦面。20世纪70年代初,哲里木盟在"农业学大寨"的号召下,加快了平整土地和畦田建设的步伐。1972年春,哲里木盟水利局在邻近白村的另一个公社搞畦田建设试点。1975年哲里木盟掀起了大搞农田基本建设高潮。白村的畦田建设正是在这一时期开始的,这一建设过程在当地被称为畦田化。白村所

---

① 数据来自郝亚明、包智明:《体制政策与蒙古族乡村社会变迁》,中央民族大学出版社,2010年,第78—79页。

属的科左后旗多次组织各公社的生产大队的干部到全国农业模范点学习。同时,科左后旗组织半农半牧地区的基层干部——生产队队长和生产队副队长,到本盟或者本旗发展较好的汉族农业区观摩学习,提倡将汉族农业区的农事经验用于半农半牧区的农业发展。1978年以前,白村翻地只采用人力和畜力,并没有使用机械,因此翻地速度缓慢。1978年以后,由于拖拉机的使用,不仅加快了畦田化进程,也在一定程度上提高了畦田建设的水平。

> 50年代的时候没有人翻地,翻地是从60年代中期开始的。那时候没有拖拉机,更没有旋地机,而且犁杖也少,畜力翻地有限,主要是人力翻地。一个人一把铁锹,一锹一锹地翻,地被翻过后庄稼长得好。深翻过的耕地土壤更松软,透气性好,种子容易生根发芽。(GRL 20171118)

翻地的作用是蓄水保墒,保持良好的透气性,增加土质松软度以使作物的根部生长和吸收养分,尤其是深翻可以有效地缓解农田的盐渍化。白村属于洼地平原区,大部分土地是盐碱地。在秋天深翻耕地是当地人总结和积累的行之有效的治理盐碱地的经验,当地人将其叫作秋翻。如果在春天进行深翻,则叫作春翻。秋翻使得土壤疏松,有利于减少水分蒸发,从而有效地防止耕地在春天积盐。当时还通过在涝洼地修筑条田来治理盐碱化,这种方法是每隔三到五米挖一条宽度和深度各为6至9厘米的排水沟,挖出的土直接平铺到条田上,这样使得条田高出原地表1.5厘米到4.5厘米。当地人将这种治理土壤盐碱化的方式称为条田化。

集体时期,白村的土地坑坑洼洼,地面起起伏伏,尤其是坨子地。白村一带的土地垦殖较晚,由于村民都是从牧业被迫转为农业的蒙古族牧民。他们依赖传统的"漫撒子"根本不会考虑土地的平整度,也没有粮食产量与土地的平整度有关的认识。新中国成立后,虽然各级政府不断提出和强调农田基本建设,但是农牧民依然不为所动,直到"农业学大寨"在全国普遍开展,白村人才开始进行农田建设。畦田化使得农田平整了很多,方便了耕作。在畦田化以前白村一直是"大水漫灌",灌溉效率非常低,既浪费人力也浪费水资源。畦田化大大地节省了灌溉时间,也减少了水资源的浪费。

> 70年代的时候有口号,就是"农业学大寨""工业学大庆",大搞畦田化。那时候开始学汉族地方在地里修大池子,地平整多了。这样浇水就方便多了,也快多了。(JZ 20171218)

> 70年代的时候我们这儿搞"农业学大寨""工业学大庆"。当时我是大队书记,旗里组织所有的大队书记去山西昔阳大寨村实地参观考察,回来后开始组织社员搞畦田化。搞畦田后,地平了,省水省时,浇地也快了。在那以前是"漫灌",一块地一块地的灌水,那费水啊,而且时间长,一天浇不了一块地。加上咱们这儿的地以沙地为主,容易渗漏,费水费时费事。(DL 20170709)

土地畦田化最主要是为了灌溉,要灌溉就要有水。但是中国北方草原处于干旱半干旱地带,河流水系并不发达,很多地区没有支流,农业用水基本都是靠自然降雨,从事农业的人们靠天吃饭。哲里木盟的降水从东南向西北、从东到西递减,年均降水量为350～450毫米,而白村的年均降水量不足400毫米。如果有水流,则就近引河水灌溉。白村附近有东辽河①支流——洪河流经。洪河于20世纪50年代开始出现断流,60年代时断流期不断增长,70年代中期完全干涸。集体时期,白村人曾试图引洪河水灌溉农田,但是由于地势原因以及河流经常干涸,引水灌溉只限于河边的耕地,引河水灌溉并不理想,而且由于大水漫灌,造成了部分土地盐渍化。白村地区属于风蚀风积地形,沙丘起伏,与沼泽、洼地、泡塘相交

---

① 科左后旗形成了西辽河平原旱田灌溉区,有效灌溉面积为13万亩。

错,从而形成小型闭流区。由于降水集中于7月份,如果连续降雨,大部分低洼地容易形成内涝,如果靠近河流则会发洪水,洪水将农田淹没,颗粒无收。1994年白村因多天连降暴雨,低洼地积水形成内涝,洪河洪水泛滥,导致农田被淹没、房屋倒塌、牲畜死亡,那一年农业绝收。

为解决灌溉问题,哲里木盟开始开采地下水,通过打井抽取地下水进行农田灌溉。1959年,哲里木盟利用畜力和机械打井222眼,这时的机电井主要是用柴油机发电。1665年哲里木盟机电井有585眼,1970年2742眼。1971年机电井的数量达3726眼,这标志着农田灌溉由依靠地上水转向依靠地下水,哲里木盟农田水利建设进入一个新阶段。1971至1980年间,全盟机电井以每年1200~3000眼的速度增长,其中1976年比1975年增加了3415眼井。[1]白村在70年代开始打机井,旗水利局直接到村里打井,当时的井深60米。但由于当时盲目打井,农田里的水井布局不合理,很多水井并不出水。所以白村地下水灌溉面积也十分有限,当时能够利用的机井只有5眼,用柴油机发电抽水。1969年,白村全村通电,但仅限于生活用电,并没有建设专门的农业电网,因此灌溉时只能采用柴油机发电抽水。浇地时节将柴油机用马车拉至机井旁启动发电,浇完地后又将柴油机拉回生产队的仓库,交由保管员保管。虽然可以利用机井抽取地下水浇地,但由于农田的平整度不够和土壤渗漏严重,因此水的利用率并不高。当水从井中抽出,沿着沟渠流向农田的过程中,因沟渠修筑比较粗糙,从而造成了水外流和渗漏。同时,水从水渠流到农田后,村民没有对水流进行调控,导致灌溉效率很低。

那时候虽然修了畦田,可是机井少,浇不了多少地。那时候都是漫灌,一条300米的垄,从这头儿到那头儿,没有半天的时间不行。那时候沟渠不像现在这样是通过地下管道传送,而是通过露天的沟渠,蒸发和渗漏非常严重。所以浇地的时候得先把沟渠浇透了,水才

---

① 杨青峰:《哲里木盟志》,方志出版社,1998年,第175页。

会流到地里。天热的话,还会蒸发。水的利用率不高。(BH
20170728)

(三)农田施肥

土地肥力决定着农作物的生长,是影响作物产量的重要因素之一。
1950年以前,白村人对施肥没有认识,农牧民耕种从来不施肥。1950年
哲里木盟各级政府积极组织农牧民精耕细作,开展爱国丰产运动,这时白
村人虽然对肥料有了一定的认识,但是依然没有积攒粪肥,在农业种植过
程中也没有使用粪肥。直到20世纪50年代末60年代初,哲里木盟积极
开展"积肥送粪"运动,推行"三勤、四净、五有"①的积肥造肥方法,白村人
才真正认识到粪肥的益处,开始施用农家肥。当时的农家肥主要来源于
牲畜粪便、家禽粪便、人粪尿、薪荛、垃圾、炕洞土、锅炉灰渣等,每个生产
队在村头都有一两个粪坑,将上述所有的粪肥堆集起来。在冬天和春天
将粪坑的粪肥送到农田中,用铁锹等工具将粪肥漫散开。白村人并没有
对这些粪肥进行沤制,而是让其在耕作过程中,经过犁翻,被埋至土下,自
然发酵,这样粪肥要隔一年后才会发挥肥效。白村也正是在这一时期开
始修建厕所。但修建的厕所非常简陋,即挖一个大坑,坑上搭两条木板,
用树枝和秸秆将厕所圈围起来。有了厕所,增加了农家肥,而且人的粪便
的肥力要高于牲畜的粪便。

新中国成立前,牛粪都是用来烧火的,不知道牛粪是肥料。那时
候也没有厕所,人的粪便都是当垃圾随便扔了。(PXZ 20171214)

以前都是不上粪的,根本不把这些(粪肥)东西当回事儿。但是

---

① "三勤、四净、五有",即勤起、勤垫、勤打扫,起净、捡净、扫净、粪底子干净,人有厕所、猪有
圈、牲畜有栏、鸡鸭有窝、户户有垃圾坑。

50年代末60年代初的时候,旗里让上农家肥,然后大家伙儿才意识到这玩意儿是好东西。那时候的粪就直接上地了,没在粪坑沤制,沤粪太费事儿了,还得找人专门经营。直接送到地里,隔年它就自然发酵了,都是一样的。如果当时劳动力多,秋翻之前上粪,这样就能把粪埋在地下,它发酵得快些。(RGRL 20171118)

那时候的粪都要上交给生产队,不然各家各户都把农家肥上到自留地了,集体的地就没有肥了。当时每天都有人专门收粪。自己也留点儿,但是留的少。那时候粪少,不像现在,因为那时候的牲口少啊,加上牲口全年都在坨子里放牧,牲畜的粪便根本没法儿收集。而且当时没有柴烧,那牛粪都是好玩意儿,捡回来烧火做饭用。(LH-LY 20171207)

哲里木盟在1953年第一次调入化肥,并通过搞试验点、示范点的形式推广化肥的使用。农民对科学种田的概念并没有认识,心存怀疑:粮食产量靠那些细小的颗粒就能提高? 因此,化肥的推广不仅仅是提高产量的问题,也涉及到农民思想意识的变化。为了让农牧民尽快接受化肥的使用,哲里木盟无偿拨给各生产队化肥。经过10年的努力,自1963年开始,哲里木盟的化肥使用量逐渐增加。1967年至1970年,耕地平均每亩施1.39斤化肥。1971年亩平均施肥量超过2斤,至1979年化肥亩平均施用量超过10斤标准肥[1]。白村在20世纪70年代中后期开始使用化肥。由于村民对化肥认识不够,不愿意施用化肥,便将化肥堆放到生产队的仓库里,等到化肥风化后便将化肥扔掉,或者堆放在机井房里,由于机井房漏雨,化肥淋到雨水后融化,然后结板成坨,农牧民便将其当作垃圾处理掉,造成了极大的浪费。

---

[1]标准肥,又称为标肥,是标准化学肥料的简称,是我国对化肥统一制定的有效含量标准。如1吨标准氮肥含氮(N)量20%。参见刘共华:《标肥》,《农技服务》2005年第1期。

70年代的时候,国家给各生产队下拨化肥,不用花钱。但是那时候老百姓不认化肥,觉得那玩意儿不能让苞米长得更好,对化肥根本没有认识。所有的化肥都放在生产队的仓房里,或者在井房里堆着,要是赶上下雨,化肥都融化了,雨停后化肥都风干成坨了,然后就白白地扔掉了。生产队开始重视化肥的使用是在1977年,那时候旗里派人来生产队做宣传,宣传化肥的作用和怎么用化肥。经过多次宣传,生产队才开始用化肥。(JZ 20171218)

直到1977年,白村看到其他地区施用化肥后粮食产量提高了,才开始逐渐使用化肥。虽然施用化肥,但施肥的方式非常粗放。村民仅仅是将化肥倒入灌溉水渠中,然后让化肥随水流入农田中,即以水冲肥。这种不当的使用方法,不仅将化肥施用范围局限于能够进行灌溉的耕地,也造成了化肥的利用率很低。同时,农牧民并没有掌握化肥的施用量,有些地方因施用量过少,根本没有发挥作用,有的地方则因施用量过多,肥劲过猛,使得种子和庄稼萎蔫甚至死亡,造成烧种、烧苗的现象。由于化肥的错误施用,粮食产量并没有因为施用化肥而有所提高。这就导致了农牧民对化肥使用的不信任和积极性不高。

在70年代中期,生产队开始使用化肥。但是化肥的使用方法不对啊。就是把化肥倒在水渠里,浇地的时候就随着水流到地里,不能浇水的地方就没有办法使用化肥了。这样浪费了很多化肥。(BH 20170703)

(四)玉米脱粒机的引入

在玉米脱粒机出现之前,秋收时节,收高粱的过程要比收玉米简单,高粱收割后将高粱穗放到场院中,通过敲打等工序,即可收获高粱。在收获高粱的过程中，最困难的环节就是割高粱，因为高粱的谷穗容易缠绕在一起，所以收割起来非常费力。在集体时期，收割高粱主要是由男性劳动力来完成。

高粱虽收割麻烦，但易脱粒。与高粱相比，玉米虽易收割，但是脱粒却更加烦琐和麻烦。脱粒机的引进使得玉米脱粒不再是阻碍农牧民种植玉米的难题。集体时期，农牧民用镰刀将玉米整棵割倒后，将玉米棒子掰下来，拉回场院（打谷场）。所有的玉米棒子堆放在场院中间，社员围着玉米棒子堆坐下，将玉米棒子的外皮扒掉，扒掉皮的玉米放在自己的身后，等到晚上收工时，记工员会用抬筐①计量每个人扒了多少，然后核算记工分。玉米扒皮后，进行脱粒。20世纪二三十年代时白村玉米脱粒是人工手搓脱粒或者牛蹄踩踏脱粒，这两种玉米脱粒方式既费时又费力，脱粒非常困难，因此白村玉米的种植面积非常有限。四五十年代的时候采用一种以蒸汽为动力的锅驼机②脱粒机。脱粒时，需要烧柴火来提供动力，在脱粒时将已经脱粒后的玉米瓢子③用作燃料。这种机器不再需要人们投入过多的劳动，因此玉米的种植面积便开始增加。60年代开始使用以柴油作为动力的脱粒机。1969年白村一带通电，70年代开始逐渐使用电力发动机。随着脱粒机的改良，玉米脱粒不再是困扰农牧民的一大难题，玉米的种植面积自然而然地逐渐增加。

> 在我13岁的时候，用锅驼机脱粒，得烧火。那时候一队打苞米烧苞米瓢子，结果着火了，一场院的东西全没了。当时技术落后，干活儿太慢了。（BH 20171029）

> 那时候都是最后打苞米。就像现在一样连苞米皮子拉回来。闲散劳动力都在场院扒苞米。冬天天冷啊，一天扒不了多少。扒苞米

---

① 抬筐，一种需由两人共抬的装物的筐。
② 锅驼机，是一种由蒸汽机和锅炉组成的，以煤炭、柴草等作为燃料的动力机器。
③ 玉米瓢子，方言，即玉米棒芯。

的时候有抬筐,扒一个抬筐记一个工分。一天使劲扒也就七八筐。扒苞米的时候正是寒冬腊月,天特别冷,而且白天短。带皮的苞米一大堆,然后围着一圈人,谁扒的就放在谁的身后,这样每个人身后都会堆一小堆。没日头①的时候,场院管事儿的就会拿着抬筐来看看每个人都扒了几筐,然后记工分。(BH 20171030)

(五)玉米种子改良

在20世纪50年代以前,科左后旗的玉米品种非常单一,只有"火苞米"。这一品种质量差,不抗涝,结棒小,每穗籽粒平均2~3两,单位面积产量仅为37公斤左右。1955年,开始引进"黄马牙"品种,该品种玉米果穗大,平均每穗粒籽3~4两。但是每亩株数为1000株,限制了单位面积产量,单位面积产量为150公斤左右。1972年,开始推广"单交"玉米品种,使得平均亩产量达325公斤。②玉米品种的改良与推广,大大地提高了玉米的产量。但是玉米品种的推广过程并不是一帆风顺的。由于农牧民的种植习惯和自己留种的习惯,以及基于对购买新种子的成本和种植风险的考虑,新品种的采用几乎都要延后几年。

> 那时候害怕啊!一旦买了,不出苗,长得不好,不是白花钱了吗。而且当时种子的价格很贵,买不起。我们是看别的生产队种了新品种后,产量提高了,才会买点儿种在一块儿地上做实验。产量好的话,就挑里面大的苞米棒子留种子。(GRL 20171118)

在白村,农牧民习惯采取传统的自留种子方式。春天播种的玉米种子是前一年自己耕种收获的玉米籽粒。当时留种子的标准是一亩地5公

---

① "没日头",方言,指傍晚、黄昏。
② 中共通辽市科尔沁区委地方志编纂委员会编:《通辽市志》,方志出版社,2002年,第198—199页。

斤种子。农牧民会在玉米堆里挑出籽粒饱满、棒子大的玉米棒子,然后把玉米棒子收集起来挂晾,来年播种的时候把玉米棒子扒皮,将玉米粒搓下来以用作种子。即使上级推广新品种,但是农牧民觉得种子太贵,依然自己留种,没有认识到种子在提高产量方面的决定性作用。其他作物的种植依然采用的是自留种子的方式,因此限制了粮食产量的提高。

> 那时候产量上不来,种苞米都是用自己留的种子,把苞米个儿大的、粒大的,都挑出来,留种子。现在谁还自己留种子? 70年代中期,有种子卖,但是那时候苞米种子要3毛钱一斤啊,那太贵啊,不舍得花钱买啊。当时那有一等苞米啊。一等苞米极少极少,二等苞米还多点儿。但是二等苞米才卖八分二,那要四斤二等苞米才买一斤种子,当时就觉得不值啊。当时就是对引进新品种改良种子认识不够。现在谁还留种子啊,都是买种子了,多贵都买,现在种子都五六块钱一斤了。虽然种子价格贵,但是产量能上去啊,产量上去的话,那买种子的钱不就回来了吗。可是当时人们不这样想,那时候人的脑瓜(意识)不行。(BH 20171030)

第三节 "各司其职"的牛

半农半牧区是畜牧业发展的重点地区。据统计,1958年,半农半牧区的牲畜总头数占内蒙古全区牲畜总头数的30%左右,牧业产值占工、农、牧、林、副业总产值的30%~70%。[1]半农半牧区在发展畜牧业方面具有很大的潜力,为此内蒙古自治区各级政府制定和采取了一些政策措施,促进半农半牧区的畜牧业发展。但是在集体时期,由于盲目追求农业产

---

① 内蒙古自治区畜牧业厅编:《内蒙古畜牧业发展概况》,内蒙古人民出版社,1959年,第22页。

量,畜牧业发展受到了一定的限制。

集体时期畜牧业分为两个部分:一是集体的畜群,二是农牧民的自留畜。集体牲畜的收益算入生产队的总收益中,通过分红的方式分配给社员。自留畜是留给农牧民的生活用畜,如用于骑乘、食用、挤奶等,每种自留畜以户为单位规定畜养的数量。

在人民公社时期,在关于社员留有自留畜的问题上,出现了收了又留,留又该留多少等困惑。在"大跃进"时期,农牧民的自留畜被收归集体所有。1963年国家民委通过了《关于少数民族牧业区工作和牧业区人民公社若干政策的规定》和《内蒙古牧区人民公社工作条例》两个政策文件,明确规定:社员家庭副业是社会主义经济的必要补充,自留畜是社员生活所必需的。[1]这就是说,牧业集体化并不是一刀切,完全切掉农牧民的自留畜。由此,农牧民留有自留畜被允许,农牧民开始畜养自留畜,只不过在数量上有所限制。在"四人帮"时期,自留畜被当作"资本主义的尾巴"完全割掉了。"四人帮"被打倒后,自留地和自留畜的政策逐渐恢复。[2]社员养畜在整个畜禽生产中占据举足轻重的地位,在全国范围内它占禽兔的95%以上,猪的85%,羊的70%,蜜蜂的60%,只有大畜不足5%。从发展趋势看,也是社员养畜增加,集体养畜减少。1979年的全国养羊头数共增加1320.5万只,其中社员养羊增加1554.3万只,集体养羊减少224.4万只,国营羊增加17.6万只。1979年的全国养猪头数增加1842万头,其中社员养猪增加3242万只,集体养猪减少1375万只,国营增加32.8万只。[3]

社员养畜在一定程度上促进了国民经济的恢复和发展。詹武认为社员养畜具有以下五个方面的经济价值:①可以大量增加国家的肉类供应。

---

① 达林太、郑易生:《牧区与经济:牧民经济学》,社会科学文献出版社,2010年,第68—69页。

② 许涤新:《关于畜牧业的几个问题》,中国社会科学院农业经济研究所:《畜牧业经济研究:全国第二次畜牧业经济理论讨论会论文集》,中国社会科学出版社,1982年,第6页。

③ 詹武:《把畜牧业经济理论研究工作推进一步为加速畜牧业现代化而奋斗》,中国社会科学院农业经济研究所:《畜牧业经济研究:全国第二次畜牧业经济理论讨论会论文集》,中国社会科学出版社,1982年,第22页。

②可以增加社员的经济收入。③可以增加社员肉食,有利于改变食物构成,减少对粮食的消费。在牧区,发展社员自留畜,可以减少集体经济的负担,提高商品率。④可以充分利用社员业余时间和节假日以及辅助劳力,为社会创造财富,增加收入。⑤还可以充分利用零星分散的饲料(糠、才、麸皮、下脚料)资源。①

在人民公社初期,内蒙古自治区根据全区的畜牧业情况,允许社员留下自己生活上所必需的自留畜。同时,凡属于生活资料的牲畜,也都留给社员。乘马、奶牛的数量根据需要按户自留。在社员自愿原则下,也可以把奶牛分给挤奶户,由公社统一解决社员的奶食问题。食用羊,根据需要自留。除食用以外,社员可以留一些母羊进行繁殖。自留数量,由公社根据当地具体情况,适当照顾群众习惯,和群众充分商量确定。社员把食用羊吃完后,或者社员的食用羊还不到宰杀的时候,公社还可以采取一些统一的供应肉食的办法。社员需要的役畜,如拉水、拉粪的牛、马等,也允许按需要自留。自留畜允许畜主自己处理。繁殖仔畜归本主所有,数量发展很多时,公社可以收购。自留畜可以交由公社统一放牧,并酌情由畜主向公社交纳一些代放费。②还强调,在留自留畜的过程中,不能一律拉平,应该具有一定的弹性,一般允许每户养1至2匹马,1到2头役牛或骆驼、驴骡,1到4头乳牛,10到20只羊。同时还规定,社员的自留畜按规定一次留够,必须全部留到户,永远归社员所有。③

在白村,每户的自留牛的数量不得超过3头,其中包括役用、挤奶等用牛。如果农户的自留牛因繁殖超过4头后,则需把其中超过3岁以上的

---

① 詹武:《把畜牧业经济理论研究工作推进一步为加速畜牧业现代化而奋斗》,中国社会科学院农业经济研究所:《畜牧业经济研究:全国第二次畜牧业经济理论讨论会论文集》,中国社会科学出版社,1982年,第22页。

② 内蒙古自治区畜牧业厅编:《内蒙古畜牧业发展概况》,内蒙古人民出版社,1959年,第98页。

③ 内蒙古党委政研室等:《内蒙古畜牧业文献资料选编》,第1卷,第59页;第2卷(下),第122页,转引自达林太、郑易生:《牧区与市场:牧民经济学》,社会科学文献出版社,2010年,第69页。

牛卖给生产队。生产队收购一头牛的平均价格在70元左右。生产队将收购的牛再养三四年,然后卖出。牲畜是不允许自由买卖的,牲畜等皆由供销社统一收购。但是供销社并不是全年收购牲畜,只有国营商店或外贸公司来供销社收购相关物品时,生产队才能将牲畜集中送往供销社进行出售。国营商店或外贸公司一年之中会来供销社两到三次。当时,一头个大体健的犍牛卖250元,普通的乳牛170元左右。政策虽允许社员畜养牛,但是大多数村民缺少购买基础母牛的能力。因此自留牛主要是用来拉车、拉犁,以及为农牧民提供牛奶。

在白村,集体的牛和社员的自留牛都是集体放牧,社员不用交代放费,牧工有工分。生产队将能挤奶的乳牛和其他牛分开放,形成两个牛群。放牧依然是粗放式的"大撒手",牛全年放牧在村落的南面坨子里。放牧人在坨子搭建了窝铺,窝铺可以住宿和做饭。窝铺点没有建设牛棚和栅栏,傍晚时牛倌将牛赶聚在一处,牛则睡在有草的坨子坑里。冬天,坨子坑能够避风。乳牛群在每年的6月初开始每天被赶回村子挤奶,直到8月末,停止挤奶后再赶回坨子,与另一个牛群合并成一个牛群。有牛的家庭挤奶用于自己食用,如果自己家的牛没有奶或者没有乳牛,但是想喝牛奶的家庭,可到生产队购买牛奶票。如果购买时没有现金则赊欠记账,然后到生产队大院的牛棚用牛奶票兑换牛奶。生产队的牛奶在本队社员购买后,如果还有剩余,就会将牛奶送到供销社。供销社设有奶站,奶站统一收购牛奶,并将收购后的牛奶送往通辽市的乳品厂。1斤牛奶以8分钱卖给社员,供销社同样以1斤牛奶8分钱收购牛奶。1978年白村五队共286头牛,集体使役牛29头,其中耕牛有25头,拉车用牛4头。这286头牛中的105头属五队社员个人所有,剩下的181头是五队集体所有。

那时候适龄母牛少,而且不容易带犊,三年才能带一个犊。那时候草场好,夏天的雨水也好,坨子里有水泡子,牛喝泡子里的水。冬天的时候,刮风啊,风就把草啥的吹到坨子坑里,牛就垫着这些草睡,

暖和。那时候只有挤奶的时候往回赶,平时都不赶回来,就在坨子里。如果赶回村的话,村里没有吃的。(BH 20171030)

那时候(集体时期)虽然没有牛棚,但是那时候的草场还可以。草场里有水泡子,夏天水泡子的水就可以饮牛了。而且坨子里柴火多,冬天的时候牛就睡在坨子坑里的草上。条件不好,牛也就不容易带犊。那时候我们家没有奶牛,我们想吃奶子①就去赊账买奶票,然后去打奶。当时奶便宜,但是那是真的牛奶啊,没有掺任何东西,喝着味道好。吃草的牛挤出来的奶子与现在吃饲料和秸秆的牛挤出来的奶子的味道不一样。现在在商店买的奶子和水差不多。(ER 20170809)

自留羊不超过5只,自留羊是白村农牧民肉食的主要来源,白村大多数家庭都养羊。生产队的羊和自留羊组成一个羊群集体放牧。羊群于每年5月至10月在坨子里放牧,夜晚并不赶回村内,而是留在坨子里过夜。每年的11月至来年的4月份,羊群白天在坨子里放牧,夜晚回村过夜。集体时期,生产队每年会杀两三次羊,每次杀四五只,在生产队食堂里煮羊肉粥。羊肉粥是将羊肉剁碎后与玉米渣一起煮,羊肉粥按人口平均无偿分配给社员。1978年白村五队的羊一共有160只,其中生产队集体的羊有60只,社员个人的羊有100只。

集体的时候,每家每户可以有自留羊用来挤奶子吃和杀肉吃。但是,老百姓一般舍不得自己杀羊吃,而是把羊赶到供销社去卖,增加收入。只有家庭条件好的人才会在过年的时候杀一只羊。大多数家庭都是在集体杀羊的时候才能闻到肉腥味儿。(BTE 20171203)

那时候生产队杀羊,杀的是集体的羊,然后和苞米一起在一口大

---

① 白村人将牲畜乳汁称为奶子,羊乳汁叫羊奶子,牛乳汁叫牛奶子。

锅里煮,煮成羊肉粥。煮好后,按人口分,不要钱,也不记账。集体的时候吃肉的次数并不多。每家都舍不得杀自留羊啊,只有集体杀羊的时候能够吃到羊肉。那羊肉粥真是好吃啊。(BH 20171030)

自留驴,驴在蒙古族的传统牧业"五畜"之外。哲里木盟饲养驴的历史比较短,是随着蒙地大量开垦,汉人涌入蒙地后发展起来的。[1]驴耐粗饲料,性情温和,可拉犁、拉车,可乘骑,相对于马而言,价格比较便宜。在白村由于经济条件的限制,只有少数家庭有驴。在白村一带,驴的品种主要以库伦驴为主。库伦驴能够适应坨甸、沙地等复杂地形,抗病能力强,采食能力强,具有省草省料、耐粗饲料、耐粗放管理等特点。能拉磨、拉车、骑乘、驮物、耕地等。在白村驴很少,社员养驴主要用来耕种自留地、驮物和拉磨。五队有一个驴群,驴群有30多头驴。

> 我们家那时候有1头毛驴,2头牛,在五队属于中上等户。当时驴要比牛便宜很多,一般1头驴27块钱左右。我记得1头小毛驴驹子才15块钱。虽然只是15块钱,可是那时候老百姓都没有钱啊,15块钱就是大数目了。不像现在,15块钱根本都不算钱了。(BH 20171109)

当时白村的五队和六队,两个生产队的社员都没有马,只有生产队有马。1971年至1979年间,白村五队的马匹数量保持在10至16匹之间。1979年白村的马匹为16匹,其中拉车3匹、拉犁8匹、放牧人乘骑5匹。

---

① 哲里木盟在1947年末有77794头驴,至1955年达200934头,在这几年间全盟驴的数量呈直线发展,最高年增长27874头,8年增长近1.6倍,这8年是哲里木盟驴的头数增加最快的时期。1956年开始下滑,到1961年,驴的头数减至109094头,相当于1947年的水平,在6年间,平均每年减少1.53万头。1962年至1966年驴的数量开始稳定回升,1966年达187451头。1967年至1986年间,全盟驴的数量升降不定,但是大多数年份都保持在16万至18万头之间,1971年是全盟的养驴最多的一年,达229445头。1986年全盟驴的头数为186742头。参见杨青峰:《哲里木盟志》,方志出版社,1998年,第229页。

当时由于每个生产队的马匹过少,无法成群。因此,白村所属大队的6个生产队组成一个马群。马匹的数量直到单干后才逐渐增加。

猪是在清中叶经由汉民带入蒙地的家畜。随着蒙地垦殖面积的增加,农业生产的发展,很多地区逐渐形成了养猪的习惯,猪也成了内蒙古地区主要的家畜之一,尤其是在农业区和半农半牧区。猪属于定居家畜。新中国成立后,定居趋势加强,猪的数量逐渐增加。以哲里木盟为例,1947年末,全盟生猪存栏29.90万头,至1952年达40.70万头,这5年间生猪数量呈直线增加。1953年至1957年间生猪生产升降不定,这5年间生猪数量最多的是1954年,为48.51万头,比最少的1956年多11万头。"大跃进"期间强调千口队、万口社集体养猪,将社员的猪全部收归公社集体所有,大搞"一平二调"。当时很多公社缺少集体养猪经验,缺少技术、缺少饲料,导致猪的质量和数量不断下降。1961年全盟生猪存栏量下降到33.54万头。1962年纠正了"一平二调",生猪数量再次开始逐年上升。1972年是生猪数量增长最多的一年,比1971年增加了23.97万头,达到98.11万头。1975年全盟生猪存栏量首次突破百万头,达105.59万头。在白村,每户可自留猪3头。在20世纪70年代,白村基本每家每户都能够有一头猪,猪是村民肉食的主要来源。社员的自留猪可卖给供销社,但是供销社收购猪的标准是每头猪毛斤必须达到130斤以上。

> 那时候猪的个头小。没有饲料,根本长不大。五队的ART赶着猪往供销社送了3次。第一次送的时候,达不到130斤,他就赶着猪回来了。回家后喂养了一个来月,又送去,结果还是达不到130斤,就这样送了3次都没卖出去。猪达不到130斤,你就是送100次,供销社也不会收的。(BH 20191109)

集体时期,猪的饲养方式采用野外群放和家庭圈养相结合,生产队设有专门放猪的猪倌。每年的5月至10月为野外群放,11月至来年的4月是家庭圈养。在夏秋两季,每天早晨猪倌将猪赶到草甸子,让猪自行觅食,猪会吃草及草根,秋天的时候还会吃草籽,而且草甸子里有水泡子,水泡子为猪提供饮水。中午猪倌将猪赶回村子,猪回到各家后村民给猪喂糠,主要是玉米糠和高粱糠。下午猪倌再将猪赶到草甸子地,傍晚赶回村子,各家各户独立给猪喂食。一个生产队一个猪群,猪一般由妇女、老人和小孩来放,一般需要2到3个人。工分以半劳动力为标准。

> 我八九岁的时候就跟着我妈放猪,一共有100多头猪。那时候我爸生病一直躺在炕上,不能干活儿。家里人口多,劳动力少,我就跟着我妈放猪挣工分。(ARB 20171210)

> 每天早上放猪的人就会喊"放猪喽"(当时说的是蒙古语,"放猪喽"是笔者翻译的汉语)。家家户户听到放猪的信号后会把猪赶出家门。猪会自己走到中心大道上等着,猪齐了后,放猪的就赶着猪往草甸子去了。傍晚的时候,猪群回到村里,各家的猪就自己回家了,不用接也不用送。(BH 20171030)

在白村,村民养猪的方式粗放,养猪成本低。猪吃米糠,除饥荒年代,猪与人类在食物上并不存在抢食的竞争关系,所以基本上每家每户都饲养猪。虽然养猪成本低,但是当时农牧民能够提供给猪的食物非常限。一方面因为当时的粮食产量有限,所以米糠的产量也有限,很难满足猪全年所需的食物;另一方面因为农牧民只能在5～10月间挖野菜以作为猪的食物。食物有限使得每户饲养猪的数量有限,为1～3头,而其中约有92%的农户只饲养1头猪。与农户饲养猪的数量相比,集体饲养猪的数量很少。除食物不足外,集体猪少的主要原因是饲养管理不当。影响猪数量增加最关键的因素是猪的繁育,但是集体的饲养员常常对仔猪疏于护理,仔猪常常出现被冻死、压死、咬死等情况,导致仔猪成活率低。1978年,白村五队的猪的数量达到123头,其中114头是社员的,9头是集体的。

当时集体有两头老母猪。但是那不是自己的猪，饲养员照顾得不细心啊。猪生崽时，压死的压死，冻死的冻死，根本没有好好经营，那数量能上去吗？所以集体的猪就少。要是自己家的猪，那肯定得好好照顾啊，看着别被压死，别被冻死。那时候猪都是自己找吃的，根本没有饲料可喂，所以也就长不大。（BH 20191109）

集体时期，白村牲畜的饲养方式都比较粗放，这与重农轻牧的观念直接相关。虽然国家政策规定在半农半牧区和牧业区以发展畜牧业为主，农业为辅，但是在很多半农半牧区，这一政策口号却颠倒过来，成为"农业为主，牧业为辅"，注重农业发展而忽视牧业发展。同时，农牧民深受传统放牧习惯的影响，以"野牧"为主，对圈养的认识不够。在舍饲方面，大畜基本上都是"大撒手"，根本没有窝棚。每个家庭都有一个专门拴牛的柱子，仅用于挤奶时拴牛。虽然每个家庭基本上都有猪圈，但是猪圈非常简陋。猪圈是用泥土垒的墙围圈起来，没有圈门，猪可随时出入。冬天的时候在猪圈里放些玉米秸秆，夜里猪便睡在秸秆上。

养牲口都是在野外，牲口自己觅食，那时候觉得这样放牧就是对的。大畜都没有圈。羊圈就是一个用木头围起来的栅栏，那时候牲畜少，好圈。当时没有砖路，也没有水泥路，路都是土路，下雨天就遭罪了，牲畜一踩一个坑，院子和道路都可埋汰①了。那时候都不知道建棚，就是给猪用泥土砌一个圈就行了，都是看汉族地方这么做的。那时候的猪圈也没有圈门，猪就自己出来找吃的。（LHLY 20171207）

在喂养上，只有耕畜和拉车两种役用的牲畜才有饲料。饲料包括精饲料和草饲料，其中精饲料以玉米为主。牛一年的玉米精饲料是500斤，

---

① 埋汰，方言，即肮脏的意思。

马是900斤,其他的牲畜一律没有精饲料。

草饲料主要是农牧民在打草场打的牧草①。每年立秋,白村人开始打草。白村人采用人工打草。人工打草主要是使用镰刀或钐刀割牧草。在白村,打草需要20多个男劳动力,需要打20多天。打完草后将草拉回生产队大院。草在喂给牲畜之前需要用木床铡刀将其切割成小段,这样利于牲畜进行咀嚼,从而提高草料的食用率。

> 不是所有的牲畜都能有料(精饲料),只有拉车和拉犁的牛和马才有料。不喂料,它们根本干不动活儿。春耕和夏天趟地的时候累啊,尤其是春耕的时候,那时候草还没有长出来,如果不添料,牲口根本拉不动犁杖。(BH 20171029)

在繁育方面,1949年以前基本采用自然交配的方式。自然交配方法,一般是选择好种公畜,即外形、体质好的公畜,把其余的公畜全部去势②,使其失去交配能力。自然交配主要有两种放牧形式:一种是将公畜与母畜放在一起放牧,任其自由交配;一种是将公畜单独成群放牧,在牲畜发情时再将公畜放入母畜群放牧。马作为游牧民族最重要的牲畜,是游牧民族的象征,因此保证和提高马的优良不可避免地成为游牧民族的追求。早在12世纪,游牧民族就开始注意选种配种,只留一部分强壮的牡马作为种马外,其余的牡马全部骟割。正因为游牧民族对选种配种的重视,才使得蒙古帝国的建立成为可能。至清中叶,哲里木盟经过长期的马匹的选种配种,已经成为大清帝国产马名区之一。在伪满洲国时期,日本人对当地牲畜开始进行配种改良。1949年,全盟开始进行选种配种,并且逐渐建立配种站。良种改良工作不断提高,良种改良的牲畜头数逐年增加,促进了农业和牧业的发展。

---

① 白村的打草场为湿涝的甸子地,地形平坦,水分充足,土壤基质肥沃。牧草以牛鞭草、黑麦草、野谷草等禾本科为主,掺杂豆科牧草。

② 去势,即指通过人工外力的方式去除动物的生殖系统或使其丧失性功能。

表4-4　1947—1980年哲里木盟大小畜繁育情况统计表①

年份	能繁殖母畜（万头/万匹/万只）		繁殖仔畜（万头/万匹/万只）		繁殖成活（万头/万匹/万只）	
	大畜	小畜	大畜	小畜	大畜	小畜
1947	12.81	6.61	7.01	4.32	5.80	3.55
1949	16.45	7.30	8.08	4.77	6.98	3.90
1952	21.61	12.72	12.98	8.56	11.57	7.56
1955	30.41	29.25	17.28	21.72	15.47	16.84
1960	32.17	51.03	16.89	41.76	15.22	34.40
1965	42.36	72.34	24.56	59.26	22.50	46.67
1970	39.20	66.05	21.96	57.86	19.48	39.76
1975	46.71	80.61	22.46	60.04	20.36	51.67
1980	42.03	88.61	21.74	60.02	19.84	47.48

在白村,育种主要是挑选强壮、外形健硕、体质较好的公畜作为种畜,将其他的公畜都进行骟割,将公畜和母畜放在一个群里放牧,任其自由交配。自然配种的受胎率很低,畜群扩大的速度比较慢。

第四节　小　结

土地改革完成后,新中国对内建构了一个以阶级话语为主的社会秩序,实现了农牧民对国家的认同,并在观念空间内建构了国家形象。对于经历了抗日战争、解放战争、朝鲜战争的中国而言,增强国家力量,建设一个经济—军事强国是十分迫切的。建设经济—军事强国需要工业作为基础,因此为支援工业、城市现代化,国家从农村大量汲取资源。集体化则可以实现对资源的有效统筹,从而支持国家工业化建设。

国家通过人民公社制度、票证制度等建构了一个集体空间,在这一集体空间内国家权力实现了对农村社会的全面干预和对农村资源的全面控制。国家在集体空间内一方面通过发布规章和命令实施规训权力来控制

---

① 杨青峰:《哲里木盟志》,方志出版社,1998年,第254页。

人口的流动,以及粮食和牲畜的生产、流通和消费;另一方面通过科学技术对农业生产进行改造。首先,对土地进行改造。铁犁、拖拉机等用于开垦草场以扩大土地面积,增加粮食种植面积,通过施农家肥、灌溉、畦田化等农田建设提高土地产出。其次,对土地上生长的作物进行改造。玉米因其具有良好的"改造"基因(玉米从被发现时起就不断地被改造以适应世界各地的土地环境,因此玉米一直处于被改造的状态)和适应性而具有了优势,逐渐成为白村土地上的铁杆庄稼。再次,处理和加工玉米的技术逐渐提高,特别是脱粒机的使用,使得种植玉米不需要"额外劳动"。同时,国家统购的粮食和缴纳农业税的实物粮食要求必须是玉米,不能用其他种类的粮食代替。由此,玉米逐渐成为白村耕地上最重要也是种植最多的农作物。由于重农轻牧,牧业方式仍然处于野牧状态,牲畜的养殖和买卖受到了严格的控制,牧业发展缓慢。

在集体空间内,所有的人和物都在国家权力的计划安排之内。在生产和消费的过程中,国家的需要作为优先满足对象,接下来是集体,而家庭和个人则排在最后。在农村社会中以国家意志为主的政治秩序占据了主导地位,但国家勾画出的农村理想图景并没有完全实现。一方面农牧民通过"磨洋工"来抵抗平均主义和集体的过度汲取;另一方面农牧民传统的种植和养殖习惯使得科学下乡屡屡受挫。

一、控制与反抗

在集体时期,集体有能力组织群众进行大型的农田建设工程,但是在具体实施过程中总是会差强人意,这有多种原因。

一是劳动力较少。劳动力从事正常的农业生产活动已经非常紧张了,没有时间从事农业改良活动。劳动力少一方面是生产队的干部队伍占用了一部分劳动力,虽然除生产队队长之外,其他干部队伍的人员必须参加劳动,但是这些人员的劳动量是非常有限的,而且这些人员往往都是最年富力强的劳动力;另一方面是每家每户基本上都会有一个劳动力留在家干活,家庭的自留地、自留畜和菜园需要一个劳动力管理,相对于集体的劳动,社员更加重视自家的耕地、菜园和牲畜。

二是集体时期,分工非常精细化,造成劳动力非常分散。如在集体时期,每个生产队都会有一个收灰的人。所谓的灰就是每户烧火或烧炉子时柴火燃烧后的粉末状物体,在当时是农家肥的一部分。每个家庭在每天早晨生火之前将灰放到一个簸箕中,收灰人会每天早晨挨家挨户收灰,然后放到集体的粪坑中。这样很多并不需要设专职的事务却被安排了专职劳动力,由此浪费了劳动力。

三是集体劳动过程中存在偷懒、不负责任等机会主义行为。[①]农业生产的季节性和空间的不确定性,使得有限的生产队管理者难以对每一个劳动力的劳动情况进行有效的监督,监督的缺失为机会主义提供了制度空间。[②]人民公社的建立,使得农牧民完全失去了退出和加入社的权利。[③]在这种情况下,集体劳动成为农牧民与集体的博弈,农牧民不能通过退社来抵制其他社员的"搭便车"行为,不想为偷懒的人"买单"的农牧民便通过偷懒来进行"反抗"。不论是机会主义还是"反抗",都造成了劳动效率降低,正常的农牧业生产活动都难以为继,何况是进行改良等活动。四是工分制使得社员只求出勤率,并不追求劳动效率,造成很多劳动者"磨洋工"。

劳动效率低导致工作时间延长,在白村一带出现了"无闲人,无闲日"。由于畜牧业生产的全年性特点,所以放牧人需要全年放牧,只在春节时放假4天。农业生产有很强的季节性。但是在集体时期,农业的季节性劳动也逐渐变成了全年劳动,只有在将近春节时才结束。集体时期,白村全年的劳动日共300余天,休息日至多60天。在村民的记忆里,每个人每天都有干不完的活儿。从每年春季解冻后(3月中旬)便开始刨玉米

① 易棉阳:《生产队集体劳动中的社员机会主义行为:表现形式与形成机理》,《学术月刊》2018年第1期。

② 林毅夫:《中国农业家庭责任制改革的理论与经验》,林毅夫:《制度、技术与中国农业发展》,上海人民出版社,2014年。

③ 林毅夫:《集体化与中国1959—1961年的农业危机》,林毅夫:《制度、技术与中国农业发展》,上海人民出版社,2014年,第15页。

茬子①和进行春翻,一直到4月末5月初开始播种,一般先播种玉米、高粱等旱田作物。播种时,基本上所有的成年劳动力都要出工劳动,早出晚归,有时一天的工作时间长达14个小时。旱田播种完后,开始根据当年土地的墒情种植晚田作物。6到8月间苗、除草(当地人称为铲地)、趟地、浇地,进入9、10月份打草、收割庄稼,进行秋翻。11月份开始打场,临近春节才能收完粮食。

在集体时期,集体劳动的平均主义导致农牧民的劳动积极性不高,按日记工分的制度,导致农牧民故意延长工作时间,以增加劳动日,从而增加分红。这是农牧民对平均主义和非按劳分配的分配制度的一种反抗,这种反抗具有集体协调性,但是并不具有激烈的革命性质。体制催生了这样的生产生活方式,这种生产生活方式反过来又催生体制改革的潜力。

二、科学与权力

在农田建设的过程中,白村形成了一个场域。在这个场域中,主要的行动者是专家、各级政府为代表的国家、生产队(公社、生产大队)为代表的基层政权和农牧民。在这个场域中,各个行动者之间不断博弈和合作。专家掌握着文化资本,生产知识,并通过科学知识将文化资本转化为经济、政治资本,获得权力。国家掌握着政治权力,通过与专家合作,利用政治权力将专家生产的科学知识推广到农牧民的农业生产中,提高农业生产,增加农业产量,增强对工业的支援,加快国民经济建设。人民公社是国家权力深入到农村基层的政权机构,代表着国家权力,各个人民公社都能够非常严格地执行各级政府的政策指示。但是人民公社又扎根于农村社会,因此不可避免地会受到当地社会文化等的影响。为此,公社利用政治权力执行政策,利用掌握的地方资源获得符号资本,比如产粮大社等。

在人民公社时期,农牧民的政治、经济权力完全收归公社所有。在集体空间内农牧民通过自己的方式与国家权力讨价还价,也通过自己的方

①方言,即长在地里的玉米根。

式消解人民公社所造成的负面后果。最常见的就是,农牧民通过"弱者的反抗"抵制这种全面控制。而且农牧民传统的农牧业经验根深蒂固地影响着他们的生产生活,所以科学知识带来的不仅是农业技术的推广,更是农牧民思维方式的转变。虽然农业科技能够提高生产水平和生产成果,但是人民公社的分配制度导致农牧民对这些技术的使用意愿和积极性并不高。在具体实践过程中,农牧民只求完成任务指标,"能对付过去就行"。同时,农牧民对科学知识并不信任,"每一隅土地都是独特的,要想耕种一块土地,首先要对这块土地有深刻的了解,这仍是现代科学无法取消的一种束缚。经正规的传统塑造出的农民自然会倾向于高估这种'独特性',他们更加相信自己的知识,而不是技术专家提供的准确数据。"①

在这个场域中,科学知识作为标准化技术在国家意志的支配下走进乡村。科学知识的传播过程需要从实验室走到农田,专业将科学知识生产出来,各级政府通过权力将科学技术送到基层,农牧民迫于行政压力勉强接受,根据当时的情景创造出"对策"来应对。国家通过权力要求和支持专家生产科学知识,并且通过各种无代价的方式鼓励农牧民接受科学知识,进行科学种田。可以看出,国家正是在这个互动场域中被建构,它不仅仅存在于国家政策的实施中,以及对人口的控制和管理上,还表现在通过权力生产知识,并且通过知识来构建权力,实现干预农牧业生产生活的合法性。

---

① [法]孟德拉斯:《农民的终结》,李培林译,社会科学文献出版社,2010年,第42页。

第五章　改革与开放：市场空间的建构
（1978—2004年）

第一节　家庭联产承包责任制

1978年党的十一届三中全会是农村改革的起点。这次会议确定了以农业为基础的方针，"集中主要精力把农业尽快搞上去"作为会议讨论的中心议题之一，更是为农村改革注入了强大的推动力。自此，中国社会逐渐恢复活力，各方面逐渐步入健康快速的发展轨道。1979年起，内蒙古自治区同其他地区一样，在农牧区实施各种形式的生产责任制。经过不断调整，全区农牧区于1983年底基本上实行了以家庭承包经营为基础、统分结合的双层经营体制。牧区和以牧业为主的半农半牧区实行"畜草双承包"责任制，农区和以农业为主的半农半牧区实行土地承包责任制。

一、"畜草双承包"责任制

在"文化大革命"期间，工业"以钢为纲"，农业"以粮为纲"，其他"砍光"，"左"倾蛮干，导致畜牧业长期处于受排挤状态，遭到了很大损失。1979年，重新确立畜牧业在自治区国民经济中的地位，[①]按照自然规律和经济规律调整了农牧业生产布局，把发展畜牧业放在重要地位，作为"重头戏"。重新恢复畜牧机构，健全畜牧队伍，加强党对畜牧业的领导。在

---

① 内蒙古自治区畜牧业厅修志编委员会编：《内蒙古畜牧业发展史》，内蒙古人民出版社，2000年，第224页。

牧业区盟、旗由书记带头,全党大办畜牧业。在农业区和半农半牧区,各级党组织要把畜牧业列入党委的重要议事日程,指定书记和副书记分管。确立"以牧为主"的生产建设方针,坚持因地制宜,宜牧则牧,宜农则农,宜林则林,多种经营,全面发展。白村所属的哲里木盟在种植业内部,由原来的"粮—经"①二元结构调整为"粮—经—草"三元结构等,使畜牧业出现了新的发展。

1980年2月9日,自治区党委、人民政府《关于畜牧业方针政策的几项规定》中,将全区划分成五类经济区,并确定了其具体的生产方针。牧区实行以牧为主,围绕畜牧业生产,发展多种经营,逐步做到放牧与饲养相结合,农林牧副渔及畜产品加工业全面发展;半农半牧区要加快畜牧业的发展,实行农林结合,宜牧不宜农的耕地要有计划有步骤地退耕还牧、还林,推行草田轮作、林草间作和轮歇压青制度,逐步做到以牧为主,全面发展;农区以农为主,农林牧副渔结合,多种经营,全面发展,努力提高粮食、油料、甜菜作物单位面积产量,大力发展畜牧业和家禽,逐步提高畜牧业在农业经济中的比重;山区要林牧并举;林区要以林为主,大力种树种草,保持水土,积极发展畜牧业,提倡发展奶牛、奶山羊,大搞多种经营,做到农林牧副渔全面发展;城市郊区以副食品生产为主,加速建设菜、肉、奶、禽、蛋、鱼、果等副食品生产基地。②并且决定免征1980—1982年三年的农(牧)业税。

1981年牧区畜牧业生产责任制主要有4种:①包畜到户,或称队有户养。生产队把集体牲畜承包到户,不计工,不投费用,保本(数量)或保价(作价),一定几年不变,增产的牲畜和畜产品全归个人;也有的由承包人每年按

---

① "粮—经","粮"是粮食作物,"经"是经济作物,后文的"粮—经—草"中的"草"是指草饲料。
② 内蒙古自治区畜牧业厅修志编史委员会编:《内蒙古畜牧业发展史》,内蒙古人民出版社,2000年,第226页。

规定的比例向生产队交纯增或管理费,其余的归个人。②新"苏鲁克"①,生产队把集体牲畜承包到户,不计工,不投费用,当年仔畜由生产队和承包人按三七或四六比例分成,畜产品有的分成,有的全归承包人,按年结算。③以产计酬,生产队把畜群包给社员,按当年成畜保活数、仔畜繁殖成活数和畜产品产量多少计算报酬。④专业承包,以产计酬。主要用于饲料生产、草原建设等专业组、专业户、专业劳力。②这种责任制初步地纠正了人民公社以来畜牧业存在的管理过分集中,经营方式过于单一的缺点,克服了过去吃"大锅饭""大呼隆"的弊病,有效地调动了农牧民的生产积极性。但这些责任制形式主要是以实物(牲畜)方式进行承包,兑现的手续非常烦琐,而且出现了自留畜和承包畜的区别对待,过分重视自留畜,忽视承包畜。为解决这一矛盾,1982年科左后旗的伊塔公社在原来实行"包产到户"的基础上,实行"牲畜作价承包",即将集体牲畜作价承包给牧民,实行作价保本、提留包干、现金兑现的办法,用现金处理集体与承包户的关系。

1983年,内蒙古自治区实行"牲畜作价归户,户有户养"的生产责任制,推行"草场共有,承包经营"的办法,二者统称为"畜草双承包"责任制。"畜草双承包"责任制将家庭分散经营与社会化大生产进行了统一,实现了草原与牲畜的统一,即第一性生产和第二性生产的统一,促使经营者在追求经济效益的同时兼顾生态效益。"畜草双承包"责任制既符合了牧业发展的自然特性和牧业自身发展的经济规律,又适应了生产力和商品经济发展的需要。1984年,《红旗》杂志第12期发表了周惠题为《谈谈固定草原使用权的意义》的文章,文中说到:"它使经营畜牧业和经营草原紧密

---

① 苏鲁克为蒙古语,原意为畜群。这里专指牧工与牧主之间的生产关系。1949年前,主要存在两种苏鲁克:一种是王公贵族、旗府、庙仓以无常劳役形式交给牧民放牧,这是一种超经济强制;一种是畜主将畜群租与他人放牧,收取牲畜和畜产品,剥削苛刻,畜群孳生的仔畜全部归畜主,租户只能得到双胎的一只,以及少量的奶食、畜产品。如果牲畜因灾害和疫病死亡,租户需如数交回畜皮。内蒙古自治区成立后,牧区在废除封建特权的同时,实行了新苏鲁克制,一般苏鲁克的牧民可得所产羔羊的40%～50%。参见内蒙古自治区畜牧业厅修志编史委员会编:《内蒙古畜牧业发展史》,内蒙古人民出版社,2000年,第52页。
② 内蒙古自治区畜牧业厅修志编史委员会编:《内蒙古畜牧业发展史》,内蒙古人民出版社,2000年,第242页。

挂起钩来,使第一性生产和第二性生产成为一个有机的整体,使生产者在争取获得更多的经济效益的过程中,不得不关心生态效益。归根到底,这种'双承包制',就是从牧区以放牧为主、按群经营以及居住分散的这些特点出发,把同畜与草有关的一切责、权、利都统一协调起来,以消除由于吃'大锅饭'所产生的各种弊病。以'双承包制'为主,实行多种经济形式并存发展,逐步走向新的联合,实现畜牧业的现代化,建设一个民族昌盛、经济繁荣的社会主义新牧区,就是这一新时期的新特点,也是我们今后畜牧业生产和牧区一切工作的基本出发点。"①

白村作为以农业为主的半农半牧区,牲畜承包是在1981年秋实施"包产到户"时将牲畜作价分给社员。当时1头奶牛作价120~240元,每只羊作价25~50元。村民用油漆在非役用牛和羊的身上标上号码,然后以抓阄的方式按每户1头牛和2只羊分,其中有5户没有牛,以3只绵羊顶替1头牛的方式分给这5户。由于当时农户经济条件有限,现金不足,购买牛和羊无法立即给付现金,手写欠条为据,等有钱时再还。1983年这些欠款转到信用社,农户直接去信用社还款。这些牲畜作价欠款在单干的4年后基本还清。

> 那时候每头牛和羊身上都标着号码,然后每家出一个人去抓阄。我当时抓了一头母牛,母牛带着一头刚生下的小牛犊(母牛刚生了小牛犊,小牛犊必须跟着母牛),算是两头牛,一共230块钱,那时候牛羊都贱(价格便宜)。(BH 20191123)

牛羊作价归户,牲畜为农户所有之后,农牧民对所有权归自己的牲畜照顾得更加细致,这在一定程度上提高了牛羊的繁育能力。1989年内蒙古自治区实施草牧场有偿承包制度。但是白村并没有实施这一承包制度。这是因为白村的草牧场面积小,如果进行承包则会造成草场极度碎

---

① 周惠:《谈谈固定草原使用权的意义》,《红旗》1984年第12期。

片化,牲畜无法放牧。在这种情况下,村庄委员会鼓励村民承包草场,实际上并没有村民要承包草场。村民有自己的考虑,如果大面积承包草场,那么没钱和牲畜较少的村民便无处放牧,他们自然会到被承包的草场上放牧,如果拒绝他们进入承包草场界内放牧,那么必然会引起这些村民的不满,如果允许进入则会使自己遭受损失。同时,对于村民来说,承包草场是对村落传统的乡土秩序的挑战。乡土社会秩序的维持有赖于"礼治","礼治"也遏制着破坏乡土秩序的因素。①个人行事不仅仅是从经济利益出发,还要考虑其行为是否合乎村落的共同价值,以及由此破坏的关系网络所带来的代价。②

因此,对于白村村民而言,承包草场不论在经济上还是在生活环境和秩序上都是一件非常不划算的事情,承包草场的事情便不了了之,草场依然是共用。草场使用制度于1990年确定人畜各半或"人六,畜四"的草牧场承包经营制度,将草牧场直接划分到户。白村采取的是"人六,畜四"的承包方式,但却是"纸上承包",事实上并没有进行划分承包。1997年,为避免草原资源因其公共性没人珍惜、过度使用,遏制草原退化,内蒙古自治区进一步完善草场承包制度,在全区内实施了草场承包到户的第二次确权,进一步明确草场边界,并且通过围栏将草场封围。在白村,草场虽然在名义上是承包到户了,但实际上草场依然是公共使用。1996年白村196户795人,草牧场面积为14000亩。如果进行实际划分,每人草场面积仅有17.6亩。而且白村的草牧场中有一部分是沙地,沙地植被稀少,根本不能算作草牧场,草牧场面积实际上只有5000余亩。在这种情况下,村民依然约定俗成地共用草场。

当时每家每户都分了草场,都交上去了,但是那都是名义上的,糊弄上面用的,上面让分必须分啊。嘎查草场面积不大,分到每家每

---

① 费孝通:《乡土中国·生育制度·乡土重建》,商务印书馆,2011年,第53—55页。
② 李芊蕾、秦琴:《论中国人的"关系理性"》,《中共浙江省委党校学报》2008年第3期。

户后面积就更小了，根本不能放牧。所以草场只是在名义上进行了划分，实际上还是集体使用。没有牛的人也不会说啥，谁愿意放谁就去放。（DL 20170821）

人家呼盟（呼伦贝尔盟）和锡盟（锡林郭勒盟）都是用铁丝网把草场给围起来了，他们的草场面积大啊！咱们这儿的草场面积太小了，如果都围起来，根本就养不了牛了。虽然把草场都分给老百姓了，可是谁也不知道自己的草场在哪儿，谁也不知道自己有几亩草场，都是报上去给上面看的。（BH 20170927）

事实上，白村的草场依然是共用，并没有达到政策所要求的草场承包的目的。由于草场无法在事实上承包到户，以及单干初期白村的牲畜有限，各家各户无法独立形成一个畜群。因此，白村的牲畜是大群放牧，并且采取委托代放的形式。各家各户将牛羊交给放牧人代放，然后付给放牧人代放费。一开始由嘎查指定放牧员，各户根据牲畜头数向嘎查缴纳代放费（1981年：牛6.5元/头/年，羊3元/只/年；1983年：牛7.2元/头/年，羊3.4元/只/年），然后嘎查将收来的代放费发给放牧员。经过近10年的发展，牲畜数量有了大幅度增加，尤其是羊的数量增加迅速，有些家庭羊的数量达到40只左右。由于集体大群的牲畜数量过多，导致放牧员难以周到地照顾到所有的牲畜。为了让自家的牲畜吃得更好些，有些家庭开始自己放牧，并且帮助别人代放。因此，在1989年，白村出现了个体放羊户，1995年出现了个体放牛户。1994年每只/头羊每年的代放费是9元，牛的代放费是40元，2001年每只/头羊、牛每年的代放费分别是15元、75元。

1994年我开始养羊，那时候是二三十只。我自己放，也给别人放，然后收代放费。2001年的时候我有100来只羊，加上给别人代放的羊，羊群一共有600多只羊。（JF 20171215）

二、土地承包责任制

1978年的改革开放是中国社会的一个转折点。经济体制改革首先在农村展开。1979年,白村一带出现了多种生产责任制,主要有三种生产责任制:"包产到组""包产到户"和"包干到户"。所谓包产到组,是作为基本核算单位的生产队把生产项目承包给作业组,作业组自主从事生产活动,但是对产量承担责任,所有产出交由生产队统一分配,作业组根据生产项目任务的完成程度获得报酬,超产有奖励,管理不善则受罚。这种模式下,生产、经营和分配的主体依然是集体。所谓包产到户是指,集体经济组织将规定的产量承包给农户,农户按承包量将农产品上缴集体组织,从而分配到约定的报酬,超额部分可获得一定比例的分成。在这种模式中,集体仍是统一经营、统一分配的主体。包干到户(又称"大包干")则是集体经济组织将土地和生产资料等承包给农户,但生产的农产品不由集体统一规定,而是实行"缴够国家的,留足集体的,剩下都是自己的"。①在这种经营模式下,农户是自主经营、自负盈亏的经营主体,彻底打破了以生产队为单位统一支配产品、统一经营核算、统一收入分配的"大锅饭"制。②

1979年白村所属的公社开始实行包产到组,白村的五队和六队分别分为两个作业组,以组为单位承包生产任务。这种责任制将生产和责任结合在一起,而且在超产有奖励的激励下,克服了作业组之间的平均主义,激发了农牧民的生产积极性,提高了农业生产的产量。白村的作业组主要是根据农业生产而组织的作业组,牧业并没有实行包产到组。但是包产到组依然是以生产队作为基本核算单位,对生产所得产品和现金进行统一分配,组内成员间的报酬分配不可避免地会存在平均主义。因此,这种生产责任制模式并不能适应农牧民对按劳分配的迫切要求,无法充

---

① 丰雷等:《家庭联产责任承包制改革:诱致性变迁还是强制性变迁》,《农业经济问题》2019年第1期。

② 陈锡文等:《中国农村制度变迁60年》,人民出版社,2009年,第33页。

分激发农牧民的生产积极性,农牧民无法做到"爱组如家",无法克服"搭便车"行为。

> 1979年的时候分成两组,但是分了和没分是一样的。粮食产量并没有提高,人的劳动积极性还是不高。人太多,谁也不会好好干,都是在磨洋工,挣工分。(BH 20191123)

包产到组这种责任制形式在白村仅实行了两年。1981年开始,作业组缩小到两户一组,并于当年的秋天将牲畜和农具作价分给社员。大车370~400元/辆,马700~800元/匹,耕牛400~500元/头。当时的役用牲畜、车辆和犁杖等生产资料的数量有限,根据人口和户数采取自由结组,一组一般是三四户。结组多以亲属关系为主,一般是父子、兄弟之间结组。大车以30口人为一组,犁杖和役畜每组人口在10到13人。所有的工具和牲畜都用油漆标上号码,每组出一个代表通过抓阄的方式决定牲畜和生产工具的归属。生产资料分到组后,根据人口数,相互之间协调生产工具、役畜的分配,然后作价归户,役畜和生产工具是当时直接现金结算。

> 那时候我、我三弟、四弟还有后院的外甥,我们4家分了一匹马。这4家一共15口人,一共800块钱。那时候我三弟家人口最多,我给外甥家130块钱,我三弟给四弟145块钱,然后我和我三弟把那匹马卖了,卖了800块钱。我去南边坨子(白村南部的纯牧业村落)买了两匹马,一匹骒马是450块,另一匹是3岁公马300块钱,一共750块钱。回来后骒马给三弟了,3岁公马我留下了。(BH 20191123)

通过牲畜和车辆的作价可以看出,在白村农业生产重于牧业生产,用于农业生产的耕牛、马匹和车辆的价格远远高于牧业生产的奶牛和绵羊的价格。1982年春天,正式实行土地包干到户,并成为中国实行至今最主要的农村土地制度。实行包干到户时仍是社队体制,具体实施标准由生产大队根据各生产队的实际情况制定。土地的质量是农作物产出的一个重要因素,为实现分配公平,一律根据耕地的质量将耕地划分为不同等级的地块,并按比例分给农牧民,农牧民通过抓阄的方式决定自己获得同一等级的耕地。五队的耕地分为三等,即根据耕地质量将耕地划分为一等地、二等地、三等地。六队的耕地质量差异比较大,因此分为4等,其中三等地和四等地基本上都是坨子地。白村所属的科尔沁左翼后旗于20世纪70年代中期开始推广种植小麦。为实现人人有小麦面粉吃,每个生产队根据土地的数量,专门留出种植小麦的耕地,这些耕地的质量都是所有耕地中最好的土地。当时白村所属的公社以每人0.3亩地的标准种植小麦。因此在分地的时候小麦地属于一等地。白村每人共分得4.5亩土地。

表5-1　五队、六队土地分配情况　　　　　　　　单位:亩

队别	一等地	小麦地	二等地	三等地	四等地	总计
五队	3.0	0.3	1.1	0.6		5
六队	2.0	0.3	1	0.7	0.5	4.5

1984年,中央一号文件规定了土地承包期为15年,并且本着"大稳定,小调整"的原则,经过充分商量,根据群众的要求由集体统一调整土地。土地仍是集体所有,村民对承包地具有使用权,没有买卖和出租的权利。白村根据人口的变化,每年根据"增人增地,减人减地"的原则调整土地。"减人"是指人去世或因婚姻、工作调动等需要外迁户口的人①,"增人"是指娶妻和生子。1983年和1984年,减少一人口生产队收回4.5亩耕地,增加一人口补4亩地。1985—1989年减人将土地全部收回,增人只补分3亩地。1986年根据上级退耕还林的政策,需要从每人口的耕地收回低等地0.5亩用于草原恢复,以作为牧场。每人口的耕地由4.5亩变为4亩。1990年进行土地调整,给原来只分到3亩地的村民补分1亩地,白村每人口的土地统一为4亩,实行增人增4亩地,减人减4亩地。这一土地承包标准一直延续到第二轮土地承包。

---

① 但是在20世纪90年代,白村所属的苏木规定外出求学的人不论迁出户口与否一律将其耕地收回。

由于牲畜和车辆在1981年已被"作价归户",成为农牧民的私有财产。随着市场的开放,农民可以自由买卖牲畜和车辆。因此,嘎查委员会已经无法干预牲畜和车辆的所有和使用。

随着土地、草畜责任制的普遍推行,"政社合一"的人民公社体制也实行了改革。内蒙古自治区根据《关于实行政社分开建立乡政府的通知》,进行了人民公社体制改革试点,总结经验,逐步推广,并于1984年,在全区范围内完成了撤社建乡(镇/苏木)①的工作,撤销生产队大队、生产队,建立群众性自治组织——村民委员会或嘎查委员会②。人民公社体制解体是农村体制改革的又一次突破。这一改革从结构上避免了基层政权的直接干预,村(嘎查)和村民的自主权得到保障;精简了机构和基层干部,降低了管理成本,减轻了农牧民的负担;促进了新的经济联合。③白村所属的原花灯公社改为花灯苏木,原东华大队分为白村(嘎查)和东村(嘎查),一队至四队合为东村,五队和六队合为白村。

白村成立,在村内建了村部大院。村部的主体建筑为4间砖房,在房子的中间位置有一道门,门楣上刻着"1984"这四个数字,表示白村于1984年成立。白村的五队和六队紧邻,位于东华大队的南部,一队至四队集中位于北部,合为一个嘎查——东村,白村和东村的居住区以一条马路为分界线。马路的北面是东村,南面是白村。白村村部位于村落的中心位置。原公社大院位于东村村内,因此成为东村的村部(现已被拆,修建了新的村部)。自此,"五队"和"六队"这两个名称只存在于那个时代人的记忆中,只有在讲述过去的事情时会被提及。白村于1984年8月4日确定了村领导干部队伍,当时白村嘎查干部设书记、村长、会计、现金出纳、妇联主任、民兵连长各一名。1985年春,白村派3位代表去大队部(东

---

① 在内蒙古自治区,蒙古族聚居区的乡级政府成为苏木,汉族聚居区的乡级政府称为乡,工业和商业较集中发达地区的乡级政府建镇。

② 在内蒙古自治区,汉族聚居区的村级组织为村民委员会,蒙古族族聚居区的村级组织为嘎查委员会,白村为嘎查委员会。

③ 内蒙古自治区畜牧业厅修志编史委员会编:《内蒙古畜牧业发展史》,内蒙古人民出版社,2000年,第246页。

村)商量分财产等事项,最终决定五队和六队的牲畜、土地归白村,并分给白村3000元现金和一辆拖拉机。

> 刚分出来的时候,村里没有队部,拖拉机就放在我们家里。那时候我家是两间土房。在当时3000元相当于现在的30000元。这3000元是东村的会计送来的。我觉得人家给我们送过来挺好的,我还杀了一只大公鸡请他吃了饭。实际上这些东西是必须给我们的,因为当时大队部在东村,很长的一排房子,我们再怎么说也有两个小队呢。要是严格分的话,我们也得占三分之一,但是队部太远了,而且也分开了,我们也就不要了,大队部就归他们了。还有两辆拖拉机,新的他们留下了,旧的给我们了。(TD 20171212)

> 当时分财产的时候,没有计较太多。那时候大部分财产是归生产队管的,比如耕牛、马、大车啥的。只有拖拉机这样的东西是归大队管的,但是这样的东西也不多,所以一下午就分完了。(BH 20170927)

家庭联产承包责任制使农业生产组织形式转变为以家庭为中心的小农经营模式,同时农地制度也由全国统一的人民公社所有制转变为以自然村为基础的形式各异的新型集体所有制。农民由此成为土地剩余的占有者,这激发了农民的生产积极性。20世纪90年代中期,15年承包期即将到期,农民普遍开始关注"承包期到期后怎么办",因此农业生产出现了徘徊的局面。

家庭联产承包责任制实施后,出现了新问题,最突出的问题是:在以村为基础的集体土地所有制下,村民拥有的土地产权具有残缺性。"这种残缺首先来自农民作为集体土地所有者的身份本身:由于人人对村里的土地具有所有权,土地分配不得不依照村里人口的变动而做相应的调整,以维持由土地集体所有制和以农户为单位的生产组织形式所衍生的公平。但是这种公平却剥夺了农民对土地的长期使用权,从而导致农民失去对土地进行长期投资的积极性。"①同时，这种土地所有制限制了农民对土地的使用权和交易权，难以适应较大幅度的农村劳动力转移的情况。

在这样的背景下，中央于1993年11月公布了《关于当前农业和农村经济发展若干政策措施》。根据中央文件的要求和哲里木盟的实际情况，1996年，为进一步稳定以家庭联产承包责任制和统分结合的双层经营体制，完善耕地承包制度，哲里木盟盟委、行署下发《关于稳定完善农村牧区耕地承包制度的实施办法》，将全盟农村土地延长承包期30年不变的工作全面铺开。在耕地承包期内提倡实行"增人不增地，减人不减地"的办法。除规划的退耕地外，将能够耕种的所有耕地一次性承包给农牧民，农牧民承包的耕地统称为承包田。②

第二轮土地承包对第一次土地承包中的一些现实问题做出了回答，规定承包期延长30年，且实行"增人不增地，减人不减地"的办法，给农民吃了"定心丸"，巩固和规范了农村土地产权关系，有效地避免了因土地频繁调整导致的土地细碎化。在坚持土地集体所有和不改变土地用途的前提下，经过发包方同意，允许土地使用权依法有偿转让，这有助于促进土地流转和培育土地产权交易市场。1997年白村正式实行第二轮土地承包政策，每人的耕地面积调整为4亩。这4亩耕地中有1亩是保命田或口粮田，其他3亩耕地是承包田。保命田/口粮田正如其名字一样，是用来保命的，在承包田被收回时会给每人口留1亩田用来"保命"。嘎查集体会在农牧民欠国家或集体钱款不还、不出义务工、违反计划生育计划时扣除或收回村民的土地。扣除耕地留1亩保命田的土地调整政策在一轮土地承包时就已经实施了，并且一直实施到2004年。

> 我的户口没有在咱们嘎查，我是南边卜村的。结婚的时候我就过来了，算是倒插门。结婚的时候没有迁户口，我的户口还在卜村，

---

① 姚洋：《农地制度与农业绩效的实证研究》，《中国农村观察》1998年第6期。
② 杨青峰：《哲里木盟志》，方志出版社，1998年，第135页。

所以在咱们嘎查里没有地。我在卜村有地,但是我来这边后,这边种地啥的比较忙,我没时间回卜村出义务工。我在卜村没出义务工,卜村就把我的地给收回了。没有地,我一直靠我家里的①的地养活着。(GWZF 20171109)

我有三个丫头一个小子。小子是1992年出生的,村里当时把我妻子的4亩地给扣了。1997年土地调整的时候给我小子分了4亩地,2004年土地调整时才把那扣的4亩地给补回来。(WRD 20171105)

国家法律明文规定保护农民的合法土地使用权,但是从白村二轮土地承包政策的实施情况来看,村民合法土地使用权利并没有得到应有的尊重。基层政府上要执行国家政策,下要面对村情民意,是国家与农民的中间力量,但是地方政府出于自己的利益考量和目标,往往会做出既有悖于国家政策又有悖于农民利益的种种"目标置换"行为。②

我国于2003年3月1日实施《中华人民共和国农村土地承包法》。其目的在于稳定和完善以家庭承包经营为基础、统分结合的双层经营体制,赋予农民长期而有保障的土地使用权,维护农村土地承包当事人合法权益,促进农业、农村经济发展和社会稳定。其中规定:"耕地的承包期为三十年。草地的承包期为三十至五十年。林地的承包期为三十至七十年";"承包期内发包方不得收回承包地";"承包期内,发包方不得调整土地"。农村土地承包制度被纳入法律体系,农民的土地承包权得到了法律保障。2008年,党的十七届三中全会通过的《中共中央关于推进农村改革发展若干重大问题的决定》,其中关于农村土地承包进行了明确的表述:"赋予农民更加充分而有保障的土地承包经营权,现有土地承包关系要保持稳定并长久不变。""长久不变"更加稳定了农民对土地承包经营的预期,使

---

① 在白村一带,"家里的"指妻子。例如"我家里的"即我的妻子,"他家里的"指他的妻子。

② 郝亚明、包智明:《体制政策与蒙古族乡村社会变迁》,中央民族大学出版社,2010年,第88页。

得农民作为土地"主人"身份地位意识加强,激发了农民对土地的投入和维护,也使得农民的生活有了保障,农民不会面临破产。

在承包关系稳定的条件下,土地的固定性使得农民永远有饭吃。在一些发展中国家,很多大城市的周围存在大量的贫民窟。这些贫民窟存在的一个重要原因就是农民因失去土地而破产,在农村已无立锥之地,不得不流向城市谋求生存。但是这些失地农民无一技之长,在城市很难找到工作,既没有住房,又没有基本的社会保障。他们农村回不去,城市进不去,不得不沦为贫民,沦入贫民窟。这些居住在贫民窟的人就是农民收入问题的另一个表现形式。①城市贫民窟最深刻的根源是无地农民大量涌入城市。在中国,当前有1亿多农村人口在农村和城市之间流动,其中有相当部分的农民进入城市就业,但是这种就业具有不稳定性,因而收入也具有较大的不稳定性。城市的高房价和"城乡二元体制"使得他们难以在城市定居,但是他们并不是一无所有,他们在农村拥有可供自己和家庭糊口的土地,当外出务工受阻,他们就回到农村从事农业劳动,不会因此而饿肚子。当有机会在城市就业时,他们又可以到城市务工以增加收入。农村的土地既为农民提供了最基本的生活保障,也为农民进城务工提供了谈判能力。②

土地是农民最基本的生产资料,因此只有拥有稳定且长时间的承包权,农民才能够持续地从土地上获得利益。土地作为农民从事农业生产最基本的生产要素,具有其独特性。

一是土地具有不可移动性。在农业生产中,资金、劳动力、生产工具等生产资料都可以随时流动。但是土地却不能移动,干旱地区的耕地不可能转移到水资源丰沛的地方,山区的耕地也不可能移动到广袤的平原。正因为土地具有不可移动性,因此如果想要在既定的土地上获得更多的农业产出,就必须对既定的土地进行相应的投资,从而改善农业生产条

---

① 盛荣:《印度土地制度效果对中国土地制度改革的启示》,《中国农业大学学报》2006年第4期。

② 侯风云、潘芸红:《中国农村土地制度与农民工劳资关系状况研究》,《山东大学学报》2016年第4期。

件。但是为改善生产条件而进行的投资,一般都具有成本高、回收周期长的特点,如进行改良土壤、平整土地、农田水利设施建设等。如果在承包期间,农民无法收回对土地进行的投资,农民是没有任何意愿对土地进行投入的。生产条件得不到改善,土地的产出率和农业的经济效益就很难得以提高。因此,足够长的承包期能够调动农民对土地进行长期的投入。

二是合理耕作的农地具有可长期重复使用的特性。[1]很多生产资料在生产过程中由于持续反复使用,会逐渐磨损,最终失去使用价值。耕地也具有此类的特点,如果耕地利用不合理,采取掠夺式的经营方式,土地的肥力会逐渐下降,甚至肥力消失后会出现土壤板结、盐碱化、荒漠化,完全失去农业使用价值。但是如果合理利用土地,不仅能够保持土壤的肥力,甚至能够提高土壤的肥力。因此,足够长的承包期和稳定的承包关系,是农民珍惜和保护土地的重要前提。如果承包期过短,土地频繁调整,农民往往会采取掠夺式的经营方式,造成土壤退化,最终影响农业的经济效益。

2004年,白村进一步完善二轮土地承包政策。1997年进行土地二轮承包时,白村预留了1000多亩耕地,并且将其中大部分耕地承包给个人,收取承包费作为嘎查收入。而当时国家规定村集体预留机动耕地面积控制在总耕地面积的5%以内,但是白村嘎查集体机动预留地面积高达总耕地面积的25%。1997年白村的总耕地面积为4000多亩,白村嘎查集体预留地1000多亩,只分给村民3000多亩地,这远远地偏离了国家的政策规定。2004年白村对二轮土地承包进行完善。如何完善?白村村民有不同的意见,村民当然希望每个人都能够分到耕地,而且希望尽可能分到更多的耕地。意见为两派,一派是以村长为首,他们主张给缺地少地的村民补足耕地,然后在此基础上尽量增加村民的土地;另一派是以书记为代表,这一派主张只给缺地和少地的村民补上土地,每人口的土地仍然保持4亩,剩下的土地属于嘎查集体所有,以作为嘎查集体收入来源。两派争

---

① 陈锡文等:《中国农村制度变迁60年》,人民出版社,2009年,第39页。

执的核心矛盾在于嘎查是否应该收回承包出去的集体预留地。这些预留地几乎全部都被承包给个人了，而且大部分土地的承包期为30年，即到2026年。嘎查委员会经过多次讨论，决定收回部分承包出去的耕地，并且争取给每人口增加2亩地，使每人口土地达6亩。

> 那时候MD是村长，他想把嘎查承包出去的地都收回来，然后分给老百姓，这样每人能够增加2亩地。而书记DL不同意增加土地，他希望嘎查能掌握一些耕地，这样嘎查就能有收入了。当时村长MD态度比较强硬，而且老百姓也都希望能够分到更多的土地。书记DL这边支持的人少，所以最后MD赢了，决定给每人口增加2亩地。（BH 20170927）

白村嘎查集体当初将耕地承包出去的时候，承包费是分期支付的，承包时至少需要支付3年的承包费，承包人支付承包费在3至10年不等。嘎查委员会决定将村外人承包的耕地一律收回，同时收回村内承包了耕地但是未支付承包费或者支付的承包费只到2003年的村民承包的耕地，以及收回一轮土地承包后开垦的黑土地①（嘎查只收回了没有进行改良的黑土地，有些农户已经将黑土地进行了改良。因为改良土地的投入无法计算补偿，所以没有将其进行收回）。白村收回了近1000亩的耕地。但是收回的耕地还不能实现每人口6亩地的目标，为此嘎查委员决定将白村的一块面积为400余亩的土地开垦为耕地。由于耕地面积有限，白村1990年以后出生的人口中只有一部分人口获得了增补4亩耕地的待遇。实际上，白村并没有达到每人口6亩耕地的目标。

> 要不是我努力争取，那些地能收回来吗？老百姓的地能达到每人口6亩吗？别的嘎查都是4亩，就我们嘎查是6亩地。我那时候就想给

---

① 黑土地，即黑地，在国家征收农业税之外的土地。

老百姓增加点儿土地,增加点儿地,老百姓不就能多得点儿(收入)吗?很多地都是低价转让出去的,都不合法。为了把这些土地要回来,我组织嘎查干部、村民代表和党员开小圆桌会议。小圆桌会议一开就开了28天。那时候下乡干部在村里有180亩地,我都给要回来了。从一个文化站长手里要回130亩地,实际面积是180亩。衙门村粮库的一个工作人员有110亩,实际面积是150亩。这些人虽然不愿意把地还回来,可是他们不得不承认承包手续都不合法,而且他们也种了很多年了,利都收回来了。我给他们好言好语地说,如果他们不同意,我就不给他们留情面了。这些地都是好地啊,我都给要回来了。为了分这些土地啊,我嗓子都喊哑了,三天都说不出话来。(MD 20161216)

白村每人口分得6亩耕地,周边村落每人口只分得4亩耕地。当白村人说起自己的土地比其他村多出2亩时,脸上的表情和说话声调都能传达出一种优越感和自豪感,尤其是促成增加土地的嘎查干部,每每说起2004年分地就会非常地骄傲和满足。2004年完善二轮土地承包政策确实提高了白村人的生产积极性,6亩地是白村人最可靠的收入来源。

第二节　作为主粮的玉米

一、土地上的博弈

集体时期,虽然国家一再强调在内蒙古地区根据农牧业比例实施不同的政策,但实际上地方政府实施了"一刀切"政策。在白村实施的各项政策与农业区一样。这就导致了白村农业逐渐精细化,牧业却依然粗放,牧业生产水平并没有提高。而且在牧区实施的政策与农业区实施的政策没有差别,作为半农半牧村落的白村征税标准和征购粮食的标准与农业区一样。公社一方面为了完成农业税和粮食征购任务,另一方面为了满足社员的粮食需求,不得不将提高粮食产量作为生产目标。因此,白村一带的半农半牧区形成了重农轻牧的生产习惯。在重农轻牧的情况下,牧业生产的粗放经营得不到改善,牧业所带来的收益就越少、越不稳定,而农业却恰好相反,农业经营越来越精细,其收益越高、越稳定。白村牧业的粗放经营方式一直延续到2008年前后才得以改善。自这时起,农牧民才逐渐去改善牧业生产条件,积极地进行品种改良。就整个内蒙古地区而言,农业一直处于主导地位,而牧业产值一直远远低于农业产值(表5-2)。

表5-2　1970—1999年内蒙古自治区畜牧业产值表[①]

年份	农业总产值(万元)	畜牧业产值(万元)	畜牧业产值占农业总产值比重(%)
按1970年不变价格计算			
1970	166355	49944	30.0
1972	207079	73224	35.4
1974	275477	86720	31.5
1976	286000	86000	29.2
1978	271500	77000	28.4
1980	257555	80871	31.4
1981	301056	90729	30.1
按1980年不变价格计算			
1981	418055	113769	27.2
1983	492448	126895	25.8
1985	608553	151522	24.9
1987	600284	165066	27.5
1989	673716	195171	29.0
1990	809872	199772	24.7
按1990年不变价格计算			
1990	1652930	530101	32.1
1991	1718710	576644	33.6
1993	1947384	632180	32.5
1995	2083008	760349	36.5
1997	2679153	985048	36.8
1999	2892042.4	1079367.5	37.3

[①] 内蒙古自治区畜牧业厅修志编史委员会编:《内蒙古畜牧业发展史》,内蒙古人民出版社,2000年,第345—346页。

从集体时期形成的重农轻牧的生产习惯和农业收益较稳定的特点来看,单干时以及单干后农牧民积极扩大耕地面积也就不足为奇了。自单干开始至2005年,白村人积极开垦土地,并在此基础上对土地进行改良。

首先,白村人积极开垦土地。白村开垦土地可以分为以嘎查为单位的集体开垦和以家庭为单位的个体开垦。一集体开垦。一轮土地承包时,白村的五队和六队将耕地全部承包给农户,集体没有预留耕地。为了能够使每人口多分些地,白村将属于六队的(位于村落南边)一片200余亩的草场开垦为耕地,并且全部分给村民。

> 集体的时候,我是六队的队长。五队和六队合并成一个嘎查时,我是书记。我不分六队和五队,都是一样的。六队的那片草场是我让开的,老百姓都支持开地,那时候老百姓都希望多分点儿地。那时候是用拖拉机开地,开完了就都分给老百姓了。嘎查一亩地都没留,所有的耕地都分了。我就是想着能够给老百姓多(分)点儿地。老百姓多几分①地,收入也就能多点儿。(TD 20171210)

即使将六队的草场开垦为耕地,五队和六队的土地也并不足以给每人口分4.5亩地,为了能够分到更多的土地,当时的嘎查书记带领村民将村子东边的一片草场开垦出来,面积约50亩,这片地其实是邻村东村三队的草场,这片草场紧邻白村村落居住区。开垦后,东村人为此来白村讨要这些土地,但是白村人坚决不给。其实白村和东村的村界并不明确,集体解散时,财产和土地的划分都比较随意。村界之间并没有明确的界线和地标,而是口头上进行的模糊划分。因此,白村和东村之间的土地一直存在争议。20世纪90年代中期,白村与东村共有的水泡子完全干涸,东村抢先将干涸的水泡子全部开垦为耕地,共80余亩,并且现已全部改良为水浇地,亩产量均可达到1500斤以上。白村人没有去西村要土地,而

---

① 分,土地面积单位。1分＝0.1亩。

是觉得"自己也占了人家的地,人家占咱们点儿地也是应该的"。白村和东村之间一直是以"我们开你们村点儿地,你们占我们村点儿地"来平衡两村之间对土地的占有。

> 那时候和东华大队分出来,地界没有文字文本,也没有标志,都是口头上的划分。咱们嘎查人老实,人家给点儿就觉得行啦。大南坨子的西边是咱们嘎查的,东边是东村的。泡子1/3是咱们嘎查的,2/3是东村的,就这样分的。(BH 20191123)

2004年白村进行二轮土地承包完善,为了给每人口增加土地,白村嘎查委员决定将白村南边的一片草甸子开垦出来,这片草甸子面积达400亩。因此,白村给每人口增加2亩地。

> 为了给村民增加6亩地,用拖拉机开了那片草甸子,400多亩地。我们嘎查每人口6亩地,西村和东村每人口才4亩地。我们嘎查每人口的地多,每年比他们(东村和西村的村民)多收不少粮。(DL 20170821)

二农户个体开垦。单干后,土地承包期为15年,这15年内"交够国家的,留够集体的,剩下的都是自己的",这意味着收入与土地面积的多少直接相关。通俗地讲,土地越多,种的庄稼就会越多,庄稼种得越多收入就会越多。因此,农牧民积极开垦土地,自1982年至1997年白村以家庭为单位的个体开垦的耕地面积达1000余亩。这些耕地一部分来自村民在自己土地的边角进行的扩垦。如果耕地正好挨着可开垦的草场或荒地或坨子地,尤其是挨着荒地和坨子地的村民会扩大开垦面积。另一部分则来自白村村民开垦的独立土地:一是在白村的东南部开垦土地,这里的土地部分是集体时期种植过的荒地。集体时期农业学大寨,白村一带大量开垦坨子地,由于广种薄收、掠夺式的粗放经营造成坨子地土壤肥力下降,普遍缺磷,土质变劣,产量越来越低,因而被撂荒。撂荒后,放牧员在

146

冬天偶尔会来这里放牧,这里的植物有狗尾巴草、苍耳、沙蒿、旱芦苇、甘草等,其中的部分草类牛羊喜食。只有在冬季草场草料不足的情况下,放牧员才会将牛羊赶至这里放牧。在土地承包以前,白村人根本不把这些撂荒地放在眼里,而且放牧员也很少来此处放牧。由于这些撂荒地土质疏松,比较容易开垦,而且便于耕作,所以在土地承包后,这些土地便成为"香饽饽"。白村村民便来此处开垦土地,开垦面积最多的家庭开垦了80多亩,多数家庭开垦的面积保持在10~50亩。来此开垦耕地的人一般在村民眼里都是勤快人,或者家里的劳动力比较充足。二是流经白村的洪河于20世纪70年代干涸,白村人将干涸的河床开垦成耕地。

> 那时候没有人管,也不禁牧。坨子地都是随便开,你种多少都没人管。我都是慢慢开的,一年增加点儿,一年一年的,差不多有七八十亩地。那时候我在这些地里种绿豆和糜子,一年绿豆能有5000斤,糜子有时候多点儿,有时候少点儿。那时候我年轻,能干,也能吃苦。有些人懒,给他地他都不种,何况自己开地了。(WRD 20171105)

> 那时候家家户户都开地,只有懒人不开。我开了差不多10亩地,这些地都是盐碱地,不过现在都改良好了,都能浇上水了,都是好地了。(TD 20171210)

1993年开始白村所在的花灯苏木要求白村交黑土地费,黑土地费要比农业税高出3倍,由于黑土地费对很多农户来说都是一项沉重的负担,很多农户因交不起而拒交。因此,黑土地费只收了3年,自1996年开始就不收了。可以看出黑土地费在白村人眼里是非法的,他们有足够的底气拒交,与之对抗。一轮土地承包政策要求"增人增地,减人减地,适时调整"。依此政策,白村的耕地根据人口的变动不断地进行增减调整。白村的土地也因此而呈现出碎片化的特征。一个家庭的土地可能会分布在五六个地方,这增加了农业作业的成本。土地的频繁调整使得在农民的意识中形成了这样的观念："土地并不是自己的,土地随时可能会被国家收回",导致农民对土地承包政策持有怀疑态度,用农牧民自己的话说"心始终是悬着的"。因此,白村人虽大面积开垦土地,但是此时白村人仅限于扩大土地面积,并没有主动对土地进行改良。

　　一轮土地承包时白村人将集体时期的撂荒地开垦殆尽,而且各家各户对原有耕地的地边地角进行了最大限度的开垦。容易开垦和耕作的撂荒地、坨子地几乎都已经被开垦殆尽。白村除坨子地外可供村民开垦的就只能是作为草场的甸子地了。雨水丰富时甸子地是白村的草牧场,雨水少干旱时甸子地坚如石田,不利于耕作。即便是开垦成耕地,一旦遇到洪水就会发生内涝,当洪水退却后便会形成厚厚的淤泥,淤泥经太阳一晒会板结或龟裂成板块,无法耕作,开垦的土地常常毁于一旦。由于生产工具的限制,白村人一直难以征服这些甸子地。

　　随着农业用水和工业用水不断增加,地下水开采量不断上升,到20世纪80年代末,通辽科尔沁东部地区开始形成以通辽电热厂水源地为中心的地下漏斗区。[①]白村位于科左后旗的西北边缘区,与科尔沁区接壤,深受科尔沁区[②]地下水漏斗区的影响,特别是自20世纪90年代末开始,白村一带地下水位迅速下降,水泡子基本都已经干涸,因此内涝区不断缩小。同时,随着生产工具的进步,农牧民将目光转到了草甸子地。在这一时期,政府已经开始重视草原保护,开垦草场受到了一定的限制。村民为增加土地面积,偷偷地开垦草场。村里虽有护林员监督和阻止乱垦行为,但护林员碍于"面子"仅在乱垦事发后善意地提醒乱垦者,并未采取严厉有效的措施,因此开垦草场的事件便屡禁不止。这一时期白村开垦的草场面积达200余亩。

　　① 刘敏:《节水灌溉技术为什么推广困难?——对内蒙古通辽市白村的个案研究》,硕士学位论文,中央民族大学,2013年,第23页。

　　② 科尔沁区是通辽市的市政府所在地,人口密集,且有通辽市最大的工业园区,而白村紧邻这一工业园区。

都是一个屯子的,而且屯子里的人基本上都是亲戚,抬头不见低头见的,不能告啊。如果我知道谁在开草场,只是提醒他一下:"下次别开了。"那时候有罚款啥的,但是得去甘旗卡草木局,去一趟挺麻烦的,我也就不管了。(LHLY 20171207)

白村还有一个特殊现象就是在20世纪90年代时,各项税费比较重,农牧民无法及时上缴各项税费,但是苏木政府以嘎查为单位向各嘎查村催缴税费。白村嘎查干部为了及时向乡镇政府上缴各项税费,不得不通过向个人抬款①以缴纳税款。抬款后,向嘎查提供抬款的个人会频繁催款,嘎查不得不用土地抵债,但当时白村已没有可以抵债的耕地,只能用草场抵债。于是,给白村提供抬款的人便将草场开垦出来种植农作物或者将土地承包给白村人,赚取租金。当时向白村抬款的人大多数是白村当时所属的苏木政府的工作人员,因为这些工作人员有稳定的收入,有能力一次性拿出足够的现金帮助各嘎查缴纳税费。同时,这些人是政府工作人员,手里有公权力,各嘎查干部不敢得罪这些人。在用土地还债时,嘎查干部为讨好这些人,很多时候都是"随手一挥一片地",并不严格按照市场价进行计算,用于抵债的土地面积往往大于实际欠款能承包的土地面积。可以这样说,这些向各嘎查提供抬款的人在当时"大赚了一笔"。

白村的耕地面积在这一时期迅速扩张,草场面积逐渐缩小。根据白村人的估计,这一时期白村的耕地面积增加了2000余亩。用白村人的话说"能开的地方都开了"。1991年科左后旗总土地面积1157643.478公顷,耕地面积164845.31公顷,占总土地面积的14.1%,牧草面积792402.923公顷,占总土地面积的68.4%。2007年,全旗耕地面积186793公顷,占总土地面积的16.1%,牧草面积448533.34公顷,占总土地面积的38.74%。可以看出在这一时期,农业化趋势不断加强,草场破坏严重。

其次,白村人积极改良土地。"中国是一个小农为主的国家,小农的一

---

① 方言,即借高利贷,高息贷款行为。

个特征是对失去基本生活保障的恐惧。"①而土地是农民最基本的生活保障,因此土地承包的时间和稳定性决定着农民对土地经营的积极性。实施二轮土地承包,将土地承包期延长30年,且"增人不增地,减人不减地",即耕地不再根据人口变动进行调整,这给农牧民吃了"定心丸"。吃了"定心丸"的农牧民对土地的态度发生了显著的变化,由之前"使用"到现在"拥有",农牧民真正地成为土地的主人。农牧民意识到农业收入的增加需要一定的投入,因此,为增加农业产量,开始加强对耕地的投入,积极改良土壤、维护农田设施。

白村人改良农田土壤主要有三种方法:一是盐碱地压沙盖碱,沙坨地填土稀沙。即通过添加沙土压盖盐碱土,经过两三年的耕作,沙土与盐碱土中和后,即可提高土质;在沙坨地添加黑炭土(来自草甸子地)稀释沙质土,提高沙土含水能力和肥力。二是修田耙地。平整土地,填平坑洼处,修平高坡处,修筑成利于浇水的条田。三是施农家肥。在集体时期牛粪是重要的燃料,但是由于牲畜基本上都在野外放牧,所以牲畜的粪便很难收集。集体时期,农家肥主要是家里的草木灰和人的粪便。在20世纪90年代后农牧民逐渐意识到农家肥的益处,便开始有意识地收集牲畜粪便,然后在耕地上施用。

> 1997年土地承包期改成30年了,我可高兴了,地是我的了,我就有干劲儿了。要是不说延长30年,我就不干了,爱咋地咋地呗!延长30年,承包时间就长了,我们都有干劲儿了,就是雇人拉土也合适啊。80年代分地的时候,好地都分了。我家以前分的地,地边的破地都被我给开了。我大丫头的地旁边不是别人家的地,是河套,我开了大概15亩地。那时候随便开啊,但是开出来的地都是盐碱地。1998年的时候我富点儿了,而且那时候也有铲车了,我就决定雇铲车拉土改良土地。我一年花2000块雇车拉土,连续改良5年。到2002年,我

---

① 姚洋:《农地制度与农业绩效的实证研究》,《经济研究参考》1999年第5期。

将所有的地都改良成了一等地。现在如果没有虫灾的话，亩产都是1500斤以上。以前那些地一年也就产两三万斤苞米，现在能产8万斤了。(WRD 20171105)

二轮承包将承包期延长了30年，这个政策挺好，地不动了。土地不变，老百姓心里有底了，不用害怕分得少了。一开始分的时候都是盐碱地，后来都改良成好地了，现在地的亩产都能达到1500斤了。当时是雇车拉土改良的，一车30块钱到50块钱，价格要根据车辆的大小来决定。(HSF 20171104)

我们这里有好多地，不改良没法儿种。给沙地铺黑土，给太黏的甸子地掺沙子。不论是挖沙土还是黑土，人工用铁锹铲土太慢了。我当时就把家里的20多头牛全卖了，买了铲车。当时对铲车需求量特别大，家家户户都得排号。一开始是我开铲车挖土，后来用铲车铲土的太多了，我媳妇就和我学开铲车。就这样，我们两个轮着开，机器一直干着。(BW 20160728)

那时候粪少，不像现在有这么多牛可以积攒粪便。为了改良土地就今年给这几亩地上粪，明年给那几亩地上粪，就这样轮着上粪。上过粪的地更软和儿、透气性好。当时改良土地，在村子西边拉黑土，那一个一个的大坑，其实都是破坏土地，但是全村人都拉土改良土地，村里的领导也一车一车地拉土改良地，所以就没有人管了。拉沙土的地方多，咱们这儿沙坨子多，怎么也拉不完。(BH 20191123)

在单干后，白村的耕地面积逐渐增加。随着耕地面积的增加，农作物种植面积不断扩张，尤其是玉米的种植面积不断扩大。与之相反的是，草场面积不断缩小，草场面积减小意味着牛羊等牲畜的养殖数量受到限制。扩大牲畜的养殖数量则增强了对作物秸秆的依赖。在白村适宜种植的农作物中,玉米秸秆能够很好地替代自然草料,因此又进一步地强化了农牧民对玉米种植的选择,牧业也越来越依赖农业。

二、劳动力向农业集中

在单干后,农业一直是白村人最主要的收入来源。由于当时的机械化水平低,农事活动完全依靠人力,只有足够的劳动力才能保证农业生产活动的正常进行。为了保证农业生产正常进行,村民不得不放弃农牧业以外的职业或活动转而从事农业。与务农相比,读书是一件非常不划算的事情。因此,白村20世纪70年代和80年代出生的人的受教育水平普遍不高。尤其是80年代出生的人,正值读书的年纪却赶上了税费负担较重的那几年,很多人为此放弃学业下地干农活儿。

> 我是1983年出生的,16岁就不上学了,我学习可好了,但是我心疼我爸妈。我是自己不念的,家里的条件不好,我就寻思书我不念了,回家帮我父母干点活儿,重活儿干不了,轻活儿我咋也能干。就这么着,我没继续读书,开始下地干活儿了。(JR 20171218)

> 我大儿子1982年出生的,初中毕业就不让他念了,回来下地干活儿。那时候活儿多,家里忙不过来,就让他回来干农活儿了。现在也有点儿后悔,但是那时候真是没有别的办法,不种地就没有收入啊。(HT 20170725)

由此可以看出"弃学从农"在当时是不得已而为之,农业活动需要劳动力,靠农业所得的收入更是难以承担除生产投入之外的负担。而对于BYD来说,"弃医从农"是一件非常遗憾却又是当时不得不做出的选择。

> 我1973年高中毕业。高中毕业后就回来下地了。1974年公社时期,大队搞合作医疗。咱们五队和六队没有大夫,大队说两个小队

怎么也得有一个大夫,然后我就报名了,最后大队选了我。我是1974年9月11号参加医疗站,然后在本地进修过。我在后旗卫生局举办的第三期培训班学习了两个月。1975年7月5号我到吉林培训了一年,当时咱们哲盟归吉林省管。从吉林培训回来后就开始背包看病了,当起了赤脚医生。那时候大队按劳动力一天12个工分给我记工,年底发钱。集体的时候有医疗保障,社员每人每年2块钱,看病吃药都不要钱,吃多少都是2块钱。

单干后一年,也就是1983年我结的婚。1985年与父母分家出来单过。1985年我的大丫头出生。单干后,集体的医疗合作也解散了,我就自己干了,镇卫生院给提供药,但是我得自己花钱买药。以前我的房子是三间土房,东屋是卫生室。我在我家排行老四,在家里分出来的时候,父母给分的地都是破地,产量低,一年到头收的粮食都不够堵债的。债是哪儿来的呢,就是集体的时候,家里人口多,我们哥几个都上学了,老大到老三都是初中毕业,我、老五、老六都是高中毕业。所以家里劳动力少,但是人口多,吃的菜、饭都要钱,年底结算的时候就欠生产队的钱了,那时候欠了3000多元,分家的时候也分给了我一部分债。

那时候村里人吃药打针都赊账,都是卖完苞米后才给钱。但是能给上的也就一半,有的人都赊好几年了,到现在还有人没给上呢,估计都够呛了。都是一个屯子的,亲戚、邻居啥的,不好意思不让他赊账。他生病了,你不能因为他当时没钱就不给他治病吧?这样吃药不给钱,我就没有钱进药啊。我那时候把牛、羊、猪都卖了,最后家里都没啥可卖的了。而且那时候我家的孩子小,都是丫头,家里没有劳动力,那时候的活儿没头儿啊。正在地里干活儿呢,就来地里找你去给看病,你能不去吗?半夜叫你去你也得去啊。那几年屯子里的人都在改良土地,我们家没有钱雇车,就是人工挖土,然后用马车拉土。地里的活儿和看病不能兼顾了,2005年我就寻思不干了,看病不仅不挣钱还倒搭,好好种地咋也能有点儿收入。那时候没有项目,现在都

有项目了,国家给嘎查卫生室补贴。现在都是没钱不给看病,没钱不给药,和以前也不一样了。(BYD 20170722)

当时白村一带还有人因为家里缺少劳动力而放弃教师这一职业,即"弃教从农"。农牧民放弃一些很有社会地位的职业和在农牧民眼里是非常好的职业,而下地从事农业活动。这一现象不仅说明了当时农业经济的重要性,同时也说明了国家从全面控制转向宏观调控给予社会和市场很大的空间,而社会和市场达致平衡是一个不断调试的过程。

三、土地上的"霸主"——玉米

人民公社时期,为解决农牧民细粮问题,白村所属的科左后旗在全旗各个公社推广小麦种植,规定各生产队按照耕地面积划出专门种植小麦的农田。白村所属的生产大队规定每个生产队按每人口0.3亩种植小麦,白村人将种植小麦的耕地称为"小麦地"。小麦地是从白村最好的土地中划分出来的耕地,有机井可以进行灌溉,并且积极施用农家肥。在当时农牧民无法通过市场购买到细粮,而白村一直种植高粱、玉米等粗粮,有的家庭只有在春节时才能吃得上一顿白面①饺子。白村人种植小麦后实现了细粮白面自给。单干后,白村每人口依然分得0.3亩小麦地,并且继续种植小麦。随着市场的流通,白面能够在市场中购买到,于是有些家庭开始逐渐将小麦地用于种植玉米等作物。一袋50斤的白面粉价格为80元左右,质量好的面粉售价为90多元。小麦在4月初种植,6月末收割,而6月末正处于雨季,如果连日降雨,不仅影响小麦的收割,也会导致小麦减产。相较于玉米,小麦产量低,收益不高。20世纪80年代,白村小麦最高产量为500斤左右,农牧民逐渐减少小麦的种植面积,并且从市场上购买面粉。从表5-3可以看出,白村一带小麦的亩产量在单干后有明显增加,但是单干后的产量一直保持在242公斤左右,产量增长并不明显。产量

---

① 白面,即小麦面粉在当地的俗称。

不高难以带来收益,村民自己种植小麦不如在市场上购买划算,因此村民逐渐放弃种植小麦。1989年白村小麦种植面积缩减到50亩左右,自1991年开始白村每年只有两三户种植小麦,每户小麦种植面积不超过3亩,至1997年白村人不再种植小麦。

表5-3　1950—1998年白村一带农作物亩产统计表[①]　　单位:公斤

年份	小麦	玉米	谷子	高粱	大豆	水稻
1950	95	106	103	77	42	—
1956	41	118	104	124	81	—
1962	39	119	73	70	60	—
1968	84	121	97	108	42	—
1974	104	164	71	126	29	—
1978	88	248	92	181	37	—
1980	86	238	38	140	28	—
1982	132	177	42	129	29	—
1984	190	286	86	208	68	—
1986	218	446	116	259	99	—
1988	238	532	102	223	90	317
1990	281	592	109	251	92	315
1992	330	618	121	401	146	412
1994	242	536	135	227	120	430
1996	246	667	113	320	115	460
1998	301	717	125	333	116	511

1988年,白村所属的科左后旗开始推广水稻种植,并提出"稻米自给""向沙要稻米"等口号,并且积极打造"沙漠水稻"品牌。在1989—1992年间,科左后旗投入资金4200多万元,新增加配套机电井3027眼用于抽取地下水供应水稻栽植。由于推广水稻种植,1992年玉米种植由80万亩压缩到70万亩,水稻总种植面积突破24万亩,总产量达到7450万公斤,平均亩产310公斤,最高单产780公斤。当年全旗有7个万亩以上的稻乡,62个千亩以上稻村,百亩以上稻户有62个。全旗粗、细粮面积比重达到73:27,粗、细粮产量比重达70:30。1995年,科左后旗定为"全国重点商品粮县"。从表5-4中可以看出,1989年推广之初,水稻种植面积为

① 参见中国通辽市科尔沁区委地方志编纂委员会编:《通辽市志》,方志出版社,第206—207页。

表5-4 1989—2006年科尔沁左翼后旗主要农作物播种面积、产量统计表①

面积：千公顷 亩产：公斤 总产：吨

年份		1989	1990	1991	1992	1993	1994	1995	1996	1997	1998	1999	2000	2001	2002	2003	2004	2005	2006
总播种面积		112.21	115.16	114.56	115.62	116.07	116.77	118.83	119.41	123.90	126.25	133.73	140.41	138.16	136.67	134.94	176.61	183.45	190.66
粮豆(农作物)播种总体情况	面积	78.06	92.57	93.74	10.29	103.70	103.97	108.74	113.22	118.07	119.65	113.29	120.47	121.88	122.68	115.52	154.23	195.44	171.53
	亩产	178	238	215	236	242	175	263	284	226	309	336	183.67	236.33	211.53	257.74	261.73	308.38	257
	总产	231990	331148	302000	358000	37664	275844	429444	483009	400005	555147	570848	313901	423089	357500	446233	605592	737500	738500
其中 水稻	面积	5.28	12.14	13.34	16.01	12.13	10.23	11.23	12.85	18.19	18.19	19.98	20.23	15.49	15.51	9.51	11.93	11.91	14.52
	亩产	275	283	327	310	253	189	394	337	352	349	434	379.2	415	360.4	510.93	429.73	493.47	450
	总产	21670	50534	56500	74500	42811	29015	66303	64957	96128	99475	131717	131010	96469	83866	72854	76917	88159	98060
小麦	面积	0.48	1.60	4.44	6.95	9.94	8.86	9.40	7.80	7.37	6.77	9.11	3.98	5.11	3.61	0.28	0.35	2.10	0.13
	亩产	190	152	115	134	190	75	115	200	60	192	261	152.07	80.87	90	305.56	152.93	299	382.1
	总产	3164	3663	7702	12965	28403	10009	21150	21600	6639	19506	35666	9071	6202	4875	1288	796	628	363
玉米	面积	50.97	51.96	52.17	5.47	49.53	53.10	59.53	65.11	68.27	69.25	58.59		65.36	63.60	73.52	105.76	102.87	117.78
	亩产	233	303	251	293	342	254	319	358	263	378	399	170.7	271.7	225.7	293.4	304.3	349.97	315
	总产	177891	236158	196809	225869	254276	202501	284765	349641	269302	392815	351310	156899	266416	215363	323535	482671	540013	556861
高粱	面积	7	6.16	5.10	4.68	4.38	3.71	4.03	3.85	3.92	2.27	1.08	2.48	2.07	1.67	1.56	1.37	4.01	1.85
	亩产	149	185	185	206	201	153	230	239	118	240	280	250	174.07	200	134.6	161.13	301.3	250
	总产	15613	17094	14121	14427	13214	8564	13904	13802	6918	8185	4553	9304	5397	5007	3149	3304	18128	4168
糜子	面积	5.72	5.05	4.66	2.59	4.42	4.48	4.95	5.13	2.20	2.58	1.14	2.61	4.17	3.09	30.5	3.22	3.96	1.32
	亩产	62	70	40	66	64	30	67	70	50	107	160	49.9	125	150	88.3	77.2	166.47	100
	总产	2650	5306	2790	3539	4234	1988	4975	5387	1650	4148	2740	1950	7818	6948	4035	3728	9891	1978
荞麦	面积	4.33	4.23	4.09	5.73	3.40	3.66	4.18	4.52	1.95	1.71	0.14	1.24	2.92	1.26	1.43	1.07	9.28	0.79
	亩产	23	60	48	59	38	26	65	65	19	76	100.3	54.2	47.7	100.3	67.8	61.6	28.32	60.25
	总产	1503	3810	2321	3303	1957	1434	4075	4407	543	1945	426	1009	2093	1887	1477	993	1971	714
大豆	面积	6.94	6.60	6.60	10.68	15.41	15.13	11	10.37	11.68	12.84	17.46	19.12	13.2	9.52	9.85	12.2	20.13	34.1
	亩产	80	91	91	104	111	77	162	99	94	109	126	57.7	116.6	90.7	113.5	83.9	153.1	150
	总产	6950	7920	8964	15677	25686	17427	26653	15399	16520	21063	33145	16562	23011	12952	16780	15373	46243	51167

① 中国通辽市科尔沁区委地方志编纂委员会编：《通辽市志》,方志出版社,第206—207页。

5.28千公顷,第二年(1990年)增加到12.14千公顷,科左后旗的水稻种植面积自1990年开始增加,种植面积翻了1倍多。这与农牧民的种植习惯有关,考虑到收益,农牧民不敢贸然种植一种新的作物,即使种植也会将种植面积控制在可接受预期损失范围内。当看到没有种植风险且能够带来经济效益时,经济效益会将农民导向政策的最初预期目标。

1989年,水稻种植在白村推广。起初没有村民愿意种植水稻,水稻种植推广遇到阻力。因为村民认为没有水的旱田只能种植玉米、高粱等旱田作物,旱田长出水田作物是不可能的。为推广水稻种植,旗政府号召农村党员干部带头种植水稻,白村的党员干部迫于上级的压力和党员身份不得不种植水稻。旗农科院的技术员到村里对党员干部进行培训,并在育苗期间挨家挨户地进行技术指导。水稻田选在白村的南边,面积有200余亩,土质肥沃,涵水性好。在集体时期,这片地非常涝,牛、马无法在里面行走,单干后这片地才被村民开垦出来。水稻种植推广的第一年,白村水稻种植面积70余亩。1989年10月10日,白村种植水稻的人开始收割水稻,脱粒后加工出白花花的大米,实现了大米自给。大米对白村人来说是一种非常奢侈的粮食。20世纪80年代白村一带大米很少,即使有大米,其价格也很高,1斤大米0.6元,而当时的玉米价格是1斤0.3元。用白村人的话说:"一般人买不起,有钱也买不到。"

80年代的时候,我们这儿有卖盘锦大米的,辽宁的盘锦大米很有名。那时候卖大米的少,而且价格很高。可是当时苞米价格贱,所以一般人买不起,即使有钱买得起,也都舍不得买。推广种植水稻的时候,一开始没有人愿意种,没有人种过啊,都不相信自己种了这么多年的土地能长出水稻来。然后上面就要求党员干部带头,党员干部必须种。我是党员,我必须得栽种水稻。1989年我种了3亩地。自己能种稻子了,就不用花钱买了,然后第二年种的人就多了。那时候都是自己育苗,清明的时候开始下种子,然后用塑料膜扣上,四五天就出苗了,出苗后的30至35天开始移栽。那时候好天(无雨天气)干

旱田的活儿,雨天干水田的活儿。(WRD 20171105)

为了让老百姓吃上大米,上面要求种植水稻。第一年我们家没有种,那时候怕种不出来。秋天的时候,地里真的出来稻子了。收了稻子的人就去加工厂加工稻子,真的就出来白花花的大米了。大家都知道只要种就能吃上大米,于是在水稻种植推广的第二年,我们家种了4亩地。然后种了10来年的稻子。那时候我能吃苦,水冰凉冰凉的,我就在水里站一天伺候水稻。时间长了就落下了风湿腿的毛病,可严重了。那时候自己不种的话就没有大米吃,自己又舍不得花钱买稻子吃,就得天天吃苞米碴子。种稻子收得多点儿就卖点儿,屯子里就有人买。种稻子的人多了,稻子就便宜了,加完工后的稻子才7毛钱,不过总是比苞米贵点儿。(WSF 20171104)

第一年水稻种植收获后,白村人看到了能够自己生产大米,于是第二年(1990年)白村约80%的家庭都种植了水稻,每户水稻的种植面积在2到4亩之间,这样的种植比例一直保持到1996年。1990年白村的每一个人都吃上了白米饭,而在这之前,对白村人来说能够吃到一碗白米饭是件特别奢侈的事情。当有的家庭水稻种植满足自己的食用需求还有剩余时就会拿到市场上出售,获得一定的收入。与此同时,市场有足够的大米售卖,于是有的家庭便不再种植水稻,而是到市场购买大米食用。对于村民来说种植水稻是一种非常麻烦的生产活动。因为在北方,即使是在盛夏,稻田里的水依然寒冷刺骨,很多人因此患上风湿病。也正是在这时,白村一带的农牧民开始食用狗肉。狗是蒙古族最忠实的伙伴,蒙古族历来不食狗肉,但自从种植水稻后,白村人开始逐渐食用狗肉。最初在白村一带种植水稻的人是从吉林省来的朝鲜族人,他们在河水丰足的村镇承包耕地栽植水稻,并在夏季吃狗肉以祛寒气。农牧民吃到白米饭的同时,也尝到了稻田水的寒凉,因此为祛寒,蒙古族人开始效仿朝鲜族人食用狗肉。

狗是蒙古族人的好伙伴,不能吃。但是朝鲜族人吃狗肉,汉族人也吃狗肉。就是经常下水的人吃狗肉,朝鲜族种水稻,在入伏的那一天,他们必须吃狗的下水汤。北方的水凉啊,吃狗肉是祛寒的。于是村里人就开始吃狗肉了,狗肉最好做凉菜吃,纤维粗。(WRD 20171105)

自1996年开始,白村的水稻总种植面积和种植户数逐年减少,至2004年白村已经没有人再种植水稻。不种植水稻主要有以下四种原因:一是水稻产量低。从表5-3可以看出水稻平均亩产量保持在400公斤左右,但是种植水稻的耕地却是白村最好的耕地,如果种植玉米的话,在当时亩产能够达到850公斤左右。而当时每斤水稻的价格只比玉米高出0.2元左右,因此对村民来说栽种水稻并不划算。二是水量不足。水稻需要充足的水量,但是白村的年降水量在300毫米~350毫米,雨水根本满足不了水稻种植的需水量。因此,白村种植水稻需要大量调取地下水,而地下水位不断下降,经常供不上水。缺水的稻田经过太阳暴晒后经常出现龟裂,由于水供应不足,反过来又会影响水稻的产量。三是种植水稻费用较高。栽种水稻主要是通过抽取地下水来浇灌稻田,而且用水量巨大。由于当时电压过低,白村的水稻田是用柴油机发电带动水泵抽水,因此需要购买柴油,每年每亩水稻的柴油发电费用高达220元。这部分费用对于白村人来说是一笔不小的支出。四是20世纪90年代末,市场中流通的水稻和大米增多,农牧民可根据需要在市场上购买水稻或大米。种植水稻与购买水稻或大米的成本逐渐持平,甚至自己种植水稻的成本逐渐高于购买水稻和大米的成本。

水稻田是咱们嘎查最好的地了,肥力高,都是黑塘土,那块地原本有点儿涝。种水稻亩产最高也就800来斤,但是种苞米的话能产1800斤。现在种子改良得更好了,能产2000多斤。种水稻产量上不来,水也供不上,费用太高,不划算。那时候卖稻子的也多了,自己可

以买稻子,然后去加工,也可以直接买大米。买稻子加工的价格要合算些,所以也就没人栽种水稻了。(BH 20170728)

2001年科左后旗提出因地制宜调整种植业结构,"稳玉米、增稻麦、扩经作"。通过表5-4可以看出,2001年科左后旗的玉米种植面积达到了农作物种植总面积的将近50%,玉米的种植面积比其他农作物种植面显要多。通过表5-4和表5-5可以看出,自1989年开始,水稻的种植面积有所增加,小麦、高粱、靡子、荞麦等作物的种植面积逐渐减少,而玉米的种植面积在不断增加,经济作物的种植面积一直比较小。还可以发现,玉米的亩产量逐年增长,水稻的亩产量比较稳定,而小麦、靡子、高粱、荞麦、大豆和花生、葵花等经济作物的亩产量波动比较大。这主要是因为水稻和玉米被种植在土质和水利条件较好的耕地上,而小麦、高粱和其他经济作物则被种植在土质和水利条件较差的耕地上,受自然因素的影响大,因此产量很不稳定。2001年地方政府虽然提出调整种植业结构,但实际上作物的种植结构并没有发生实质性的改变,玉米依然是种植作物中的"霸主"。

表5-5 1989—2005年科左后旗主要经济作物生产情况表

年份	花生			葵花籽			蓖麻		
	面积(千公顷)	亩产(公斤)	总产(吨)	面积(千公顷)	亩产(公斤)	总产(吨)	面积(千公顷)	亩产(公斤)	总产(吨)
1989	0.07	40	44	0.13	56	112	18.08	33	8827
1990	0.02	123	37	0.08	34.90	419	16.62	53	13245
1991	0.04	75	45	0.16	33	78	15.34	28	6510
1992	0.09	215	280	0.32	33	159	6.98	31	3288
1993	0.06	241	217	0.20	126	377	7.66	35	2971
1994	0.04	98	59	0.07	6	6	7.41	12	1285
1995	0.09	28	25	0.06	72	65	4.70	41	2874
1996	0.09	90	121	0.09	70	95	3.35	41	2060
1997	0.11	124	205	0.24	26	93	3.55	23	1239
1998	0.16	79	190	0.07	77	78	1.88	37	1048
1999	3.17	80	3806	1.52	80	1827	73.69	38	4200
2000	2.05	176.60	5417	1.33	79	430	11.93	58.6	10488

年份	花生			葵花籽			蓖麻		
	面积（千公顷）	亩产（公斤）	总产（吨）	面积（千公顷）	亩产（公斤）	总产（吨）	面积（千公顷）	亩产（公斤）	总产（吨）
2001	5.47	49.73	4081	0.23	78.6	276	3.26	52.13	2547
2002	7.30	90.27	9886	0.31	100.73	477	0.88	23.30	309
2003	7.22	159.06	17225	0.29	100.80	446	0.55	58.93	490
2004	6.72	156.93	15818	0.21	98.40	310	0.20	150	446
2005	7.11	104.73	9611	0.38	152.80	880	0.44	51.27	336

单干后,随着化肥的使用、机械化生产、耕地改良以及玉米品种的改良,白村的玉米种植面积逐年增加,其他农作物的种植面积不断减少,虽然政府积极推动种植业结构的调整,但是农牧民并不买账。通过表5-6可以看出,白村玉米的种植面积不断增加,而且增加的幅度非常大,而其他作物的种植面积均在减少,有些作物甚至不再种植。村民种植小麦、水稻、靡子、荞麦等作物主要是为满足家庭消费,因此种植面积很小。村民种植高粱除满足家庭消费外还会出售,但是到1996年,白村人已经不再种植高粱,因为高粱的产量低,而且不便收割。

高粱在秋分之前就得割,要不一刮风,两个头(高粱穗)就缠在一起了,所以必须在秋分之前割完。咱们这儿过了秋分就开始刮风了。高粱长得高,而且都是一个脑袋(高粱穗)一个脑袋的,风一刮,要么缠在一起,要么就掉了,不好收割。你看苞米就不一样了,现在都10月份了,不收回来也没事儿,苞米有皮包着呢,不怕掉粒,也好扒。(GRL 20171019)

靡子、荞麦也有人种,但是种得少。即便是种,也都是种在不好的地里,就是随便开一块儿地种。好地种靡子、荞麦都瞎①了,它们就是种在好地里,产量也不高,和种在破地一样。(BH 20171019)

---

① 瞎,在这里是方言,即糟蹋、损失。

1996年以后,吃的都能在集市上买到了,很方便。有些粮食自己种就不划算了,还是种苞米划算。(WRD 20171105)

过去种各种杂粮,不像现在只种玉米。我是农业能手,因为我从小在农村长大,跟爸爸学会了种地种菜,我知道种什么庄稼每亩地的下种量。玉米5斤/亩,高粱3斤/亩,黄豆10斤/亩,豇豆5斤/亩,绿豆3斤/亩,糜子3斤/亩,荞麦5斤/亩,白菜2斤/亩,萝卜3斤/亩,芥菜2斤/亩。同时,我还掌握了每种农作物的播种时间。(JW 20170529日记①)

表5-6　1982、1996、2005年白村不同农作物种植面积所占百分比(%)

年份	玉米	小麦	水稻	豆类	高粱	糜子	荞麦	经济作物	其他农作物	总计
1982	57.65	7.00	0.00	3.20	11.30	7.90	5.60	1.45	5.90	100.00
1996	87.35	0.05	10.35	1.15	0.00	0.00	0.00	0.69	0.59	100.00
2005	96.70	0.00	0.90	1.80	0.00	0.00	0.00	0.00	0.60	100.00

白村人种植的经济作物主要有葵花籽、蓖麻籽等,这类经济作物是村民食用油的主要来源。但是由于产量低,村民仅在房前屋后的空地上种植以满足家庭消费。玉米的产量高,具有抗风、抗灾能力强等特点,这使其成为当地所有农作物中经济效益最好的农作物,因此深得农牧民的偏爱。农牧民用玉米来缴纳国家征购粮、各种税款、乡村提留和承包费等。同时,农牧民用出售玉米所获得的现金收入,购买必需的消费品和支付必要的家庭开支。玉米种植面积的扩大还与国际玉米行情有关。20世纪90年代,在全世界范围内,玉米年总产量为55171万吨,1996和1997年度世界玉米总产量达到5.9亿吨,1998年以后,玉米的种植面积与产量超过水稻和小麦,成为世界第一大作物,总产量徘徊在6亿吨左右。2000—

---

① 文中引用村民日记的格式:字母为村民名字的字母缩写,数字为村民写日记的时间,"日记"标柱出引用资料的文本形式。

2005年世界年玉米总产量平均达到63626万吨。20世纪90年代世界玉米年消费量为51758万吨,且玉米消费量在不断增加。世界玉米的库存量自2000年后直线下降,全球玉米需求量超过玉米产量,供求情况严峻。①尤其是在中国加入世贸组织后,国内玉米的供求和价格与国际市场密不可分,农牧民面对的市场风险与国际市场息息相关。国际市场中玉米供不应求,对于白村人来说,种植玉米是最合适的选择。玉米也因此成为白村人最主要的收入来源。

第三节　作为副业的牛业

一、养牛之路维艰

牧业是蒙古族传统的生计方式。但随着农业化的增强,在很多半农半牧地区,农业成为最主要的生计方式,牧业只是作为农业的补充而存在。半农半牧区牧业的存在可以看作是对蒙古族传统生计方式的继承,也是受蒙古族传统惯习影响的结果。

牧业存在和发展的一个先决条件是草牧场,牧业发展的规模和质量与草牧场的面积和质量息息相关。②单干后,白村人不断开垦土地,耕地面积迅速增加。因为其中部分土地是草牧场,所以草牧场的面积在直接被开垦成耕地的过程中不断减少。而土地开垦为耕地也大大地加速了草牧场的沙化,这使得白村出现了农进牧退、沙进牧退的情况。在20世纪八九十年代,白村的沙地与草牧场(耕地)的边界线每年向草牧场(耕地)方向推进七八米,草牧场的质量也逐年下降。21世纪以前,白村的草牧场非常丰茂,草牧场中的低洼地常年积水,形成小水塘,白村一带将其称

①　路立平等:《建设东北黄金玉米带的思考》,《玉米科技》2008年第3期。

②　郝亚明、包智明:《体制政策与蒙古族乡村社会变迁》,中央民族大学出版社,2010年,第153页。

为"水泡子"。正如白村村民JW所写的一首诗《春》：

> 冰雪融化蒿草青，山花烂漫鸟儿鸣。
> 杨柳吐叶山坡绿，万物更新又一春。

JW通过这首诗描绘了20世纪80年代白村的生态环境。当时降雨和降雪都比较及时，春天草牧场阴郁茂盛，植物种类繁多，且有各种鸟类。夏天正如JW写的《夏》中描写"七月风吹绿草浪"。那时的草牧场不仅是牛羊觅食的天堂，还为农牧民提供很多野味，尤其是野兔。

> 集体时，每年秋收的时候都要放两天假，这两天放假是让社员去打猎。自己愿意去就去，不去也没事儿，去打猎的话打着了就是自己的。那时候基本每个家庭都有枪，供销社就卖枪。90年代中期枪就被没收了，霰弹猎枪的子弹小，但是需要装火药。我觉得没收枪是因为单干了，单干后打架的就多了，动刀动枪的人很多。集体的时候很少有人打架，但是单干后，为了争地打架，矛盾很多。离我们不远的一个牧场就是因为争地动了枪，矛盾都是分地的时候没有分明白，80年代有人就中枪受伤了。单干后也打猎，那时候一个好猎手，一天能打好几只兔子和野鸡。每家每户都有狗，每年冬天下雪的时候我都领着狗出去。狗追兔子，雪厚的话，兔子的腿不长，一跑就陷进雪里了，狗就能抓住。打猎最好的狗是细狗，细狗就是身条特别细，腿长，嘴也大，跑得特别快。但这种狗毛短怕冷，冬天太冷的话，容易被冻死。（BH 20171103）

> 七八十年代的时候，我打猎，用夹子打。打野鸡、野兔吃，两头乌和黄鼠狼要皮，一张两头乌皮25元，黄鼠狼的皮一张120块。那时候山上的草多，树多，动物就多，现在都没有了，上面也不让打了。（ZF 20171105）

同时,由于当时雨水丰沛,降水时雨水在坑洼处汇集从而形成大面积积水,农牧民将积水处称为"水泡子"。夏季水泡子遍布草牧场。这些水泡子是牲畜最重要的饮水源,解决了野外放牧的饮水问题。水泡子在满足牲畜饮水问题时,也为白村人提供了可以食用的水产品。

> 那时候雨水好、草好。坨子里有水泡子,水泡子里都有鱼,牛渴了就喝泡子里的水。冬天的时候,牛就睡在坨子坑里,坑里有草,暖和。(DL 20170821)

> 以前的水泡子水多,尤其是夏天。夏天雨水多,水泡子的水满满的。牛羊渴了,需要饮水的时候自己就喝了,不用人管。那时候,水泡子的水干净,很清澈,而且里面有鱼。我去水泡子抓鱼,抓回来后炖着吃,或者做鱼酱。当时不像现在可以随时买到鱼,想吃都得自己抓。但是后来水泡子就干了,只有在夏天连续下几天雨后,水泡子才会有水,但是很快也就干了。牛羊喝不着水了,就只能打井。(LF 20180106)

20世纪80年代中期开始,白村草牧场中的水泡子逐渐干涸。80年代末白村最大的水泡子干涸。为解决牲畜饮水问题,放牧员不得不在窝铺①处打井,用柴油机发电抽取地下水。抽取地下水饮牲畜不仅增加了放养牲畜的成本,也缩小了放牧范围。

草牧场面积的缩小限制了牲畜数量的发展。同时,新中国成立以来,农业一直是白村人的主要生计方式。因此,白村人并没有对牧业给予足够的重视,牧业经营十分粗放,放牧方式采取"大撒手"。单干后放牧员开始一年四季全年跟群放牧,只有春节期间放假。放牧羊群的放牧员春节

---

① 方言,"窝铺"即放牧人在放牧处搭建的简易住所。

假期是10天，放牧牛群的放牧员春节放假休息7天。大群放牧羊是每年自6月1日至10月1日左右，羊群一天24小时在草场，夜间不返回村里。10月份以后至来年的5月31日，羊群每天早上6点从村子里赶出，晚上5点左右回村子。牛群则在每年的6月初进行分群放牧，一个是乳牛群（包括刚生下的牛崽）；另一个是其他未生产的乳牛和4岁以下的公牛，直到9月末合并成一个群在野外放牧。乳牛群早晨6点赶至野外放牧，晚上5点20分左右回到村里，给添加少量的秸秆，并给牛饮足量的水。农牧民会用围栏将乳牛与崽牛隔离开来，以防止崽牛吃奶，第二天早晨在放牧之前挤一次牛奶，以供全家食用，或制作奶制品。

那时候有牛的家庭，早晨都会起来挤奶子（牛奶）。前天晚上必须将牛犊儿和乳牛分开，不然牛犊儿晚上就把奶子都吃了，早晨就挤不出来奶子了。人就没有奶子吃了，那时候都挤奶。有时候草长得好，牛吃得就好，奶子就多，挤出来都会送给没有奶子吃的左邻右舍。（BH 20170927）

牧业的粗放式经营使牲畜易受白灾等自然因素和盗窃等人为因素的影响，从而导致牧业发展缓慢。1983年大雪，五队和六队有600多头牛，冻死的有百八十个（头）。那时候大撒手，牛冬天都在坨子里，下雪的时候坨子里冷啊，能不冻死吗？（SP 20171209）

那时候的牛棚就是栅栏围圈成的，主要是将母牛和牛犊儿分开。80年代末的时候只有几家建砖石结构的牛棚，那时候都不太重视建牛棚啥的。（BH 20191123）

90年代的时候，偷牲口的（人）特别多，咱们这儿没少丢了牲口，咱们嘎查一年咋也得丢个十来头。1998年的时候，我的牛在山上交给我表哥放。我表哥把牛拢在一起，人就走了。当时都是这样放牧，放牛的人不是全天都跟着牛群。我的4头牛被偷走了，我们骑马找了很久，没找到，也报案了，但是也没有信儿。坨子上有车轮痕迹，牛是被人家开车给拉走的。那时候我的那4头牛值六七千块钱，现在一头牛至少都值六七千块。(GRL 20171118)

可以看出这一时期，牲畜主要是以自然草料喂养为主，而玉米秸秆主要是给役畜吃。为了推动畜牧业发展，从20世纪90年代初开始，地方政府一直推动青贮饲料种植，但是农牧民舍不得在耕地上种植不长玉米棒子的青贮玉米。2001年，地方政府推广饲用率较高的红玉米，但是农牧民仍旧觉得产量太低，种在耕地上不划算，白村人虽有种植，但是只有一两户种植，种植面积也仅限于2亩以内。第二年(2002年)没有一户再种植红玉米。直到2010年白村才开始有人在产量低的耕地上种植青贮饲料。

表5-7　1982、1996、2005年白村大小畜数量表

年份	大畜(头/匹)			小畜(只)		总计
	牛	马	驴骡	绵羊	山羊	
1982	327	61	70	395		853
1996	576	237	34	590	351	1788
2005	618	85	7	679	848	2237

牧业发展的周期性较长，在当时一头母牛从出生到能够生产至少需要2年的时间，而公牛作为肉牛出售至少也需要2年的时间育肥。白村的牧业经营方式虽然粗放，但是自1982年到2005年的20多年里，还是有了一定的发展，并为村民提供了重要的生活保障。白村人平时并不以出售牲畜作为主要的收入来源，尤其是不会轻易出售牛，只有在家庭遭遇到重大事件或突发事件需要大额现金时才会出售牲畜。即使出于无奈不得不出售牛，农牧民也会尽量留一头母牛用于繁殖。对于农牧民来说将全部牲畜出售是一件非常痛心的事情。牧业所具有的可迅速提供大额现金收入的优势是农业所不具备的，而且牧业的粗放式经营使得农牧民的投入很低。在农牧民的眼里，牧业的投入就是购买具备繁殖能力的牲畜时所

需要的现金和购买后养殖需要的代放费,饲养过程中基本不再需要其他投入。即便如此,还是有很多村民很难一下筹措到这笔购买牲畜的资金。

90年代的时候,我有十二三头牛,四岁的犍牛有四个。老大念书的时候,我卖了四头牛。那时候牛贱,一头不到1000块。2001年到2003年我的三个小子连着结婚,我卖得只剩下一头小牛牤子和三头大牛,当时还欠了两万多。2003年卖了苞米还了一部分债后,还有一万五的外债。2004年我借钱的那家的人生病了,得了癌症,我得还钱啊。那头小牛牤子卖了1350块,三头大牛中有一头带犊的,一共卖了7500。你大娘看着牛被拉走就哭了,我说哭啥,等有钱了咱们再养。我有牛,大小子念书、三小子和二小子结婚都不缺钱,就是大小子结婚的时候欠了钱,但是三年内我都还了。(BH 20171030)

1999年的时候我老伴儿生病了,在呼市住院需要钱。我一下卖了12头牛,一共卖了12000元。那时候真是没有办法啊,没有钱,就只能把牛卖了。卖了牛才能有钱给我老伴儿治病。卖了12头牛后,我还有可以带犊的乳牛,就这样繁殖着,现在我有8头牛。(GRL 20171019)

我姑娘结婚的时候,我们家穷啊。我卖了几只羊,买了电视、衣服和行李当嫁妆,差不多七八千块。(XBT 20171011)

对于白村的农牧民来说,牧业在结婚、教育、疾病等事件过程中有着重要的保障作用。因此对于农牧民来说,只要具备了购买基础母畜的经济能力,他们就会购进母畜进行繁殖。随着农业机械化,白村的役畜逐渐减少,特别是随着拖拉机和三轮车使用的增加,作为拉车的牛和马逐渐减少。

二、牛流动生财

随着改革的进行,政府这只"看得见的手"逐渐放开,并且通过市场这只"看不见的手"来调节流通领域和分配领域。1979年10月,自治区革命委员会决定,开放牧区牲畜市场。次年10月,自治区人民政府决定,马匹一律自由购销。1984年8月,取消对牛、羊收购的派购政策,实行按三类商品管理。1985年开始,羊毛实行工牧直交试点。1986年开始,对牛、羊的收购列入指导性计划。1988年8月,进一步扩大牛、羊市场,牛、羊和牛肉、羊肉的价格一律实行市场调节。①农村畜产品的流通形成了以国营、股份制和私营农牧产品加工与供销企业为主,个体商贩为辅,产供销一条龙的畜产品供销体系。在这一链条中,参与主体有大公司、中小企业,也有数量庞大的个体户,包括畜产品经销商、牲畜和畜产品贩运者、经纪人和信息传输者等;在销售环节,既有大宗产品的批发商,也有遍布城乡走村串巷的零售商贩。②牲畜是白村人生产生活中重要的一部分,白村人也因此不同程度地参与到这个体系中来。其中最普遍的参与方式是养殖牲畜,销售畜产品。其次是作为经纪人,即倒卖畜产品赚取差价,这样的人在当地被称为"老客"。第一种参与方式对于白村人来说是一件稀松平常的事情,但是第二种方式对于白村人来说却是新鲜事儿。

我从小就放羊,那时候上学放假后我就放羊。我18岁(1990年)那年就开始专门放羊了。当时我放了200来只羊,其中有100只是自己家的,剩下的是别人的,帮别人代放一只羊5块钱。放羊时,冬天没事儿我就倒腾羊皮。羊下崽的时候,很少有人细心地去照看,所以经常死羊羔。皮子1张1块钱。我就寻思这皮子往哪儿卖呢,然后我就问,最后知道往哪儿卖了。大概是1994年,我用我们家的1匹马和

① 内蒙古自治区畜牧业厅修志编史委员会编纂:《内蒙古畜牧业大事记》,内蒙古人民出版社,1997年,第67页。

② 达林太、郑易生:《牧区与市场:牧民经济学》,社会科学文献出版社,2010年,第110页。

2只羊换了1辆摩托车，然后我就骑着摩托车到处收皮子，离咱们屯子100里范围内都跑了。在市场碰见倒牛的（人），他们就会告诉我谁家有皮子。然后我就发现倒牛的（人）天天下饭店喝酒，我就问他们咋天天能赚钱呢。他们一天能挣几百块、几千块，我倒腾一天皮子最多的时候就挣100块钱。他们天天下饭店喝酒，然后就骑马去收牛。我就问他们挣钱吗，他们说挣钱。然后我就改行了，开始倒牛。倒牛的第一天我就带了30块钱，骑马去的我老家东图村。我到的时候，正好有一个牛贩子在收牛，我就偷偷跑过去和卖牛的说："我多给你20块钱，你把牛卖给我吧。"当时那个牛贩子要230收，我悄悄地对卖牛的人说我250收。我和村子里的人基本上都是亲戚，而且我过去经常在那儿收皮子，他们都不怕赊给我，我说我过几天把牛卖了就还钱。就这样我买了3头牛，骑马撵回来。在回来的道上又收了1头牛，一共4头牛。我在里市场把牛卖了，挣了560块。1998年我爸放羊，我就开始倒牛了。倒牛挣钱，我就擅长倒牛。牛就是倒来倒去才挣钱。（BYL 20160815）

1994年的时候我和我哥在坨子里收奶子。那时候我家有四轮车，我们哥俩开着四轮车收奶子。那时候大的自然屯子都有一个奶站，我们这地方也有一个奶站，奶站的站长是我哥的叔丈人（岳父的兄弟）。我和我哥想抓（增加）收入就开始收奶子。从坨子收了奶子后送到奶站，奶站用大锅蒸好，然后用奶罐车拉到甘旗卡乳品厂。乳品厂是国营的，后来黄了（倒闭）。1998年乳品厂黄了，奶站也就黄了，就没有人收奶了。当时我们吃不起奶子，就是个人家养牛，自己想吃就自己挤点儿。奶站黄了后我们就去通辽市区去卖。卖了一年就不卖了。那时候收奶子都是夏天收，那时候牛吃的都是青草，奶子好。从1996年开始，不收奶子后我就开始倒牛。当时倒牛的老客很多，咱们屯子大概有10多个。那个时候信用社还不能提供贷款，倒牛的本钱都是向个人抬（借）的高利贷，利息都是二分、三分。倒牛的老客有钱,但是很多人都把钱输光了,而且还增添了饥荒。当时赌博特别严重,特别是在2000年左右,赌博特别厉害。人在赌博的时候已经不知道自己兜里揣的钱是自己的还是借的了。老客下乡收牛,都要在收牛的村子住好几天。当时没有机动车,都是骑马。骑马到了村子,人们就说"老客来了",那时候的老客都是有钱人,然后就拉着你玩儿,忽悠你玩儿,很多人禁不住诱惑开始玩儿。其实那时候自己兜里的钱不是自己的钱,都是借的钱,还天天涨利息。但是玩儿起来就不理会了,发烧地玩,然后都输没了,钱没挣到,还搭进去了。我不玩儿,我知道这钱不是我自己的,是我借的,那时候我们家的条件也一般。(BTE 20171211)

通过访谈可以了解到,牲畜市场开放后,农村的牲畜经纪人通过倒卖牲畜获得了较高的经济收入。在2000年左右,赌博在农村非常流行,老客则是赌场的"常客"。有趣的是老客下乡收牛的时候一般会带有较多现金,但是这些现金并不是老客自己的储蓄,而是他们借的高利贷。白村的EED就是在90年代末通过倒牛富裕起来了,但因赌博导致其在2003年负债15余万。赌博的流行一方面使得老客无法实现资本积累,扩大收购牲畜的规模,另一方面使得当地很多普通家庭负债累累,陷入贫困,没有资金投入到牧业生产中。

白村的老客不仅包括牛贩子、羊贩子,还有倒卖废品的。对于刚刚从集体中走出来的白村人来说,做买卖是一件非常不光彩的事情。随着买卖能够带来明显的经济利益,以及人们越来越依赖市场,这种对做买卖的偏见才逐渐淡化。但是在买卖过程中,农牧民更愿意与蒙古族人进行交易,愿意把牲畜卖给蒙古族人,而做买卖的蒙古族人也更乐意到蒙古族村落收购牲畜和其他农牧产品。同时,由于老客常年在外做买卖,与人接触的较多,因此老客的汉语水平普遍高于其他村民。

第四节　基层治理之困

农村经济体制改革后,"交足国家的,留足集体的,剩下全是自己的"明确了国家、集体和农民之间在生产和分配方面的权、责、利关系,给予农民生产和处置产品的自由,极大地调动了农牧民的生产积极性。农牧民充满干劲儿,积极改善生活,希望自己的腰包鼓起来。然而这种希望在一轮土地承包后的短短几年内就破灭了。从20世纪80年代末开始,农牧民发现在"交足国家的"和"留足集体的"之后,"剩下的"属于自己的那部分越来越少了。20世纪90年代中后期,农牧民的税费负担达到了极点。造成农牧民税费负担重这一局面的重要原因在于长期以来国家分配政策的偏向性(重城市与工业,轻农村与农业)。同时,地方政府和基层组织在执行国家政策时增加征税和收费范围,或超标准征收等越权行为也难辞其咎。[1]农村改革后,税费征收的方式也发生了变化,1981年依据落实承包责任制形式,以生产队为基本核算单位的纳税户改为以一家一户为基本核算单位进行缴纳。从表5-8可以看出农业税的征收税率在20世纪八九十年代间比较平稳,农业税取消(2005年取消农业税)的前几年农业税税率开始提高。同时,地方附加税不断提高反映了地方政府征税的增加。

表5-8　1980—2004年部分年度农业税征收表[2]

年份	计税土地（万亩）	计税产量（万公斤）	税率(%)			实征税额（万元）	地方附加（万元）
			征税税率	附加税率	平均税率		
1980	—	—	—	—	—	78.55	—
1984	48.70	3555.02	—	—	14.05	62.10	86.14

---

① 郝亚明、包智明:《体制政策与蒙古族乡村社会变迁》,中央民族大学出版社,2010年,第267页。

② 数据是根据巴根那《科尔沁左翼后旗志》和科尔沁左翼后旗志编纂委员会编《科尔沁左翼后旗志1989—2007》进行的整理。

年份	计税土地（万亩）	计税产量（万公斤）	税率（%）			实征税额（万元）	地方附加（万元）
			征税税率	附加税率	平均税率		
1986	48.70	3555.02	—	—	14.05	40.40	46.56
1988	48.70	3555.02	—	—	14.05	135.00	12.59
1994	127	9.642	12.60	5	8.8	607	32
1995	125	9.136	12.69	11	11.845	720	74
1996	155	10.663	12.86	11	11.93	1497	164
1997	160	11.417	11.68	11	11.325	1797	198
1998	185	14.239	11.68	11	11.325	1925	185
1999	252	17.286	11.68	12	11.84	2295	133
2000	309	20.817	11.68	9	10.34	1944	176
2001	325	22.135	11.68	37	24.34	1773	663
2002	178	36.935	6.5	13	9.75	2755	368
2003	178	36.935	6.5	29	17.75	2924	848
2004	273	56.648	6.5	29	17.75	1914	411

　　1980年，内蒙古自治区全区暂时停征牧业税，保留税种。1983年恢复征税，同年2月21日，实行按牲畜头数定额征税办法（1头大畜1.5元，1只绵羊0.25元，1只山羊0.15元），一定三年不变，增产不增额。同时，对社员自留畜（每户计留的乘骑1匹马或1峰骆驼以及2头奶牛、15只羊）实行免征额的征税办法。1989年9月28日，牧业税制改革，在地区差别定额比例税制的基础上，适当提高了定额标准，扩大了征收范围。税额全区统一规定为：大畜每头每年，马5元，牛5元，骆驼2元；小畜每只每年，山羊1.5元，绵羊1元。[①]1996年1月1日起牧业税征收以纳税人实有应税牲畜头数计税。牛每头每年征收15元，马每匹每年征收10元，骆驼每峰每年征收2元，绵羊每只每年征收3元，山羊每只每年征收3.5元。从2001年起内蒙古自治区全区暂缓征收牧业税，2005年全部取消。通过表5-9可以看出，自1996年开始，牧业税实征税额的增加量远远高于牲畜的增加量。

---

　　① 内蒙古自治区畜牧业厅修志编史委员会编纂：《内蒙古畜牧业大事记》，内蒙古人民出版社，1997年，第64页。

表5-9　1972—2004年科左后旗地方税务局征收牧业税税率统计表①

年份	实有牲畜 （万头/只）	免税牲畜 （万头/只）	计税牲畜 （万头/只）	计征税额 （万元）	减免税额 （万元）	实征税额 （万元）
1972	31.13	9.31	21.81	56.71	—	56.71
1982	46.15	27.78	18.38	21.88	—	21.88
1984	46.15	27.78	18.38	21.88	0.028	21.85
1985	61.64	43.25	18.38	21.88	2.16	19.71
1986	37.00	18.63	18.38	21.88	2.26	19.62
1987	35.87	20.75	15.11	20.21	1.73	18.29
1988	38.80	23.69	15.11	20.21	—	20.21
1994	52	20	32	93	0	93
1995	62	27	35	97	0	97
1996	68	26	42	232	0	232
1997	61	28	33	277	0	277
1998	57	26	31	271	0	271
1999	45	21	24	249	0	249
2000	45	21	24	249	0	249
2001	49	24	25	243	243	0
2002	53	24	29	237	237	0
2003	58	24	34	272	272	0
2004	82	32	50	320	320	0

　　政府部门所做的统计是按照官方征税标准进行的统计，而现实中的税费征收额要远高于政府统计。在白村，自1995年开始税费负担加重。1994年，白村一带遭遇暴雨，当年白村的农作物颗粒无收，房屋倒塌严重，牲畜也受到了不同程度的损伤。国家给白村提供返销粮以应对灾害。由于1994年颗粒无收，1995年春季，农牧民没有再生产的资金，农牧民个人无法在市场上购买到种子、化肥等生产资料。因此为了保证农业生产的正常进行，白村以嘎查的名义统一到种子公司、化肥销售处等生产资料销售单位进行赊欠，或者以嘎查的名义在信用社贷款，或是以集体的名义向个人抬款，等到秋收后由嘎查从各家各户收取费用后统一还至赊欠单

① 科尔沁左翼后旗志编纂委员会：《科尔沁左翼后旗志 1989—2007》，内蒙古文化出版社，2008年，第343页。

位或个人,白村人将其称为"统一"。嘎查统一的形式在当时的确解决了白村村民再生产时缺少资金的问题,但是这一用于解燃眉之急的方法在第二年并没有取消,而是继续实行,直到2000年才取消。

"统一"涉及的范围很广:①统一购买化肥、种子、农药等生产资料;②统一缴纳农业税、牧业税等各项税费;③灌溉的电费、耙地费等生产过程中需要的投入。"统一"产生了赊欠行为,而在当时赊欠都需要支付利息,利息是0.015到0.02分钱。很多农牧民在秋收后难以及时还上欠款,或者无法及时缴纳农业税、牧业税等各项税费,就欠着嘎查的,但是嘎查必须向信用社或者销售单位或个人还款,因此嘎查会继续借款,或者继续赊欠。农牧民欠嘎查的款项越来越多,嘎查欠的外债也越来越多,而且所有的欠款都是"利滚利",至2005年农业税取消时,白村集体的外债高达100余万元。同时,20世纪90年代中期开始,各项费用都提高了很多,收取费用的名目也增多了,税费负担重严重地制约了农牧民的生产积极性。

> 90年代的时候,西村外债有30多万,我们的嘎查书记就笑话人家,说人家丢人。我就说咱们嘎查这样下去的话,比别人家欠的还会多。结果我们嘎查欠了100多万,西村才70多万。那时候什么都"统一","统一"后啥都贵,比如自己买种子的话可能一亩地就花20块钱,但是嘎查去买一亩地就30块了。那时候雇车,雇车是给加油的,开车的司机晚上来嘎查加满油,回去后把油箱里的油倒出来,第二天早晨来了再加油,这加油的钱都是老百姓出啊。那时候各种税费都是嘎查跟各家各户收,收完后交给苏木财政所。但是有的家庭交不上,集体就给垫付上,集体垫付的钱又是嘎查在外面借的,都是有利息的。还有就是吃喝浪费的钱,那时候苏木的人三天两头来村里,来了就得招待,咋也得杀一只羊。单干后,农业税不能交苞米了,交钱了,按亩数交,一亩地十二三块钱,如果算上三提五统啥的,一亩地得30多。那时候还有屠宰税,即使过年不宰猪,也要交3块钱的屠宰费。不管家里养不养山羊或者绵羊,都要交登山费,都是20块钱。

那时候还有黑土地费，一亩地三块钱。（BH 20170728）

90年代中期开始税费重了，那时候乱收费。还有从90年代末开始，种子、化肥啥的假的就多了，可把老百姓坑毁了。那时候收费多，收三提五统、农业税啥的，一口人一年就得千八百的交税，种那点儿粮食根本不够用。大伙儿都给不了现钱，秋收后也给不上。到了过年的时候还交不上，集体就把欠钱人家的猪给拉走，连过年的猪肉都给拿走去顶账。老百姓收入不多，但是税要的多，老百姓给不上，就只能去抬款，陈贷都是这么欠下的。（BTE 20171211）

20世纪90年代刚开始国家有政策，老百姓的房子、口粮地、牛、马等牲畜，车、犁杖等生产资料都不能动，但是到了地方就抢。我们都跟着干过，为了生存我们得听啊。我们都得到各家各户去，到了欠钱的家庭，缝纫机、电视拿走，牛、猪抓走，然后低价卖了。羊啊、猪啊就直接杀了吃。（GRL 20171019）

1996年我姐姐和妹子都考上大学了。7月考上的，嘎查当年冬天就把她们的地给收回了，老黑了。那会儿一人4亩地，把地给收走了，拿啥供她们读书啊，为了供她俩读书，我和我弟弟就都辍学了。（BYL 20160815）

1991年的时候，我主张嘎查集体养一群羊。当时上面也有这样一个指标。然后花了5000块钱买了80只羊。为啥养这80只羊呢，就是为了方便招待，因为那个时候下乡干部的伙食都是我们安排，其实村干部一只都没有贪污，都是用来招待了。（TD 20161212）

可见，当时税费之重，基层管理之黑暗。农牧民农业收入的50%都用于缴纳各种税费，而且出现了收抢农牧民生产生活资料的极端情况，将农牧民用于再生产的土地、基础母畜收走,这极大地打击了农牧民的生产积极性,阻碍了农村社会的发展。在农牧民的眼里,税费负担沉重的原因只有一小部分是由于国家收取的农牧业税和集体的提留,更多地在于当地各级政府各种名目的收费和基层政府以及嘎查集体的吃喝浪费。税费收取给农村家庭带来了沉重的经济负担,阻碍了农牧业的发展,也造成了农村干群关系紧张。

> 收费的时候经常吵架。收这个税,收那个税,税太多了。那时候抓牛,老百姓肯定不让啊,就干架。(TD 20171210)

> 1985年的时候收税就收不上来了。苏木开会,苏木党委书记就给我们说,实在不行就收地。就这样开始收的地,要不谁敢收。那时候我们嘎查每人口4亩地,一人口收回3亩地,只留1亩保命田。收回来的地,我们承包出去,那个时候承包费按市场价承包。那时候WDL一家5口人,只给他留了5亩保命田。后来他和别人抱怨:"LD(白村当时的嘎查书记)对我们家有功啊,我们家一人只种一亩地,我们家三个孩子都没能念书,现在都在打工,过得都还行,对我们家有功啊!"这不是有意见吗。(TD 20161212)

> 税重的那几年,牛羊比较少。那时候税多,你交不了税,就去你家抓牛、抓猪、抓羊,电视机、自行车、缝纫机、录音机,啥都拿走,然后顶账。那时候每家超过2头牛就要上税,2头以内的牛不收税,超过2头后的3岁以上的牛收税,每头5块,每只绵羊2块,每只山羊5块。种地养牛,一年下来,啥也得不着,到头来还欠了一屁股债,还不如不干呢。干着没劲儿啊,也就是为了能吃上口饭,要不谁还干啊。(WLJ 20171124)

> 那时候谁都欠债,有几家不欠的呢。以前欠债都是丢人的事儿,

欠别人钱多丢人啊,但是税费重了,你交不上,就得欠着。大家都这么欠着,嘎查也有一屁股债,这时候欠钱就不丢人了。然后就养成了"反正没有,欠着就欠着吧,没钱就抬款"的习惯。(BH 20170728)

90年代的时候苏木(办公地点的房屋)的窗户被人用石头砸坏,那时候老百姓都有点儿急眼了。(BTE 20171211)

随着机井灌溉和农业机械的使用,白村附近地区的农业趋向于高投入低产出的农业类型,因此农业投入非常重要。但是在税费重的时期,白村有近一半的家庭无法拿出资金投入生产,只能依赖借贷维持再生产。农户每年春播时向信用社贷款或向个人抬款进行农业生产投入,秋收卖完粮食后缴纳各项税费和偿还贷款,并且形成了"贷款—生产—卖粮—还款(交税)"循环往复的模式。由于信用社贷款的手续比较烦琐,农牧民基本上是向个人抬款,而个人抬款的利息比较高,使得部分农牧民背上沉重的债务。由此而陷入"贷款—生产—卖粮—还款"的死循环中,导致以借贷过活的生活方式逐渐被村民接受和认同,并且不断被强化。村民的还款意愿逐渐变淡,导致私人借贷的官司不断增加。"借贷"维持生产生活也成为白村贫困和难以脱贫的重要原因之一。只有少数家庭在除去生产投入和交完税费后能够有剩余资金,可以维持正常的再生产,但是这样的家庭毕竟是少数,很难扭转整个嘎查经济生活的沉闷与萧条,无法调动生产积极性。

干群关系紧张、社会矛盾激化在这一时期的白村是一个非常普遍的现象。乡镇(苏木)政府一方面作为国家在基层的代理人,按国家要求征收各项税务,维护国家的财政利益;另一方面乡镇(苏木)政府在上通下达的过程中,利用国家赋予的权力成为乡村的"营利型"经纪人,[1]在执行国家政策的过程中置换目标以维护自身小集团的利益,如乱立名目收取税

---

① [美]杜赞奇:《文化、权利与国家:1900—1942年的华北农村》,王福明译,江苏人民出版社,2003年,第25页。

费、扩大收税标准和范围等。这必然导致基层政府与村民关系紧张，而收回欠费者的土地承包权和牲畜更是进一步激化了原本就很紧张的干群关系。而嘎查干部则处于更加尴尬的境地，用他们自己的话说就是受"夹板气"，一方面要承受上级催缴税费的压力；另一方面要承受村民的抗拒和不满，同时还要想方设法及时缴纳各种款项。在农牧民无法及时缴纳税费时，他们不得不以嘎查的名义借贷以缓解嘎查财政压力。而这一时期所积累的债务在税费改革后成为制约村落发展的重要因素。

第五节　小　结

改革开放使中国的政治经济体制格局发生了重大变化，这一系列变化大大地改变了中国的社会环境和中国人的生活方式。随着体制改变，政府、市场、社会逐渐分开，其中市场空间逐渐恢复和扩大，但是市场并不是放任自流的，而是通过政府这只"看得见的手"的计划实现市场自由。市场是一个有计划的自由空间。家庭联产承包责任制实施后，国家不再通过各种规章制度和命令对农村的生产生活活动进行全面干预，农村的生产活动主要是在市场的导向下进行。

农业和牧业一直是白村家庭的主要收入来源。改革开放前，集体经济体制加强了白村村民对农业生产的重视，同时农业生产的稳定性也强化了农牧民对农业收入的依赖。耕地是农业生产的根本保障，而耕地的面积和质量，以及农作物的产量决定了农业产出。家庭联产承包责任制实施后，农民获得了土地的自主经营权。农牧民通过开垦荒地和草场增加耕地面积，通过填沙盖碱、修田耙地、施肥等改良土壤，以提高耕地的产出。农牧民增加玉米的种植面积，蒙古族传统的粮食作物糜子、荞麦等种植面积逐渐减小。与此同时，在市场刚刚开放时，由于农牧民的购买力和市场流通不足，无法满足农牧民的细粮（大米和白面）需求。为满足农牧民的细粮需求，政府大力推广小麦和水稻的种植。但是当市场上的细粮供应充足,农牧民意识到自己生产的成本与在市场上购买的成本相差无几时,便放弃种植小麦和水稻,将耕地种植玉米,玉米则成为耕地上的"霸主"。玉米经营方式越来越精细化,从选种到秋收,农牧民投入了大量的劳动力,为了满足玉米生产对劳动力的需要,有些农牧民甚至为了保证农业生产而辍学、弃医、弃教。

白村的牲畜在土地包产到户时就一并作价归户了。由于草场开垦和沙化,白村的草场面积过小。虽然实行"草畜双承包"制,但承包到户根本无法维持牧业生产,因此白村人只是在名义上将草场进行了划分,而实际上依然是共用,用白村人的话说就是"分给国家看的"。这一时期可以看出白村依然是重视农业发展,不论是劳动力还是资金、技术的投入都倾向于农业,而对牧业投入明显不足,甚至在农业税费负担重时,农牧民用牲畜抵税。养牛虽然不能发家致富,但是倒卖牛却使白村的老客们富裕起来。

我们可以看出,国家在这一时期实行的是有计划的市场经济。市场与国家分离,国家的角色出现转变,国家不再发布规章命令、不再强制执行,参与市场的生产者、消费者、进口和出口等因素都是"各行其是"。国家权力针对的不再是具体的个人而是整体,经济成为国家权力运行的优先因素。因此,对人的治理由个人转向了"人口"。这正是福柯所说的"放任自由""无为而治"的全景式的规划。

重农主义认为国家应该尊重市场,尊重市场并不是说市场空间不能被国家权力碰触和渗透,国家在面对市场和经济进程时不能通过某种权力而成为"绝对决策权力的拥有者",而是应该作为一名面对真实几何图形的测量员。也就是说,国家应该认可市场,不做市场的全面干预者,对经济活动进行监管和某种程度上的控制,或者说是在整体上对其进行不断确认。①因此,国家在市场空间的建构并不是"一手遮天",而是一种全景式的规划,给予市场主体自由,让其在经济利益的引导下实现"自我治理"。

①[法]米歇尔·福柯:《生命政治的诞生》,莫伟民、赵伟译,上海出版社,2018年,第286—287页。

第六章 给予与投资：日常生活空间的建构（2005年至今）

国家取消农业税以前，较为沉重的税费负担一直是阻碍农村社会生产生活发展的一个重大因素，严重影响了农村进一步发展的能力。为减少税费负担给农村造成的负面影响，2000年党中央和国务院决定实行农村税费改革。2000年至2006年，国家出台相关政策清理和废除了乱收费，而且陆续取消了农业特产税、牧业税、屠宰税和牲畜交易税，并于2006年全面取消农业税。

农村税费改革是一次农村经济利益的重大调整，其目的在于通过对现行农业和农村领域税费制度的改革，以及对农村分配制度的完善和规范，理顺国家、集体和农民之间的分配关系。农村税费改革是一个标志性事件，意味着中国由农业税支持农业社会的终结，进入以工商税费为基础的工商社会。[1]同时，税费改革后，国家通过各种形式向农村输入资源，改善农村的生产生活条件。尤其是各项农牧业补贴以及扶贫政策的实施，让农业获得了良好的发展条件。不同于过去，国家并不是为了从农民手中征收税费徭役，反而是向农村投入大量的资金，这是一种财政支出的过程，而不是财政收入的过程。

第一节 国家"礼物"与玉米"海洋"

白村所在的通辽市以黄玉米倾力打造"黄金产业"，当被问及为何选

---

① 陈善哲：《于建嵘：解开"后农业税时代"乡镇悬念》，《21世纪经济报道》2005年9月29日。

择种玉米时,白村人的回答很简单:"玉米好卖,省力,秸秆还能喂牛,国家也给补贴。"可见,种植玉米的确是白村人最优的选择。国家给予的政策性优惠、玉米的机械化生产、玉米的充分利用都在促成和巩固着玉米在白村的"霸权"地位。

一、打造"黄金产业"

(一)地方政府发展"玉米树型经济"

中国的黄金玉米带主要位于中国东北的北纬45度附近,从黑龙江南部起,包括吉林全省、内蒙古自治区东部地区,延伸至辽宁北部的区域。中国黄金玉米带与同纬度的美国及乌克兰玉米带并称为"世界三大黄金玉米带"。黄金玉米带即最适合玉米种植生长的黄金地带,是指玉米种植区域拥有独特的地理位置,气候适宜,光照充足,土壤肥沃、富含有机质等,得天独厚的自然条件有利于玉米的种植和生长,能够生产出优质玉米。黄金玉米带培植出的玉米含油量比其他地区平均高出0.3%,蛋白质含量比其他地区高出0.5%。白村所在的通辽市便地处世界黄金玉米带。

中国东北玉米区在20世纪90年代曾出现大量积压玉米的情况。为此,东北地区逐渐进行产业升级,开始从传统的商品粮基地向玉米深加工基地转化,以改变供求状态。自产业升级以来,过去的"北米南调"现象不复存在,东北的玉米实现了自产自销以促进产业升级。

目前,玉米在我国是重要的粮、经、饲三元作物。通过表6-1可以看出,2005年我国玉米的种植面积已经超过小麦的种植面积,并自此一直高于小麦。2007年玉米的种植面积超过水稻的种植面积,并且自2007年始,稳居我国农作物种植面积之首。从粮食产量方面来讲,1995年玉米的产量超过小麦的产量,2011年玉米的产量超过水稻的产量,此后玉米的产量在我国农产品总产量中一直保持着第一。自此,玉米的种植面积和产量均高于水稻和小麦,稳居粮食作物的首位。

表6-1　1978—2017年我国主要农作物种植面积、产量[①]

| 年份 | 粮食作物 | | 稻谷 | | 小麦 | | 玉米 | |
	面积（千公顷）	产量（吨）	面积（千公顷）	产量（吨）	面积（千公顷）	产量（吨）	面积（千公顷）	产量（吨）
1978	120587	30476.5	34421	13693.0	29183	5384.0	19961	5594.5
1980	117234	32055.5	33878	13990.5	28844	5520.5	20087	6260.0
1985	108845	37910.8	32070	16856.9	29218	8580.5	17694	6382.6
1990	113466	44624.3	33064	18933.1	30753	9822.9	21401	9681.9
1995	110060	46661.8	30744	18522.6	28860	10220.7	22776	11198.6
2000	108463	46217.5	29962	18790.8	26653	9963.6	23056	10600.0
2005	104278	48401.2	28847	18058.8	22793	9744.5	26358	13926.5
2006	104958	49804.2	28938	18171.8	23613	10846.6	28463	15160.3
2007	105999	50413.9	28973	18638.1	23770	10952.5	30024	15512.3
2008	107545	53434.3	29350	19261.2	23715	11293.2	30981	17212.0
2009	110255	53940.9	29793	19619.7	24442	11583.4	32948	17325.9
2010	111695	55911.3	30097	19722.6	24459	11614.1	34977	19075.2
2011	112980	58849.3	30338	20188.3	24523	11862.5	36767	21131.6
2012	114368	61222.6	30476	20653.2	24576	12254.0	39109	22955.9
2013	115908	63048.2	30710	20628.6	24470	12371.0	41299	24845.3
2014	117455	63964.8	30765	20960.9	24472	12832.1	42997	24876.4
2015	118963	66060.3	30784	21214.2	24596	13263.9	44968	26499.2
2016	119230	66043.5	30746	21109.4	24694	13327.1	44178	26361.3
2017	117989	66160.7	30747	21267.6	24508	13433.4	42399	25907.1

　　通辽市地处黄金玉米带，玉米产量高，质量优。玉米淀粉平均含量高达72%～75%，高于全国玉米淀粉平均含量，是玉米发酵工业的优质原料。通辽市耕地面积广阔，2016年全市耕地面积达2200万亩；2010年，全市玉米播种面积1582万亩，占粮食播种面积的83%，粮食产量达75.5亿公斤。[②]2013年，粮食产量132.6亿斤。2015年，通辽市全市有耕地2200万亩，粮食总产量占内蒙古自治区全区的1/4，粮食总量和增量均位列内蒙古首位。通辽市还是全国33个粮食生产先进市之一。通辽的黄玉米

---

　　① 根据《中国统计年鉴2018》中的数据进行的整理。

　　② 中华人民共和国中央人民政府：《内蒙古春耕见闻："黄金玉米带"长出"玉米经济树"》，http://www.gov.cn/jrzg/2011-05/02/content_1856318.htm，2019年11月29日。

获得了国家原产地标记注册,玉米播种面积1181万亩,总产122亿斤。①在通辽周边500公里范围内,玉米产量可达到1017.6亿斤。②2018年,通辽市注册了"通辽黄玉米"这一地理标志商标,结束了通辽玉米没有公共品牌的历史。这不仅标志着玉米在通辽粮食生产中"霸权"地位的确立,也标志着通辽玉米在全国粮食生产中重要地位的确立。

玉米的产量大和质量高是通辽市发展"黄金产业"的重要保障。通辽市从"抓农业就是单纯抓粮食生产"的传统思维中解放出来,用抓工业的理念抓农业,用产业化经营思想重新为农业定位,将"黄金玉米带"做强成"第一产业带",完成了从传统农业到现代农业的转型。一些经济界人士将其命名为"玉米树型经济"。所谓"玉米树型经济",通辽人对其解释通俗而形象:根深叶茂的"玉米经济树",根深深扎在通辽市的"铁杆庄稼"玉米上,通过加工环节,长出一个个枝干,每个枝干上再长出枝杈,每个枝杈上再长出叶片,伴随着玉米化工产业链的拉长,整个产业就如同一棵繁茂葱郁的"经济树"。③"玉米经济树"的形成促进了通辽玉米功能区建设,提升了通辽优势区域集中度和规模化玉米种植水平,同时也对提高玉米单产水平和产品质量提出了更高的要求。

在国家政策的支持下,通辽市依托玉米资源优势进行玉米加工增值、形成了玉米深加工产业链。通辽市地处环渤海经济圈和东北亚三角经济区,既享受国家西部大开发和东北振兴优惠政策,同时还享受扶贫开发、民族区域自治等优惠政策。2014年《国务院关于近期支持东北振兴若干重大政策举措的意见》(国发〔2014〕28号)指出:"鼓励大型农产品加工企业在东北地区布局生产基地,允许地方现有玉米深加工企业根据供需状况适度增加玉米加工量,中央财政对吉林、黑龙江、内蒙古3省区规模较大、信誉较好的玉米深加工企业,在规定期限内竞购加工国家临时收储玉

---

①② 通辽市人民政府:《玉米生物科技产业》,http://www.tongliao.gov.cn/tl/cyjj/2016-05/14/content_2495e9cfeebf439bab0dfc11aac443c8.shtml,2019年11月27日。

③ 中华人民共和国中央人民政府:《内蒙古春耕见闻:"黄金玉米带"长出"玉米经济树"》,http://www.gov.cn/jrzg/2011-05/02/content_1856318.htm,2019年11月29日。

米,超过一定数量部分给予一次性补贴。"①《国务院关于进一步促进内蒙古经济社会又好又快发展的若干意见》中明确提出实行差别化的产业政策,使各种优惠政策的叠加优势明显。

经过产业转型和招商引资,通辽的玉米生物科技产业得到了迅猛发展,并以玉米生物科技产业为主打造"明星产业"。截至2015年,通辽市全市玉米综合转化能力已经达到了560万吨,有梅集团、玉公司、万公司等近30家玉米深加工企业,培育出了氨基酸、淀粉糖、抗生素等6大系列、60多种产品,形成了每年130万吨淀粉、40万吨味精、40万吨酒精、20万吨氨基酸、10万吨葡萄糖酸钠的生产能力。通辽倾力打造了玉米生物科技产业园区,这一园区被自治区认定为玉米循环经济示范园区。作为重点承载玉米生物科技产业的投资平台,园区建设已达到"六通一平"的标准,基础配套设施完备。现已入驻20余户玉米深加工企业,产业配套水平不断提高。②通辽市将"把玉米生物科技产业建成超千亿产业集群,打造国家重要的玉米生物产业基地和世界最大的小氨基酸生产基地"作为发展方向。

从根本上来说,玉米的种植和生产是"玉米树型经济"的根本,是玉米产业链发展的始端,没有玉米生产就没有产业发展,产业链的延伸发展便是空谈。为保证产业发展,就要保证充足的玉米供应。白村紧邻玉米生物科技产业园区,由于园区的玉米需求巨大,使得这一市场需求引导农民种植玉米。因此,通辽各方力量以无形或有形的方式引导和鼓励农牧民种植和生产玉米,这样一来,白村玉米"海洋"的形成便不足为奇了。

---

① 中华人民共和国中央人民政府:《国务院关于近期支持东北振兴若干重大政策举措的意见》(国发〔2014〕28号),http://www.gov.cn/zhengce/content/2014-08/19/content_8996.htm,2019年11月29日。

② 通辽市人民政府:《玉米生物科技产业》,http://www.tongliao.gov.cn/tl/cyjj/2016-05/14/content_2495e9cfeebf439bab0dfc11aac443c8.shtml,2019年11月30日。

（二）农业补贴政策由控制到宏观调控

"国以民为本，民以食为天，食以农为源。"[1]粮食安全是经济发展的重要支撑力量，是维系社会稳定的"安全阀"，是治国安邦的第一要务。增加农民收入是我国社会发展的重要目标，最大限度地追求国家粮食安全和农民增收成为我国农业政策的首要且长期的目标。但是在现实中，二者却存在矛盾。

从宏观来看，粮食安全关乎国计民生，国家必须从战略上保证粮食生产和供应能够满足人们生活和社会生产的消费需求，因此粮食安全需要足够多的粮食产量。但粮食本身所具有的市场供给弹性小的特点[2]，使其对市场变化无法做出及时的调整，从而导致"谷贱伤农"，即农民粮食获丰收却造成农民收入下降。从微观层面来讲，我国农村目前实施的是以家庭联产承包责任制为基础的"统分结合"的基本经营体制，这一体制形成了"大国小农"[3]的局面。作为农业生产经营活动的微观决策主体的农户，能够获得的农业收益决定了其对农业生产的投入（是否投入和投入多少）。粮食价格决定农户的农业收益，当农户所获的农业收益较低时，农民出于增收的考虑更愿意放弃农业生产转而从事非农业生产。因此形成了农民增收与粮食生产分离、农民增收和粮食增产不一致的情况，这一情况动摇了国家的粮食安全基础。[4]

在市场经济条件下如何调和这一矛盾成为关键问题。面对这一矛盾，有两种化解路径：一是完全放开粮食市场，让粮食价格随行就市；二是通过政府的特殊保护和转移支付投入支持粮食生产。纵观全球，基于"粮食生产的基础性、弱质性与粮食安全的公共性、外部性，客观上要求政府必须通

---

①④ 李俊高等：《农业补贴对粮食安全与农民增收的影响——基于马克思再生产理论的分析测度》，《经济与管理》2019年第5期。

② 郭庆海：《玉米主产区：困境、改革与支持政策——基于吉林省的分析》，《农业经济问题》2015年第4期。

③ 张红宇：《大国小农：迈向现代化的历史抉择》，《求索》2019年第1期。

过必要的制度安排予以扶持,财政政策作为宏观经济调控和资源配置的有效工具,成为各国促进粮食生产、保障粮食安全的共同政策选择"[1]。

　　2004年,国家推出种粮直补、良种补贴、农机购置补贴,后又推出农业生产资料价格综合补贴以改善农业生产条件,鼓励农民种粮。[2]2005年12月29日,第十届全国人大常委会第十九次会议决定,从2006年1月1日起正式废止《中华人民共和国农业税条例》。这不仅标志着在我国延续了2600多年的农业税从此退出历史舞台,农民上交"皇粮国税"的历史就此结束,也代表着城市向农村汲取资源时代的终结以及城市反哺农村时代的开始,我国进入了从"以农养政"向"以工补农"转变的新时代,学术界普遍称之为"后农业税时代"。[3]从数据统计上来看,2006年全面取消农业税、牧业税、农业特产税和牲畜屠宰税,减轻了农民每年1300多亿元负担。[4]在内蒙古地区,2001年内蒙古暂缓收取农业税(农业税包括牧业税),2005年取消农业税。农业税的取消,标志国家部分权力从乡村退出,也标志着国家农村治理方式的转变。农业税取消后,农民再也不用上缴"皇粮国税"了,减轻了农牧民的负担,激发了农牧民从事农业经营的积极性。农业税作为国家建构的一种资源,作为建构农村社会的一种方式,也就此结束。

　　但是,在国家力量退出的过程中农村基层出现了一系列问题,如乡村财政困境、公地问题、基层组织松散等。

　　　现在种地不收钱了,多好啊。以前种地都是要收钱的,90年代税费重的时候,老百姓可遭罪了。现在不仅不要钱了,还给钱,这个国家政策(取消农业税)好啊!(JF 20171215)

　　① 赵和楠、侯石安:《新中国70年粮食安全财政保障政策变迁与取向观察》,http://kns.cnki.net/kcms/detail/50.1012.F.20191126.0953.002.html,2019年12月1日。

　　②④ 中华人民共和国中央人民政府:《十年农业:建设新农村成果丰硕》,http://www.gov.cn/jrzg/2012-10/23/content_2249598.htm,2019年11月30日。

　　③ 何晓杰:《"后农业税时代"的中国乡村治理:以东北乡村为研究视域》,人民日报出版社,2013年,第27页。

不收税了，和村干部就没啥关系了，各种补贴都是国家给的，也和他们没有关系。（BBYL 20170806）

如何解决乡村所面临的困境以及保证国家与农村或农民的联系，成为"后农业税时代"的重要问题。为解决这些问题，国家通过加强财政转移支付的方式，开始对农民进行生产方面的直接补贴，以联系农村社会和农民的生活世界。对于农民而言最重要的就是农业收益，如果能保证农民的收入稳定，那么农村社会的稳定也就能够得到保证，国家的粮食安全便也能够得到保障。在这一逻辑的驱动下，国家不断地通过各种形式向农村输入资源，如农业补贴直接刺激了农民从事玉米种植和生产的意愿和行为。这是因为，农业补贴政策能够在一定程度上增加农民种植粮食的收入、降低农民事农的风险、刺激农民从事农业生产的积极性，从而提高农产品的产量。[1]2008年为解决"谷贱伤农"的情况，国家对内蒙古、辽宁、吉林和黑龙江四个玉米主产区实施玉米临时收储政策。玉米临时收储类似于粮食最低收购价，如小麦、水稻最低收购价（保护价）[2]。有了"保护价"，农牧民种植玉米的热情高涨，该地区玉米产量急剧增加，玉米在新中国的粮食发展史上创造了一个奇迹，其总量超过粮食产量的1/3，库存超过一年的产量，价格高于国际市场价格的60%。[3]在白村，农牧民将这一临时收储价格称为"保护价"。临时收储价格保证了农牧民所种的玉米能够卖上价钱，农牧民的兜里有了钱。

---

① 李俊高等：《农业补贴对粮食安全与农民增收的影响——基于马克思再生产理论的分析测度》，《经济与管理》2019年第5期。

② 临时收储价格往往高于市场价，2011年至2015年，内蒙古临时收储价格每公斤皆高于2元，2013年甚至达到每公斤2.26元。玉米临时收储政策确保了农民种粮的利益，增强了农民种粮的信心（见图6-1）。

③ 顾莉丽、郭庆海：《玉米收储政策改革及其效应分析》，《农业经济问题》2017年第7期。

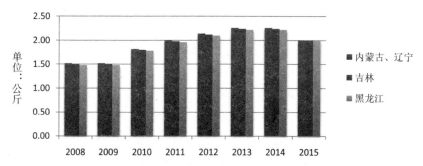

图6-1 2008—2015年国家临时储存玉米挂牌收购价格（国标三等质量标准）

　　虽然在实际的玉米收购中,玉米的价格因为要扣除修建储粮仓库、购买烘干设备等费用而低于国家制定的临时收储价格,但是依然很高,甚至超出了农民的预期值。在白村,玉米有了"保护价",农牧民种植玉米时有了"定心丸",不用再为玉米卖不上价而发愁了。2011年玉米的价格达到了每公斤1.6元,对于白村村民来说这一价格是非常高的,农牧民的收入大幅度增加。2013年每公斤玉米的价格已经达到1.8元,很多农民喜出望外。2014年玉米的价格达到每公斤1.86元,这也是白村村民记忆中玉米"最值钱"的一年。玉米的高价格使得农牧民对玉米种植充满了信心。随着玉米价格的上涨,白村的土地承包费也随之提高,2009年以前土地承包为每亩150~200元,自2010年开始土地承包为每亩300元,甚至有些耕地每亩达到400元。

　　苞米价格是从2008年开始涨的,其中2010年到2015年苞米价格平均都是八毛左右,2002年和2003年的时候是四毛一二,那时候四毛一二人家都不一定买呢。2004年的时候苞米的价格开始往上涨了,2004、2005年的时候苞米的价格就五毛多。前几年苞米的价格好的时候,老百姓得利了。老百姓得利了,生活水平也就上来了,吃得好了,穿得好了,住得也好了。(DHL 20171212)

　　前几年苞米价格上来了,种苞米有保障了。苞米保护价使种子下地后不用担心秋收后苞米卖不上价了,老百姓真是得着实惠了。(JF 20171215)

国家的"保护价"好啊。苞米价格上来了,老百姓兜里有钱了。前几年苞米8毛多,老百姓兜里的钱一下子就翻了一番。(BTE 20170707)

我家的地都包出去了,包给我二哥了。2013年包给他的,一共24亩地,都是口粮田。其中有8亩地是好地(一等地),每亩承包价是300元。剩下的16亩地是坨子地、破地,每亩200元承包费。承包期一共5年,2017年到期。那时候苞米值钱,承包费就贵。现在苞米价格落下来了,好地也是200了。(HQG 20160809)

临储价格的实施确实保证了粮食增产、农民增收这两个目标,但是却造成了严重的负面效应,主要体现在四个方面:①下游粮食加工产业成本急剧上升、不利于其发展;②扭曲了粮食的真实市场价格,使得国产玉米在国际市场中完全丧失了竞争力;③东北玉米四产区粮食种植结构严重失衡;④付出了昂贵的生态资源环境代价。[①]

为此,我国于2016年实施玉米临时收储价格改革,在玉米主产区实施玉米生产者补贴政策。2016年8月20号,通辽市政府根据《内蒙古自治区财政厅关于建立玉米生产者补贴制度的实施方案》(内财贸〔2016〕986号)文件精神,批准印发了全市《建立玉米生产者补贴制度实施方案》(通政办字〔2016〕234号)。2016年,通辽市全额发放玉米生产者补贴21亿元,惠及51万农牧民,拉动农牧民转移性净收入2476元,增长73.9%。[②]《方案》明确了补贴范围、补贴政策以及资金管理与拨付方式,并且鼓励地方将补贴资金向优势产区集中,以保证保障优势产区玉米种植收益稳定,充分发挥价格、财政补贴对生产的调节作用。

---

① 顾莉丽、郭庆海:《玉米收储政策改革及其效应分析》,《农业经济问题》2017年第7期;贺伟:《我国粮食最低收购价格政策的现状、问题及完善对策》,《宏观经济研究》2010年第10期。

② 通辽市人民政府:《玉米生产者补贴政策拉动通辽市农牧民转移性净收入增长73.9%》,http://www.tongliao.gov.cn/tl/tlyw/2017-08/26/content_8c9bac575aa542ec99d9bd03d64e40d2.shtml,2019年11月30日。

玉米生产者补贴政策的实施,使得农牧民不再害怕"种粮不得钱",种植玉米有了最基本的保障。白村的玉米生产者补贴是以"一卡(折)通"形式兑付给生产者,玉米生产者补贴根据玉米种植的面积(以亩为计算单位)发放。2016年每亩130元,2017年每亩120元。玉米种植面积由嘎查会计在春播后逐户进行统计,统计信息包括户主、户主身份证号码、玉米种植面积和"一卡通"号等。玉米生产者补贴原则上补贴对象为种植玉米的农牧户,即"谁在耕地上种玉米,补贴就给谁","谁种玉米,补贴就打入谁的'一卡通'中"。但是,白村的玉米生产者补贴的发放在流转土地上出现了变化,生产者补贴会打入玉米种植者(土地承租人)的"一卡通"里,种植者会将补贴取出,然后把补贴的一半付给土地出租人①。在这一过程中,农牧民就玉米生产者补贴属于谁,发生了不一致的意见,也因此引发了冲突。土地出租人觉得土地是自己的,而玉米生产者补贴是按耕种玉米的耕地面积发放的,因此有权利获得补贴。而承租人觉得玉米生产者补贴是给生产者的,谁种玉米给谁,因此觉得补贴应该是自己的。这一争执最终达成了共识,即流转土地的生产者补贴双方各半。双方在村干部的见证下,写下收款条,然后双方签字、按手印。

收款条内容如下:

> 收款条
>
> 2016年生产者补贴已经付给BGD11.7亩的一半。
>
> 付款人:DDGL
> 收款人:BGD
> 2016年11月13日晚

---

① 注:土地承租人给土地出租人的一半玉米生产者补贴并不算在土地承包费内,承租人需单独支付给土地出租人土地承包费用。

在白村,村民便按此方式分配流转耕地的玉米生产者补贴,这显然与政策初衷相悖。

> 现在有生产者补贴,怎么着卡里定期都会有钱的,今年是1亩地补贴130元。以前是粮食补贴,去年的粮食补贴是1亩地50多块钱。我今年种了12亩地,卡里已经给打了840元,还有700多没有打,说是过几个月再打。(BH 20160803)

> 生产者补贴,这个是按种植苞米的亩数给的,而且是谁种地打到谁的卡里。去年是130元,今年的还没有定呢,生产者补贴给了两年。我把地承包给我外甥了,生产者补贴一家一半。我外甥承包了我的地种苞米,生产者补贴就都打到我外甥卡里了。我外甥取出来后给我一半,这是我们两家合计的结果。(ERE 20171118)

> 生产者补贴就是谁种地给谁,咱们村里不是有承包地吗?一般都是两家一家一半。我们家的地都包出去了,我们就商量一家一半。去年是130块,今年是120块。(HSF 20171104)

总而言之,在政府和市场的双重引导下,玉米成为白村村民种植农作物的首选,因此白村的耕地成为玉米的"海洋",玉米成为农牧民主要的收入来源之一。政策性的补贴也成为农牧民收入来源的一部分,通过针对玉米给予的补贴政策,使得农牧民深刻地体会到国家给予的优惠所带来的福利。正如农牧民所感叹的那样:"还是国家政策好","国家为老百姓着想啊"。给予农牧民的农业补贴,使得国家以另外一种方式走进农牧民的生产空间中。这种对生产的干预,有别于集体时期的行政控制,是利用经济手段,通过农牧民的自主理性选择而实现的调控。

二、玉米生产的现代化

(一)机械化

为实现农业机械化,通辽市采取多项措施不断加大推进玉米机械收获工作力度,推进玉米机收工作。具体措施包括:一是对农牧民购置玉米收获机械实行优先补贴政策;二是各级农牧部门积极组织开展跨区作业;三是组织农机经销企业联合生产厂家组成"三包"服务队,开展售后跟踪服务;四是组织农机质量监督投诉部门跟踪开展质量调查工作;五是为农机手免费办理跨区作业通行证。[1]

在农业机械出现之前,白村人翻地主要依赖人力和畜力。2004年左右四轮拖拉机出现,白村人才开始使用机器翻地。但是这时的机器只能开垄,即用机械犁将玉米根所在的垄翻开[2],玉米根仍然需要人工捡拾。2010年旋耕机的使用,不仅能翻地,还将玉米根搅碎埋在土里,这也是秸秆还田的一种方式。目前在白村,翻地、种、耥、打药及玉米脱粒都已经实现了机械化,玉米收割也具备了机械化作业的条件。

耕作之前首先需要翻地,也就是春翻,尤其是上一年种过玉米的耕地必须要春翻,因为玉米根会影响春播。旋耕机翻地使得秸秆还田,增加了土壤的有机质,使得土壤更加松软,既利于耕作,也利于保持土壤肥力。

我是2011年买的旋耕机,那时候咱们屯子就2台旋耕机,我花了7万买的。那时候机器少,我从清明也就是4月四五号开始一直干到4月二十五六号,20多天下来能旋2000多亩地,一亩地25到30块钱。一开始的时候,机器少,我白天黑夜地干。我自己干不过来,就雇了2

① 通辽市人民政府:《通辽市玉米机械收获突破1000万亩》,http://www.tongliao.gov.cn/tl/tlyw/2017-08/26/content_27c315e81348487a87506d0d52e24fea.shtml,2019年12月2日。

② 机械开垄与传统牛马拉犁翻地的原理一样。

个人帮我开机器，我们3个人轮着休息，但是机器一直干着。那时候谁想旋地都得排号。2年后机器就多了，有5台了。2015年的时候开始旋两遍地了，那样的话，一亩地多收10块钱。其实旋一遍地和旋两遍地效果都是一样的，但是有的人就是为了好看就要旋两遍地。不过那时候苞米价格好，也不在乎那10块钱了。那时候苞米值钱，都八九毛。现在机器多了，竞争多了，以前是地找机器，现在是机器找地，因为地基本都被翻过了。现在是谁想旋地了就给你打电话告诉你："你把哪儿哪儿的地给我旋了"，然后直到种地的时候才下地去看看。现在必须给人家好好地旋地，不然人家就找别人了。(BBY 20171208)

翻地后就是播种。20世纪90年代初白村一带开始使用马拉播种机，马拉播种机不再需要人工点籽。限于当时的经济条件，白村只有几户买了马拉播种机，然后亲戚和朋友间相互借着使用。在机械化出现之前，白村都是人工种植，播种的时候是马拉犁，播种时至少需要5个人，一个人扶犁、一个人施肥、3个人下种籽，如果耕地的垄长，还需要增加点籽的劳动力。2005年，白村开始有人使用四轮播种机，四轮播种机的使用，使得春季播种省时、省力、省人工。四轮播种机需要使用柴油，播种机拥有者需要用现金购买柴油。所以随着四轮播种机的使用，村内雇工开始普遍流行，开始时是机器雇工付费，而后发展到人工付费雇工。单干后，在使用马拉犁时，一般都是兄弟父子直系亲属之间合伙协作，相互帮工。在90年代末使用马拉播种机后，只有家里劳动力少、地多，且亲属少的家庭才会雇马拉播种机进行播种，当时是一亩地10元钱。四轮播种机使用后，也是一亩地10元钱，当四轮播种机出现后，马拉播种机自然退出了历史舞台。而一直作为农业种植的主要动力来源——畜力——耕牛、耕马自然也随之退出了农业生产的活动中。往日春播的场景是"耕牛（马）遍地走"，而如今的春播场景成为"机器遍地走""机器轰鸣不断"。

四轮拖拉机的使用加速了农事活动的轻简化，四轮拖拉机很快可以代替人工耥地、追肥、打农药。目前白村基本上平均3家拥有1台四轮播种机。四轮播种机的使用使得春天播种时间已经由过去的半个月减缩到现在的3天左右。因为白村各家各户的土地比较分散,每块耕地面积都很小,大型播种机无法使用,利用效率比较低,所以在白村一直都是小型的四轮播种机,没有大型播种机。另一方面,土地的碎片化也增加了耕作和管理的时间成本。白村村民BF[①]对当时的农业生产进行了细致的描述:

> 我1985年下来干活,那时候没有机器,种地都是马拉犁。马拉犁种地的时候,就是一个人扶犁杖在地上拉出一条垄沟,扶犁杖一般是男人干,也有女的扶犁杖的。然后摆籽的人一个一个地摆籽,摆籽需要三四个人,如果垄长的话得五六个人,没准儿还不够呢。摆籽是间隔15公分到20公分放籽,一般都是女的摆籽。有一个人点化肥,用自己做的点化肥的木桶,木桶接着袋子,袋子背在背上,一次背20斤左右,没有了再到大袋儿里倒,点化肥一般是男劳动力。摆完籽和点完化肥后拉簸箕盖土,簸箕是自己用木头做的,像弓子一样的东西。拉簸箕不费力气,人拉就行,一次拉一根垄。盖完土,用石滚子压,滚子就是圆石头。如果不压的话,到浇水的时候,种子就会被冲走。那时候种地都是起早贪黑的,早上都是4点就出门,中午11点回来,喂马。下午2点多走,下晚儿7点来钟回来,一天也就种10亩地。那时候从5月中旬开始种地,一般都得半个月才能种完。那时候的苞米成熟期短,现在从五一就开始种了,现在的苞米高产,成熟期长。
>
> 种完就得灌水,那时候灌水费劲,没有地下管道,都是地面上的沟渠,地平的话一天能灌10多亩地,如果不平,能灌七八亩就不错啦。而且还得看井的出水量,那时候灌水都得排号,黑天也得出去浇地,得一直在地里看着。地下管道也就是不几年的事儿,现在浇地的

---

① 访谈时间是2017年12月15日。

话，一天能浇三四十亩地，一个池子20分钟，半小时就能浇完，垄长的话，一个小时咋也能浇完。

出苗后就是铲地（锄草和间苗），如果是荒地的话，就是点籽点得多的话，一个人一天就只能铲三四亩地，不荒的话，一个人一天能铲四亩地，有时候能铲五六亩地。零几年的时候有了除草剂，就只有苗厚的时候铲地，那就快了，一个人一天能铲十亩地左右。那时候耥地都是三遍，第一遍是在玉米长出五六个叶子的时候，第二遍差不多是在苞米半米高的时候，大概是6月末的时候，第三遍是在苞米一米一二的时候，第三遍耥就得追化肥了。好马的话一天一个人能耥十多亩地。现在都是机器耥了，用机器耥第三遍一般都是七八十厘米就得耥了，高的话，就把苞米给碰断了。现在有的人耥两遍，有的人耥三遍。

秋天扒苞米，一个人一天也就扒一二亩地，有的人是站着扒苞米，就是苞米整株还长在地上的时候扒，有的是把苞米整株割倒后扒，这样能坐在地上，这两种扒苞米的方式速度差不多，割倒后扒能坐着，稍微轻快点儿。割玉米的话，一个人一天能割五六亩地。把苞米收回来后就是打苞米了，以前是老式脱粒机，一家打苞米得十多个人。那时候得有人用筐往机器里倒苞米，得十几个人，不然不赶趟儿，还得有俩人用铁锹把从机器里出来的苞米粒往一边扒拉，不然就会把机器出米口给堵住。还得有人专门扒拉苞米瓤子。2007、2008年的时候先进的机器就出来了，老式脱粒机用的人就少了。现在的这个大的，直接用铲车就行了，三个人就够了。那时候干啥都费劲啊，以前早上四点多就出工，下晚儿七点多才回来，那时候人累啊，黑天白天地干。现在多好啊，都是机器了，就是浇水还得用人工，但是也比以前省力了。

收割成熟的玉米也是玉米种植最为重要的过程。因为玉米收割机会遗漏玉米棒子，同时会掉玉米粒，这样损失会很大，所以村民只要能够自已扒苞米就自己扒苞米。玉米收割机只有耕地面积大的家庭才会使用，白村大部分家庭还是人工扒苞米，然后用机器收割秸秆，有些农户也会雇人扒苞米。除此之外，有些农户想秸秆还田就使用机器收割，有些农户需要收黄贮也会使用机器收割。2011年白村有了第一台玉米收割机。但是，当时只有十几户使用玉米收割机收割玉米。2017年，白村机收面积达到了白村耕地面积的1/3。这个比例远远低于通辽市机收率，2017年通辽市玉米机收面积达1046万亩、机收率达66%。[①]白村玉米的机收率低于全市的机收率水平，一方面是因为机收会"跑粮"影响玉米产量，仍需要额外劳动力捡拾；另一方面白村人需要玉米秸秆作为黄贮，而人工扒玉米能够提高玉米黄贮的效果。

机器的使用同样也形塑着白村的劳动关系。由于机器需要柴油等消耗品提供动力，这些都是需要到市场中用现金购买，因此这就改变了过去白村相互无偿帮工的习惯，出现了村内雇工。雇工情况也从最一开始的使用机器付费，慢慢地再到人工也需要支付人工费。有些家庭种地比较多，在锄草、间苗、浇地和扒玉米人手不够时就会雇工，2005年的时候雇人锄草和间苗是一天10块钱，然后以每年增加四五块钱的速度慢慢地提高。到2011年时，国家实行玉米临储价格政策，玉米价格高了，雇工的价格也就随之增加，增加到每日60元。到2014年每日80元，2016年每日100元，2017年增加到每日120元。村内雇工都是现金当天结算。

> 以前都是相互帮工。种地的时候，给你家干七八天，你再帮我干七八天，都是不要钱的。如果是自己家的亲戚或者邻居活儿干不过来，也会去帮忙，也是不要钱的。现在干啥都得雇工了，不给钱没人干了。（JF 20171215）

---

① 通辽市人民政府：《通辽市玉米机械收获突破1000万亩》，http://www.tongliao.gov.cn/tl/tlyw/2017-08/26/content_27c315e81348487a87506d0d52e24fea.shtml，2019年12月2日。

我今年扒苞米是雇的人，一个人一天120，都是给现金。我一共雇了7个人，10月1号开始扒的，12号就扒完了。(BBY 20171208)

(二)除草剂的广泛使用

20世纪90年代开始，科左后旗开始推广化学除草，以期改变以往水田手拔、旱田铲锄的传统除草方式。在科左后旗，1992年化学除草面积为14万亩，1999年为60万亩，2000年仅玉米、大豆、花生的化学除草面积就达41.7万亩。2006年全旗使用的各种化学除草剂总量达217.66吨，其中玉米的化学除草面积为65万亩。在白村，化学除草剂的使用始于2006年。由于对用量掌握不好，出现了草和庄稼都被杀死的情况。因此，一开始很多农牧民对除草剂的使用并不接受，而是采取观望态度。在白村，刚刚使用除草剂时的方式很粗放，村民对除草剂的使用采取"随水流"，即将装有除草剂的瓶子用细针扎出几个孔，然后放在灌溉水渠的出水口处，让除草剂随着水任意流。在经过多次实验后，村民才掌握了用药量。按以往的经验，除草时间在每年的六七月份，当时正值北方天气最炎热的时节，施用除草剂后不再需要人工除草，节省了人工，给农民带来了极大的便利。因为除草是一种非常耗费体力的劳动，尤其是在7月除草时，由于玉米都已经长成株，玉米叶子茂盛，田间郁闭，通风差，人进入后，在地里十分闷热。用农牧民的话说就是："进去后就喘不上气来。"除草剂的使用，使得杂草大部分无法生长，农牧民不用再进入田间除草。因此，除草剂在白村被广泛使用。

一开始没人用除草剂，都怀疑一个小药瓶里的水就能不让草长出来。种子站的人不断推荐让用除草剂，说用了除草剂后有多方便，能省不少力气。后来看别人用，就挑一小块儿地实验，结果还真是好用，慢慢地增加面积。一开始用的时候把握不好量，用量都是慢慢探索出来的。(BBY 20171208)

在没有用除草剂之前，都是人拿铁锹铲草。铲草是最累人的活儿了。每年铲草都是在7月份，7月份是咱们这儿最热的时候。而且那时候，苞米已经长得很高了，叶子也很大了。人要钻进苞米地里铲草。苞米地里闷热，不透气，人进去后根本喘不上气来，憋气啊。那汗流的啊，都把衣服湿透了。还有苞米叶子剌人，剌到皮肤上就是一道红印子。汗流到红印子上疼啊，就像伤口撒了盐一样的疼啊。现在好了，有了除草剂，人就不用再受这罪了。(BTE 20171107)

2008年开始，白村的大多数农户开始使用除草剂。2010年开始，除草剂完全代替了人工除草。除草剂是在玉米四叶期使用，大概是5月末6月初。这一时期使用除草剂，可使已长出的杂草枯死，也可在一定程度上抑制杂草再生，同时不会伤害玉米的生长。由于除草剂的药效会随着时间逐渐消失，也会受到雨水的影响，因此，杂草会在7月的时候再长出，但此时长出的杂草不再茂密，只是零星分散地长在玉米地里。但是这些杂草仍需要铲锄掉，不然这些杂草会结籽，秋天籽粒成熟落地，第二年春季时会发芽生长。在这种情况下，农牧民会偶尔进行人工除草，有的农户种的玉米面积过多，则需要花钱雇人除草。2008年雇工除草一天的人工费是60元，每天早上6点出工，中午11点结束，中午休息后下午2点出工，直到下午6点结束。2010年除草的短工一天80元，2011年和2012年短工一天100元。如果出现雇不到人的情况，那么雇佣一天短工则需要支付120元。但是自2015年开始，玉米价格开始下降，对于农户来说雇佣短工除草已经不划算了。不过，由于耕地长期使用除草剂，土壤内积累了一定的除草剂残留，杂草籽的发芽率大大降低，玉米地里的杂草较除草剂使用初期少了很多。因此，白村人不再人工除草，更不会雇工除草了。

现在都没有人铲地了，铲地累啊！现在人都懒了，草长得多高，都不管了。不过用了除草剂后，草就长得少了，很多地用药用得多了，都不长草了。(BH 20171029)

包(承包)地多的(家庭),就会雇人铲地。我每天都去给人打工,挣点儿零花钱,我把自己的地铲完,就给别人铲。一般能干20天左右,这20天如果待着,也就待着了,但是如果出去干点儿,种子的钱就回来了。咱们屯、外边屯子我都干过。但是这两年咱们屯子雇人铲地的人少了。现在雇工贵了,能不雇人就不雇人了。(WSF 20171104)

大量施用农药造成了污染。村民在用完农药后会把农药瓶子随便扔在地边,尤其是居住区与农田区的边界。[1]农牧民浇完地后,为了防止沟渠被堵,就把瓶子扔在路边,靠近坨子地方的农田旁也散落着很多农药空瓶。这样存在一个风险,即如果瓶子里有残存的农药,农药会随着雨水留到坑洼处积水。因为很多牛羊都是饮用坑洼处的积水,可能会对牛羊造成伤害。

(三)水利设施

水源是农业发展的重要条件,水是农业的命脉。俗语说:"水是命,肥是劲。"雨水的适时适量是农作物生长必不可少的条件。在降水较少的地区,较好的水利条件能够弥补降水少带来的不利。白村处于400毫米等降水量线以西,属于干旱半干旱地带,同时又属于科尔沁沙地,蒸发量大,土壤储水效果较差,是传统的畜牧区。在相当长的历史时期,这一带地区农业作为副业出现,而且农作非常粗放,当年景不好时,牧民则选择游牧。

"然如实施灌溉工程,则朔漠荒原,未始不可化为沃壤。"[2]清代时期,移民入关开垦土地从事农业,农业耕地的开发主要是沿着西辽河随河而居,引河水灌溉耕地。经过清代近200年的私垦和放垦,科尔沁区形成了

---

① 这个边界地带有很多垃圾,其中包括村民倾倒的生活垃圾。
② 郑肇经:《中国水利史》,商务印书馆,1993年,第276页。

集中于河流灌溉区(东西辽河及其支流一带地区)的农业耕作区。外来移民的迁入不仅加速了土地垦殖的速度,也提高了灌溉技术。在民国时期的察哈尔省,"水田于周围作垄,以利灌溉储水之用",水田面积约占总耕地面积的4%。

> 灌溉除用河水及山水之外,尚有凿井灌溉者。驾木置杆,一端盘石一端盘水斗,需水时用人力牵绳入井汲水。地上作沟,使水沿沟而流,可以及远。每人每日约可溉田数十亩,费省而效宏,颇为风行。①

可见,当时挖井灌溉已经成为灌溉的重要方式。不论是引河水灌溉还是挖井灌溉,其灌溉方式均是"大水漫灌",这不仅造成水资源浪费,也会使得土壤盐碱化。

新中国成立后哲里木盟开发旱田灌溉,打土井。20世纪50年代末开始使用畜力和机械打机井,但是数量有限。直到70年代,白村才有了灌溉的机井。此前,白村附近虽然有洪河流过,但由于河水距耕地较远,白村人并未引水灌溉。洪河在20世纪50年代断流,即便是在没有断流之前,洪河的水也并未发挥水利灌溉的作用。因此,白村农业用水一直是靠降雨。白村是靠天吃饭,雨水多的年份便多产些粮食,雨水少则减产。正如白村人所言:"老百姓就盼着好年景,好年景好多收点儿。"

在一个缺少雨水和河水的干旱半干旱地区,只有通过人们的协调行动,将可利用的水源引入具有耕作潜力的土地时,永久性农业才能成为可能。70年代,哲里木盟开始从利用地上水灌溉为主转为利用地下水灌溉为主,大力开发地下水,打机井灌溉,大兴水利灌溉工程成为哲里木盟"建立行政的起点"。如此做,政府领导的治水事业将与农业生活的建立是一致的,从而使得行政效果递增。②20世纪90年代和21世纪前10年,科左

---

① 郑肇经:《中国水利史》,商务印书馆,1993年,第277页。

② [美]卡尔·A.魏特夫:《东方专制主义:对于极权力量的比较研究》,徐式谷等译,中国社会科学出版社,1989年,第232页。

后旗进行农业开发,改造农田、建设灌溉工程等。其中二期开发在白村所属的苏木及其他13个苏木(镇)新打配机电大小井共1887眼,五期开发在白村所属的镇及其他6个苏木(镇)新打配机电大小井共271眼,并开始埋设地下输水管道181公里,推广节水灌溉技术。埋设地下输水管道是通过水管连接机泵,直接将机泵抽取的地下水输入田间进行灌溉的方法,村民根据管道特征将其称为"管灌"。

2006年,白村埋设地下输水管道可灌溉面积4500亩,直接工程费为107.8万元,中央和地方配套资金75.4万元,主要承担水源工程费用和免费提供低压管道,自筹工程费用32.4万元。地下管道埋于地下1.7米。管灌是管道代替了地表沟渠输水,将水直接输送到田间,能够减少输水过程的渗漏和蒸发损失,节约水资源,而且压缩了输水时间。管灌大大地减少了输水时间,因此能够及时缓解耕地因自然干旱导致的缺水情况,保证了玉米生长所需的水分,使得玉米能够保苗保产。至2016年,白村共8400亩耕地实现了管灌,共有66眼机井。

> 以前水都是从井里抽出来,然后沿着这条渠流到地里。水要流到地里至少得二十分钟,远的话得三四十分钟,而且得有人守着豁口,现在都不用了。现在在机房里一合闸,通上电,水就到田里了。现在从地的两头同时出水,浇得快,赶趟儿。估摸着一块地浇完了,再浇下一块地就行,一个小时浇一亩地没问题。以前都是排号,浇水速度太慢了,一个井有好几家要浇水,那就得排号,不排号的话,容易干起来(打架)。现在不用排号了,浇水速度快了,谁家的地都落不下了,都能浇上水了。(ZF 20171105)

> 以前浇水太慢了。一家一家地排队,等你排上的时候,就不赶趟儿了。因为如果苞米地长时间浇不上水,就会影响苞米的生长,特别是灌浆期如果浇不上水,苞米会减产,损失大。管灌挺好,安装的时候,国家免费提供设备和材料,但是需要嘎查自己组织安装。可是咱

们屯子根本没人愿意出工啊。不给钱谁都不愿意出工,在零几年的时候义务工就被废除了。屯子没人出工,无法安装。后来是镇里雇人安装的,当时闹得非常不愉快。(GRL 20171118)

每家每户都能够让自己耕地上的每一棵玉米浇上水,犄角旮旯的地方都不会落下。即使地块非常混乱,也阻止不了农民将水引到自己的玉米地里。从浇水的水井处开始,每隔70米左右就有一个出水口,这些出水口通过地下管道连着井泵。现在没有浇不上的地,你在水井房合上闸,这边几百米就马上出水了。这些都是国家给的。(BTR 20170921)

浇地的时候一小时需要10度电。旱的时候,这些井24小时不间断地工作。(BW 20171223)

白村所属的通辽市是产粮大市,并以玉米种植为主,而通辽市的降水情况并不适合种植玉米。玉米的品质和产量虽然是上品,但却是以过度开发水资源为代价。据通辽市科研院工作人员的研究观察,每一棵玉米在灌浆期需要约6.5升水,包括玉米自身生长所需的水分和自然蒸发的水分。由于过度开采地下水,地下水位不断下降,通辽市的科尔沁区形成了地下漏斗,地下漏斗的面积逐年扩大。同时,通辽境内的水库出现干涸,其中莫力庙水库①、他拉干水库等20世纪五六十年代建设的水库相继干涸。

干旱越来越严重,天也不下雨,水分比以前少了。原来我们的井往下下八九米的管就出水了。现在地下水位不行了,得下十几二十

---

① 莫力庙水库以亚洲最大的沙漠水库和世界最长的人工沙坝著称。2003年全库区干涸,2004年积极引西辽河水,使得水库恢复蓄水。

米的管才能抽上水来。现在60米深的井只能勉强维持。还得打井。前几天，内蒙古水利局的人来村里调查。我就跟他们说："我们这地下水沉得太快了，60米根本不够，至少得打70到90米才能抽上水。"这是我们申请的项目，包括打新井和换2006年井的水泵。2015年打了4口井，没出水，施工方又重新给我们打了4口井。（BW 20171223）

为实现节水农业，科左后旗于2013年推广地膜覆盖技术。第一年是免费给农民提供地膜，农民自己铺设，但是推广失败。第二年需要农户自己购买地膜，农民觉得铺地膜与不铺地膜从产量来看都是一样的，他们并不关心节水与不节水。因此白村依然是无膜种植玉米。2017年在白村所属的科左后旗推广无膜浅埋滴灌节水灌溉技术，白村获得1000亩地的浅埋管，并于同年4月20日开始施工。一开始很多农户并没有接受这项技术，村干部发动村内种粮大户共铺设了1000亩耕地的浅埋管。这项技术的推广是将浅埋管与地下管道的出水口相连接，浅埋管铺设在两根垄之间，管上有很多孔，水由孔渗出后直接渗入玉米根部。同时，水井抽水口连接一个大塑料桶，桶内放入化肥，化肥遇水融化，随水流入田里。白村人将其称为"滴灌"。但是，这项节水技术却遭遇了失败。

项目是4月20号开始的，都是自己去农科站拉管子，管子是国家给的，但是得自己掏运费，自己买过滤器和打肥的桶。搞这个项目必须得是成片的地，一片地的面积必须达20亩以上。但是这个项目实施的有点儿晚，很多老百姓都已经开始种地了，所以有的没来得及拉管子。管子啥的安装不费事儿。我有200亩地，3个人4天就完事了，挺容易的。

滴灌要求两个垄之间40公分，管子在两根垄之间。滴灌的管子是塑料做的，只能用一年，第二年就不能用了，到秋天就得卖破烂了。滴灌省水，而且浇水的水量比较均匀，高岗子和下坡的地方都能够浇到，比较抗旱。现在咱们村子正在浇水，第一天浇了，第二天高岗子地方就旱了,水都淌走了,不像平地能够存住水。这个滴灌就像打吊瓶似的,慢,滴出的水只能往下渗,不会往外流。这个还省人工,不用在地边看着了,合上闸,然后回家就行,等过了24小时再来地里把闸关上就好了。大水漫灌得一直有人看着还得有人用铁锹挖。滴灌也不用追肥了,井房里有一个桶,里面倒入化肥,接上水管,化肥顺着水流到地里。这样浇水有点儿费电,但是如果地浇得好,苞米能够增产。去年苞米每斤价格是5毛钱,如果增产200斤,就能回来成本,而且还能挣点儿。

我这是第一次搞滴灌,现在苗长得挺好的,秋收后看看,如果效果好,来年就算没有项目我自己也搞。但是如果没有项目,咱们屯子估计有80%的人不搞了。现在苞米价格低,种上了也不知道能收入多少。搞滴灌一亩地至少得多投入七八十块钱,地少的人就不会搞了。我地多,规模大,滴灌比较省事儿。但是如果每亩不能增产200斤,我明年也不搞了。(HRC 20170721)

可以看出,在灌溉技术的推广过程中,国家或者政府出资引导农牧民使用节水灌溉技术,但是在农牧民的思维里,提高和维持玉米的产量是第一位的,而节不节水似乎并不重要。即便在采取新的灌溉技术能够提高玉米产量的情况下,农牧民也不会欣然接受这一新的灌溉技术。因为农牧民会根据提高产量所带来的收益与投入来决定新的灌溉技术是否可取,而生态和环境因素并不在农牧民的考虑范围内。如果产量提高并不能带来明显的效益,农牧民会拒绝使用节水技术。如果灌溉方式的改变可以使得玉米产量增加明显,农牧民才会考虑采取这一灌溉方式。而且是否"省事儿"也会成为农牧民是否接受新的灌溉技术的重要影响因素。

我们可以发现,在国家投入的过程中,农牧民不愿意从自己的腰包里掏钱支持公共基础事业的建设,导致中央和地方政府配套资金与农民自筹的模式举步维艰。

(四)种植惯习

白村自20世纪60年代开始大面积种植玉米,尤其是单干后,玉米成为白村最重要也是种植面积最广的农作物。经过多年种植,白村人形成了种植玉米的习惯。与此同时,化肥公司、种子公司、农业科研院所、农业局等企业和事业部门每年都会到村里进行玉米种植技术推广;包括如何下种、施肥、浇水、耥地、打药等过程。农牧民对玉米种植了如指掌,而且形成了获取玉米信息的固定路径。

20世纪70年代和80年代出生的白村人,在玉米种植的环境中耳濡目染,潜移默化地成为种植玉米的"高手"。正如村民所言:"闭着眼睛都知道怎么种苞米。"而这两代人正是白村现在从事农牧业生产的中坚力量,因此基于以往的生活和生产经验,他们自然选择种植玉米。

> 我从小就看着我爸种苞米,怎么种、下多少种子、怎么追肥、什么时候追肥、什么时候出苗……这些我很小的时候就知道了。现在咱们种苞米基本上闭着眼睛都会种了。你说冷不丁地种别的庄稼还种不好呢,你说种白菜、扣大棚啥的,咱们真不会,真的是不会种。苞米都种多少年了,都比较熟练了。现在离市里近的郊区,都扣大棚呢,其实收入比种苞米高。咱们这儿离市里也比较近,但是不会种,风险也比较大,如果卖不出去,到时候收入就成问题了。(BW 20171223)

> 我种了30多年的苞米了,都习惯了。我就会种苞米。种别的庄稼得学习技术,太麻烦了。而且现在种苞米大部分活儿都能使机器,需要人工的地方少了,特别省事儿。(BTE 20171203)

> 现在什么品种的苞米好,左邻右舍,一个屯子的都相互讨论,大家种的品种有很多,你一问就知道什么品种好了。要是种别的,比如花生、葵花啥的,没有那么多家种,你就不知道什么品种好,得走不少

弯路。现在咱们这儿种958和968这两个品种的多。我们换品种的时候会先种一亩、两亩的,不多种,到秋收如果收成好,来年就再扩大点儿,就这样实验,慢慢地大家看着好就都种了。(BBY 20171208)

与汉族村落相比,白村人的农业经营活动在很多地方都非常粗放,如除草剂的使用、灌溉的方式等。玉米种植不断精简化正好符合了白村人粗放式经营的种植惯习。蒙古族传统的农事活动是漫撒子式的粗放经营,不愿意在农事上投入过多的劳动力,即使经过集体时期和单干后的精耕细作的训练,农牧民还是倾向于简单省事的经营方式。正如报道人所说:"咱们嘎查和西村(汉族为主的村落)相比,就是懒,能省事儿就省事儿。"

第二节 国家"礼物"与牛的世界

一、以农养牧

在传统的游牧社会中,牲畜的数量主要取决于草牧场的丰美程度。生活在水丰草肥地区的部落和氏族更容易拥有数量众多的畜群。因此,在传统的游牧时代经常出现因为争夺草场而导致的不同氏族之间的冲突和战争。但是在白村牧业的发展历程中,牛的养殖数量却与白村的草场面积呈反比。尤其是近年来,国家封山育林育草的力度不断增强,而牛的养殖数量却没有因此减少,反而不断增加。可以说,政府、市场的力量在这里发挥了相当大的作用。

历史上科尔沁左翼后旗曾是水草丰盛的疏林草原,但是由于气候变化及过垦过牧等人为因素,生态环境严重失衡,2007年沙漠化土地1320亩,占全旗总土地面积的76%。用当地人的话说:"后旗有三黄,黄牛、黄米(黄苞米)、黄沙。"

为改变这一生态恶化趋势,科尔沁左翼后旗根据国家政策,实施了"三北"防护林工程、退耕还林工程、"8511521113"工程、"5820"工程①等生态保护工程,取得了一定的成果。2004年,首次实现了治理速度大于沙化速度。至2007年退耕还林25.6万亩,封山育林1.5万亩。2015年,"三北"五期防护林工程建设完成73.8万亩,退耕还林面积25.6万亩。2019年,完成人工造林21万亩、封山育林24万亩。自1992年至2014年间,后旗土地呈现耕地、林地、建设用地、沙地增加,草地、水域、盐碱地减少的现象。②林地面积和沙地面积同时增加,草地减少,这是开垦草场导致的后果。白村统计草牧场有12691亩,这12691亩草牧场实际上是坨子地,而且其中约3000亩地已被流转。根据村民的估计实际上可利用的草牧场只有6000亩左右,剩下的坨子地基本上都是被白晃晃的沙子所覆盖,上面零星长着带有尖刺的植物,这些植物牛羊根本无法入口。可利用的草牧场的植被也非常稀疏,在降水不多的情况下,草长得矮小,甚至只是伏在地皮上,用农牧民的话说"刚起地皮"。根据白村从事了40年治沙育林工作的JW老人估计,现在沙地以每年近2米的速度扩张。

白村于2004年实施退耕还林还草工程。白村也正是在这一年实现了耕地的调整和完善,每人口增加2亩耕地。这时要求农牧民退耕还林还草,几乎是不可能的。但是政策任务又必须完成,因此白村将坨子地以耕地的名义"退耕还林还草"。退耕还林还草只是名义上的数字,并没有实际的土地,农牧民依然在退耕的坨子地上放牧。2003年通辽市提出"5820"工程,"5820"工程是通辽市政府提出的林业生态建设精品示范工程。位于白村北边靠近县级和市级公路的坨子地,被规划进"5820"工程建设范围内,其面积为2200亩。为建设"5820"工程林业带,白村将这2200亩地承包给了伊育林公司,此公司用围栏将所有的土地封围起来,

---

① "5820"工程科尔沁左翼后旗段总投入1500万元,其中国家投入679.94万元,旗内自筹资金820.06元。

② 樊嘉琦等:《1992年以来科尔沁沙地土地利用变化分析——以科尔沁左翼后旗为例》,《中国农业大学学报》2018年第2期。

任何牲畜都无法进入。这2200亩地是白村的牧场，这片牧场的草长势要好于白村其他牧场。2005年和2006年白村为解决基层债务，分别将面积为700亩和1300亩的坨子地（均是白村的草牧场）承包给外地商人建设砖厂。白村的草场面积不断被压缩。2014年开始，白村所属的后旗实施禁牧，马、驴、骡、山羊全年禁牧；牛、绵羊每年4月1日至6月30日间禁牧。由于马、驴、骡、山羊全年禁牧，因此白村养殖山羊的家户将山羊出售，只留少量混入绵羊群内放牧，并未实施全年禁牧。

> 禁牧管不住，天还没亮，屯子里的人就都把牛撒出去了。你也不能说啥，都是一个屯子的。再说了，不放牧牛羊吃啥，那时候秸秆不像现在这么受重视。2010年禁牧就开始严格了，要求必须禁牧了。禁牧的时候不能出去放牧，如果出去放，被抓着了，就把你的牲畜拉走。2010年以前上面（旗草木局）来村里检查都会和我打招呼，我就告诉村民别出去放牧，等检查的人走了之后再出去放牧。但是从2010年开始上面来村里检查就悄悄地来了，不再和我打招呼了。就这样2010年开始半年禁牧，听说来年要全年禁牧了。我觉得够呛，老百姓肯定得偷着放，不然就那点儿秸秆好干啥。（LHLY 20171207）

白村开始严格遵守禁牧政策后，有半年的时间需要农牧民解决牛羊的饲草料问题，玉米秸秆为村民解决了这一问题。秸秆在白村一带作为饲草料始于集体时期。集体时期，役畜不能放牧，需要草料喂养，白村有专门的打草草场，因此牲畜食用的玉米秸秆量并不多，当时的秸秆主要被当作燃料。这种状态一直持续到生态保护政策实施后，随着生态保护政策严格实施，草场面积不断减少，牲畜经常吃不饱，为此，农牧民开始给牲畜投喂玉米秸秆。特别是半禁牧政策的实施使得玉米秸秆被大量用作草料。一开始农牧民给牲畜投喂整株玉米秸秆，牲畜将玉米秸秆上的叶子吃尽后，剩下秸秆，所以玉米秸秆的食用率很低。随着对玉米秸秆需求的扩大，农牧民为提高秸秆食用率，将玉米秸秆切成约五六厘米长的小段后投喂牲畜。因此,玉米的种植不仅是农业生产活动,也具有了牧业生产的性质。

为充分体现"绿水青山就是金山银山"的理念,大力推进"生态立旗"战略的实施,科左后旗于2017年决定自2018年4月1日起实施全年全域禁牧,并且形成了《关于实施全年全域禁牧》的公告。白村于2018年3月15号将《关于实施全年全域禁牧》的公告张贴于村部门口的玻璃门窗上,并且在白村微信群里通过语音的方式(语音为蒙古语)多次告知村民此消息。全年禁牧意味着牛羊即将全部圈养,牛羊的草料需要人工种植。为给牛羊提供足够的草料,白村的耕地皆被玉米所覆盖,玉米秸秆的价格也不断上涨。白村养牛的农户均将自家的玉米秸秆留作黄贮以做草料,如果自家的玉米秸秆不够,农户会购买秸秆,2017年10月玉米秸秆每亩80元。

零几年以前大家都不知道牲口吃秸秆,秸秆都是用来烧火的。后来草场的草不够了,而且牲口也多了,秸秆的需求大了,就开始给牲口喂秸秆。一开始是把整根玉米秸秆喂给牲口吃,牲口就把秸秆上的叶子吃了,把秸秆子剩下。叶子软和,牲口喜欢吃,秸秆硬,牲口不爱吃,剩下的秸秆子就用来烧火。再后来,草更少了,牛更多了,牛没得吃的了。那咋办,就把秸秆铡了,铡碎了,秸秆铡碎了,牲口就好嚼了,剩下的就少了。一开始是用铡刀人工铡秸秆。铡刀铡秸秆得需要两个人,一个人往铡口放秸秆,一个人手握铡刀把儿铡,这样铡草慢啊。现在都是机器铡草了。有了机器,一个人就能铡草了,而且速度快,省劲儿。(BTR 20171107)

我养了22头牛。去年买了2000多块钱的秸秆。这些秸秆都是捆好的,10元一捆,就在咱们屯子买的。今年买了3000多块的秸秆,30多亩地的。买了之后,自己雇机器铡的,雇机器铡花了2000多块钱。这些秸秆如果不够的话,还得再买。(JF 20171215)

我这两年开始倒卖苞米秸秆。但是，不是天天都去倒卖，就是有人给我打电话，我才去拉，一般都是从汉族地方往咱们蒙古族地方拉。汉族地方养的牛很少，就把秸秆卖给咱们蒙古族地方。汉族地方的苞米秸秆都是成捆的，一捆10块钱。我拉一趟就挣个百八十块的。反正待着也是待着，挣100块的话，这一天的吃喝钱就赚回来了。(BTE 20171211)

这样一来，在退耕还林还草的政策背景下，白村逐渐形成了以农养牧的生计模式。2017年，白村地多牛多的农户在耕地上种植了青贮玉米，但是种植面积有限，少则两三亩，多则六七亩。2017年白村青贮玉米的总种植面积为1200亩，其中种植青贮玉米的一等地面积为200亩，剩余的1000亩青贮玉米都是在产量低的坨子地种植，或者是在林地的间隙空处种植，即林草间种。村民种植青贮玉米主要是以实验的方式进行种植。地方政府一直鼓励粮改饲，但是白村人为了获得玉米收入，一直在产量低且无法灌溉的坨子地上少量种植青贮玉米，圈养牛羊的草料主要来自玉米秸秆。由于全年禁牧以及牛价的提高，农牧民想试一试在一等地种植青贮玉米合不合算，因此村里少数农户在一等地上试种青贮玉米。

我家今年种了6亩地的青贮(玉米)，都是在好地(一等地)上种的。我家养的牛多。以前都是在坨子地种，来年不是全年禁牧了吗？牛就吃不到青草了，我爸说种青贮玉米试试，看看效果怎么样，如果效果好，来年就继续种，如果效果不好，就不种了。(WX 20170821)

同时，禁牧推动了舍饲养牛，即圈养。圈养为积肥、保肥提供了有利的条件。圈养提高了喂养条件，牛的进食更加规律和丰富，尤其是圈养增加了饲料的使用，而饲料的使用使得牛长得快，不易生病。现在乳牛一岁就发情，牛体能够达到成年牛的牛体，乳牛发情便可配种育胎。圈养可一年四季提供足够的草料,因此牛在全年任何时候都能够发情配种。

　　以前牛只有在夏天才发情,夏天青草出来了,牛可以吃饱了,吃饱以后才会发情。大约从3年前(2014年)牛开始在冬天也发情了,而且一年一个犊了(受孕周期为一年)。(BH 20171209)

　　集体时,夏天的草场好。夏天挤牛奶,但是冬天没有喂的,都是大撒手。散养喂得不行,吃得不好,牛冬天就不会发情。那时候牛都得三四岁才发情,两三年才一个犊。从10年前开始就喂得好了,牛差不多三岁发情,两年一个犊。现在都是圈养了,喂得更好了,而且都给牛喂饲料了。现在的牛不容易生病了,饲料里头有抗生素,免疫力就强了。饲料也能使牛长得快,现在有的牛285天后就能下牛犊。(SJG 20171209)

可以看出,虽然白村的草场在不断地缩减,草场退化严重,而且禁牧政策不断严格,但是白村的牲畜数量却不断增加。其中牛的数量快速增加,而羊的数量不断减少,马的数量也在减少。这表明了,在政府和市场双重力量的影响下,白村人畜养牲畜的结构也发生着改变。以羊为例,禁牧后,农牧民不得在野外放牧牲畜,而羊的特性是不易圈养,圈养易使羊生病,而且羊不喜欢吃玉米秸秆,所以,白村人将羊大量出售,仅留下一部分用于自己宰杀食用。马作为蒙古草原的象征,出于对马深厚的情感以及马肉的口感远不及牛羊肉,蒙古族基本上不食用马肉。马对于蒙古族而言主要是用于乘骑役用。由于交通工具的现代化和农业机械化,虽然马车在白村一些下雨天气中仍然扮演着重要交通工具的角色,但是农牧民对马的役用功能的需要仍逐渐减少。马只有在旅游景点、赛马场、医药工厂等场所中出现。白村,逐渐成为"牛的世界"。

　　我有200来只羊,过几天打算卖了,然后买牛养着,牛棚都盖好了。来年(明年)就全年禁牧了,不能到山上放羊了。羊不爱吃秸秆,而且在圈里圈着容易生病,羊必须得放,羊吃百草,草里有药材,羊就不容易生病。特别是山羊,圈养根本不行,山羊必须得在山上放。(BYD 20171108)

现在养马的人少了,因为种地用不着马了,出门也不用骑马了,都有车了。我家还有一匹马,是因为我不会开三轮车,我需要马拉着车出去加工。收完苞米后,我就赶着马车拉着加工苞米的机器出去加工。我这是流动加工,提供上门服务,比较方便。我这机器主要是将苞米加工成牛吃的饲料。(WYG 20171121)

2018年白村牛的数量达到1500头,几乎是2005年的3倍(见表6-2)。白村牛的数量迅速增加是始于2016年,2016年白村牛的数量是950头,仅一年的时间牛的数量就增加了401头,2017年达1351头。马在2016年减少为5匹。山羊在2014年实施禁牧后大量减少,绵羊的数量是在2018年开始大量减少,由2017年的667只减少为192只。这一现象不仅是在白村出现,白村所属的努古镇也呈现出这一趋势,即牛的数量不断增加,而马、羊(绵羊、山羊)的数量不断减少(见表6-3)。2018年1月白村牛的总数达1500头,白村共有172户养牛,占总户数的72%,其中养牛头数在31~40头的共有5户,21~30头的有36户,11~20头的①共有120户,6~10头的共25户,1~5头的共16户。

表6-2　白村2005—2017年部分年份牲畜数量

| 年份 | 牛(头) | | 马(匹) | | 驴骡(匹) | | 绵羊(只) | | 山羊(只) | | 总计 |
	数量	百分比(%)	数量	百分比(%)	数量	百分比(%)	数量	百分比(%)	数量	百分比(%)	
2005	576	32.40	237	13.33	24	1.35	590	33.18	351	19.74	1778
2010	797	44.20	13	0.72	0	0	621	34.44	372	20.63	1803

---

① 头数在11~20头之间的基本上都是12头到15头。

年份	牛(头)		马(匹)		驴骡(匹)		绵羊(只)		山羊(只)		总计
	数量	百分比(%)	数量	百分比(%)	数量	百分比(%)	数量	百分比(%)	数量	百分比(%)	
2014	820	55.90	11	0.67	0	0	678	41.17	109	6.62	1618
2016	950	55.26	5	0.29	0	0	635	36.94	131	7.62	1721
2017	1351	62.93	4	0.19	0	0	667	31.07	127	5.91	2149
2018	1500	86.81	2	0.14	0	0	192	11.11	34	1.96	1728

表6-3　2016、2018年努古镇牧业结构

年份		大畜(头／匹)				小畜(只)	
		牛	马	骡	驴	绵羊	山羊
2016	期初实有头数	25273	244	2		25822	4991
	期末实有头数	26994	240	2	1	25812	21468
2018	期初实有头数	62448	192		6	11086	2648
	期末实有头数	47448	199	0	7	10693	1572

表6-4　2016、2018年努古镇牲畜种类统计

牲畜种类	2016				2018			
	牛(头)	马(匹)	绵羊(只)	山羊(只)	牛(头)	马(匹)	绵羊(只)	山羊(只)
总计	25273	244	25822	4991	62448	192	11086	2548
能繁殖的母畜	18352	97	13960	2452	20024	26	7257	1572
繁殖仔畜	7509	48	8318	1581	10050	21	3371	819
役畜	—	19	—	—	—	—	235	59
种公畜	—	2	274	123	—	—	—	—

　　为了加强对畜牛业的支持,白村所属的苏木政府自1973年开始实施人工授精,采用冷冻精液①给牛授精。如今,白村除了羊群有公种畜之外,马和牛都已经没有公种畜了。1977年,人工配种开始采用颗粒精液②,颗粒精液的取种种牛品种更加优良,精液的成活率更高。1980年开

----

　　①即液氮罐冷冻精液。液氮罐是一种低温生物容器,用不锈钢或铝合金制成的双层外壁容器,内外两层中间为高度真空并填有绝热材料,容器盖用泡沫塑料制成,既可少量透气,又有隔热作用。在罐内灌入液氮,并将精液存放于液氮罐中。

　　②颗粒精液的大小像黄豆粒一样,在常温状态下贮存。配种时,需要用显微镜确认精子是否成活,经过确认后才能配种。

始有了细管精液①,细管精液的成活率非常高,给牛配种的过程更加简单,这无疑增加了母牛受胎率。但是人工授精的推广并不是一帆风顺的,首当其冲的便是技术问题。人工配种需要配种员从种牛中挑出强壮的种牛并且自己取精,这种人工配种方式对配种员的取种和配种技术要求很高。其次,人工配种在一定程度上引起了农牧民的抗拒,在人工配种推广之初农牧民并不接受。虽然生产队严格要求牛要人工配种,但是很多农牧民偷偷地给牛自然配种。这种现象一直持续到20世纪80年代中期才逐渐消失,农牧民根据对比发现,人工配种生产的牛崽的确要比自然配种的牛生得强壮和健美。

一开始大队的配种员宣传人工配种,而且禁止自然配种,可是没有人相信啊。人工配种的受胎率要高,而且精子也好。可是老百姓不知道啊,他们不明白这个道理,所以等牛发情的时候,人们就偷偷地给自己家的牛配种。(EED 20170913)

集体的时候,我被大队选去学习人工授精技术。学完技术回来,就在牛群里找好的公牛取精。后来有了颗粒精液就不需要自己去取精了,但是每次给牛授精时都要用显微镜检查精子是不是活的,活的精子是会动的。20世纪80年代的时候就有了冷冻精液,冷冻精液的精子成活率高,基本授了精就能受胎。如果一次授精不成功,那就再第二次给它授精。人工授精可以改良品种,现在咱们这一带的牛基本都已经改良了,很少见到没有改良过的品种。(SP 20171109)

---

①即"将精液放入输精枪内(白村一带多采用凯式输精枪),并采用液氮冷冻"。输精枪长约20厘米,直径约2厘米,主体部分由塑料制成。人工授精时,工作人员佩戴手套后用"直肠—宫颈灌注法",通过直肠抓住并固定宫颈,并经阴道将输精枪插入宫颈,然后推动输精枪的尾端把精液注入母牛体内。

白村的SP①是一名配种员，自2013年开始，仅给牲畜人工授精一项工作每年收入便高达2.3万余元。随着牛的数量的增加，会人工授精的人也多了起来，2018年白村及邻村东村共有5人能够给牛进行人工配种。因此，白村现在已经不需要公种畜了。白村的牛以母畜为主，母畜产下牛犊，如果产下的是小牛牤子，畜养6个月至1年后出售；如果是小乳牛，则留下以作繁殖母畜，只有在不得已的情况下，白村人才会出售具有繁殖能力的乳牛和小乳牛。

二、全力打造黄牛产业

白村所属的科尔沁左翼后旗"地沃易耕植，水草便畜牧"，历来是我国养牛最多的旗县之一，被称为"黄牛之乡"。自20世纪50年代开始引进国内外十几种良种牛进行品种改良，经过30多年的努力，20世纪80年代科左后旗育成"科尔沁牛"，并且在1990年通过内蒙古自治区鉴定命名。科左后旗不断引进新品种，不断改良科尔沁牛，同时也积极改良人工配种技术。自2003年始，牛细管精液在全旗普遍推广，颗粒精液被淘汰。

2007年全旗黄牛存栏36.01万头，改良牛8.45万头。作为我国"黄牛第一县"的科左后旗，为实现牛产业蓬勃发展，积极深化农牧业供给侧改革，抓好多项措施，全力打造绿色、安全的肉牛全产业链。②科左后旗采取的各项措施使得黄牛产业有了长足的发展，黄牛存栏量和基础母畜存栏量逐年上升（见表6-5）。2019年度科左后旗的黄牛饲养量达81万头，其中基础母牛的繁殖率提高到90%，并被列入全国养殖大县名录。③

---

① SP生于1951年，1973年被大队选为配种员，并且到后旗开展的配种学习班进行学习，学习一个月后回到大队开始给需要配种的母牛进行配种。单干后SP自己到通辽市购买种牛精液，给白村及附近的村子的发情母牛进行人工配种，并收取一定的费用。

② 通辽市政府：《科左后旗着力打造绿色肉牛全产业链》，http://www.tongliao.gov.cn/tl/kzhqi/2018-03/27/content_3bf57a7ef409432eac4cc307af5b6d48.shtml，2019年12月7日。

③ 内蒙古自治区人民政府：《通辽市2019年科左后旗政府工作报告》，http://www.nmg.gov.cn/art/2019/3/5/art_4219_254819.html，2019年12月7日。

表6-5　2005—2017年科左后旗部分年份黄牛总存栏和基础母畜存栏统计[①]

单位:万头

年份	2005	2006	2007	2012	2013	2014	2015	2016	2017
黄牛总计存栏	32.10	34.12	36.01	50.00	57.48	63.5	70.00	77.10	81.03
基础母牛	—	—	—	—	32.60	33.50	37.00	—	—

科左后旗积极采取各项措施推动黄牛产业的发展。

第一,不断加大对黄牛产业的资金投入和扶持力度。自2015年,科左后旗财政局每年拿出1000万元用于支持黄牛产业发展;2017年实施黄牛产业扶贫政策,整合各类涉农项目资金达2亿元;加大金融支持,2015年至2017年8月,投放黄牛养殖贷款5.2亿元,2017年投放黄牛养殖贷款达7亿元,旗内所有具备养牛条件的家庭基本上都获得了此类贷款。[②]

第二,加大疫病防控和提升质量。加强动物疫病防疫服务体系建设,增强对重大动物疫情预警预报和应急处置系统建设,实现重大动物疫病强制免疫密度100%。严厉打击使用"瘦肉精"等违禁添加物行为,确保出栏黄牛质量安全。同时,结合标准化养殖、技术推广、禁牧舍饲等管理措施,提升肉牛科学养殖水平。规范生态原产地产品保护工作,培育绿色有机的自有牛肉品牌,不断提升"科尔沁"品牌效应,推进黄牛产业的绿色发展。[③]

第三,加快黄牛交易市场建设,力争建成百万头黄牛交易基地。科左后旗不断规范黄牛交易市场,并且在原有交易市场的基础上不断扩建和

---

①根据通辽市人民政府网站和科尔沁左翼后旗人民政府网站的各类数据整理制表,具体篇名及网址如下:通辽市政府:《科左后旗牛副产品深加工骨胶骨粒生产项目》,http://www.tongliao. gov.cn/tl/kzhqi/2019-07/10/content_edfbcc1df2f742ae8c88e5a9d2be4d44.shtml,2019年12月7日;科尔沁左翼后旗人民政府:《黄牛之乡》,http://www.houqi.gov.cn/kzhq/tshq/2017-08/29/content_ 29b63f7015334488ab88b5f7f8573b32.shtml,2019年12月7日。

② 通辽市政府:《科左后旗四项措施推动黄牛产业发展》,http://www.tongliao.gov.cn/tl/qxdt/ 2017-08/26/content_d322fc8492504a12add3018be7116035.shtml,2019年12月7日。

③ 科尔沁左翼后旗:《后旗黄牛产业越做越"牛"》,http://www.houqi.gov.cn/kzhq/hqxw/2017-08/30/content_8a5be694da9145aca6ab4fed252cc59d.shtml,2019年12月7日;通辽市政府:《科左后旗着力打造绿色肉牛全产业链》,http://www.tongliao.gov.cn/tl/kzhqi/2018-03/27/content_ 3bf57a7ef409432eac4cc307af5b6d48.shtml,2019年12月7日。

新建,逐渐形成标准化的交易市场,交易量不断增加。科左后旗2017年8月正式开工建设全国最大的黄牛交易市场,此交易市场占地面积406亩,计划投资1500万元,设十个功能区,建成后日交易量可达10000头以上。①此黄牛交易市场于2018年6月建成,并于当年7月开市。2019年组建了通辽市首个黄牛交易信息平台。

第四,建设黄牛加工基地,延伸黄牛产业链。科左后旗依托黄牛产业资源优势,通过招商引资大力推动黄牛屠宰加工企业发展。目前,科左后旗有3家大型黄牛屠宰加工企业。②同时,拓展延伸产业链条,重点打造"肉牛—屠宰与肉类分割加工—肉制品加工"和"肉牛—脏器、骨、血液综合利用"两个产业链条。③

第五,种草兴牧,发展饲草料储备基地。科左后旗以"为养而种,为牧而农,以种促养,以养增收"作为发展思路,推行"粮改饲",建设以青贮玉米、苜蓿为主的饲草料基地,加大青贮玉米窖建设。

科左后旗政府全力打造黄牛产业,在这样的背景下,养殖户自然而然会将养殖重心转向黄牛。黄牛产业链的形成使得养殖户不必为卖牛而犯愁,只要养了牛,就会有收入。白村有8个倒牛的老客,如果村民要卖牛,可以直接给老客打电话,老客就会开着车到家门口拉牛。老客通过买牛卖牛赚取差价。老客在村民手中买牛,如果是小牛牤子则拉到牛市卖出,如果是小乳牛则转手卖给其他村民或者到牛市卖出,如果是年纪大的老牛或者残疾牛则会卖给屠宰场。

---

① 通辽市政府:《科左后旗开工建设全国最大黄牛交易市场》,http://www.tongliao.gov.cn/tl/qxdt/2017-08/26/content_8385491137524ae7bf24af7a65b65d53.shtml,2019年12月7日。

② 其中科尔沁牛业是国家级产业化龙头企业、国家驰名商标,先后被确定为北京奥运会和广州亚运会牛肉产品唯一指定供应商,是国内首家通过牛肉产品有机认证的企业。

③ 通辽市政府:《科左后旗立足两个"百万头"加快打造三个"基地"全面提升黄牛产业》,http://www.tongliao.gov.cn/tl/qxdt/2017-08/26/content_d6fb5062721644fcb90ed449552b9abb.shtml,2019/12/7;科尔沁左翼后旗:《后旗黄牛产业越做越"牛"》,http://www.houqi.gov.cn/kzhq/hqxw/2017-08/30/content_8a5be694da9145aca6ab4fed252cc59d.shtml,2019年12月7日。

三、养起扶贫牛,日子有奔头

2001年起白村所属的科左后旗暂缓征收牧业税,2002年取消屠宰税并免除"三提五统"的缴纳,2005年全面免征农业税(包括牧业税)。税费改革减轻了农牧民的负担,同时国家不断向农村"输入"资源以支持农村建设。

自2010年始,各类扶持农村发展的项目不断进入白村。白村的道路、水电、住房、医疗、产业等有了全面的改善,为白村的农牧业发展提供了良好的条件。地方政府在以村为单位的基础设施建设完成后,开始实施产业扶贫战略。科左后旗结合本旗的产业优势,以发展黄牛产业作为产业扶贫的抓手,通过财政支持鼓励贫困户养牛,并取得了非常明显的效果。《人民日报》在2016年11月12日刊登了题为《赶着黄牛奔小康》的文章,介绍和认可了科左后旗黄牛产业扶贫的情况和取得的成效。科左后旗的"黄牛产业精准扶贫模式"在2018年8月20日通辽市举行的"全球减贫案例有奖征集活动"①案例评审会中,得到了评审组的高度评价,并且于2018年10月入选全球减贫案例。

黄牛产业扶贫取得了立竿见影的效果。通过一系列为农民提供政策性养殖业保险的措施、大力建设养殖基础设施、提供专项养殖扶贫贷款等项目,促进了贫困户的产业发展。不仅如此,一系列黄牛产业扶贫项目的实施加快了农牧民脱贫,且脱贫效果可持续性强。

(一)实施政策性养殖业保险

为保证农牧民牧业收入,提高农牧民养殖意愿,减少农牧民养殖风险,2014年白村所在的努古镇按照《内蒙古自治区2014年政策性农业保险开办方案》精神,在全镇各嘎查实施养殖业保险工作试点,各嘎查投保

---

① "全球减贫案例有奖征集活动"是由中国互联网新闻中心与中国国际扶贫中心、世界银行、联合国粮农组织、国际农发基金、联合国粮食计划署和亚洲开发银行于当年5月联合发起,面向全球有奖征集100个原创最佳减贫案例,旨在全球范围内动员权威机构和专业人士,共同为减贫知识分享贡献智慧。

头数占总头数的33%。具体实施方案如下：

努古镇养殖业保险工作试点实施方案

按照《内蒙古自治区2014年政策性农业保险开办方案》精神，为促进养殖业健康发展、建立养殖业发展风险管控体系，切实保障农牧民财产安全，积极推进我镇养殖业保险工作。

一、指导思想

严格遵循政府引导、市场运作、自主自愿、协同推进原则，建立以养殖户投保、保险经办机构承保、农牧业主管部门协调、监管的养殖业保险工作运行机制，做好养殖业保险的推进工作。

二、承保机构

由安华农业保险股份有限公司承保。

三、投保条件

1.投保的保险标的(奶牛)必须在当地饲养1年以上(含)。

2.投保时奶牛在1周岁以上(含)7周岁以下(含)。

3.奶牛存栏量50头以上(含)、不够50头的以村委会、奶站、养殖小区的形式参加奶牛养殖保险。

4.经兽医站验明无伤残、保险标的无保险责任范围内的疾病，营养良好，能按旗农牧业防疫部门审定的免疫程序接种并有记录，具有能识别身份的统一标识。

5.投保人应将被保险人符合投保条件的奶牛全部投保。

四、保险金额及保费

养殖业保险：奶牛。

保险金额：5000元。

保险费率：8%。

保险费：400元。

农户自交保费：60元。

五、投保时间

2014年11月28日至2014年12月10日。

2014年白村共有820头牛，投保数为270头。2014年农户按15%缴纳保费，其余85%的保费由上级财政给予补贴。2016年对养殖业补贴进行了调整，保险金额增加到6000元，保险费300元，农牧户按20%缴纳保险费60元，中央财政补贴50%，自治区财政补贴20%，通辽市财政补贴3%，科左后旗财政补贴7%。自2016年开始，白村人将自家符合投保条件的基础母牛全部投保。养牛有了保险，在牛因意外、生病等导致死亡的情况下，农牧民能够获得6000元的理赔，以保障农户的利益，激励其养殖的积极性。

现在养牛不会赔本了，牛因为毛病啥的死亡，直接给他们（保险公司）打电话，他们就来人了。来了后检查牛是不是故意弄死的，如果不是就能给钱了。有了保险，养牛（心里）就有底了，大伙儿养牛就有信心了。（BH 20160804）

我是咱们嘎查的兽医。自从有了保险，牛生大病时，牛的主人就不治了，因为牛得了大病后基本是治不好的。以前大病也治，老百姓着急啊，那一头牛1万多，牛死了的话，就没啦，能不着急，能不上火吗？没有保险之前，如果家里的牛生病，一天找我好几趟，让我去看。现在大家觉得治也治不好，花那钱干啥，反正有保险，一头牛10000多，死了的话，也能得到6000块。（SJG 20171124）

（二）加强养殖业基础设施建设

草场减少、禁牧等要求牛必须圈养，圈养需要建设牛棚，需要种植草饲料和建设储备饲料的青贮窖。2014年白村实施精准扶贫，根据建档立卡的贫困户的生产条件，至2017年底给50户建设70平方米的牛棚，给18户建设10米长、2米宽、2米深的青贮窖,共投资118.5万。有牛的贫困户有了统一建设的砖石结构的牛棚后,牛的保育措施提高了。尤其是在春秋换季时期,良好的棚圈条件使得牛不易生病。在冬天,牛棚能够更好地避寒抗风。建了牛棚目前没有牛的贫困户都希望自己有钱可以买牛进行养殖。青贮窖的建设提高了青黄贮玉米饲料的存贮质量,较好地保存了草饲料的养分。而且扶贫牛棚和青贮窖的建设在一定程度上也推动了白村人对牛棚和青贮窖建设的认识,很多农户自发自建牛棚和青贮窖,有的养殖户给牛棚覆盖上塑料布以保暖。按家庭人口数为养牛的贫困户发放青贮玉米种子,每人口按两亩地的青贮玉米种子的播种量补贴70元。

> 我有牛棚的项目,2016年国家给免费盖的,我现在还没有牛。但是我特别想养牛,如果有钱了我就买牛来养。(HQG 20160809)

> 牛棚保暖效果好,只要每天清理牛粪,牛不容易感冒生病。集体的时候牛棚就是栅栏,后来是用土墙垒的牛棚,用苇子、高粱和苞米秸秆搭棚盖和风障,每年都得用泥抹墙。80年代开始有了砖石结构的牛棚了。现在牛棚盖得越来越好了,扣上塑料棚就更好了。牛冬天怕冷,牛倒嚼①时会吸进凉气,吸进凉气后就容易感冒。现在的牛棚保暖,冷风不容易进去,牛在冬天就不会吸进凉气感冒了。(SJG 20171124)

(三)实施金融扶贫富民工程

2013年通辽市开始实施"金融扶贫富民工程",并由中国农业银行启动。但是由于执行支行存在消极、等待、畏惧的思想,部分支行人员配备不到位、员工激励措施不到位、惠农卡及电子机布放不到位等原因导致工

---

① 倒嚼,方言,即反刍。

程推进速度缓慢。截至2017年5月27日，科左后旗向养殖黄牛的农牧户发放扶贫贷款4008万元，惠及7个嘎查村、844户农牧民。[①]具体而言，白村是在2016年开始实施金融扶贫工作，白村人将金融扶贫叫"肥牛贷"。扶贫贷款分为两种：一种是实施"金融扶贫富民工程"强农贷，依托农业银行"两免两直一降"优惠政策，对符合条件的贫困户实行免担保、免利息，直接入村放贷、直接发放到户。由于此项贷款只针对建档立卡的贫困户，因此白村农牧户将其称作"扶贫贷款"。这一贷款要求贫困户必须年满18周岁且小于60周岁，具有劳动生产能力，非单身、无失信记录（包括刑事犯罪和失信记录）。白村符合这一贷款条件的贫困户有限。2016年白村共82户贫困户，只有18户获得这一贷款，购买基础母牛61头。在贷款前中国农业银行分行负责扶贫贷款的工作人员要与贷款贫困户进行面谈[②]，而且要求贷款去向必须是购买基础母牛。为了更好地保证村民能够将贷款用于购买基础母牛，贷款发放给贫困户后，交由嘎查委员会统一保管。当贫困户要购买基础母牛时，需要村干部的陪同以确保贫困户将贷款用于购买基础母牛。因此，在贷款前嘎查委员会、嘎查书记和嘎查达[③]、贫困户要共同签署《贫困户贷款购牛养殖协议书》，具体内容如下：

贫困户贷款购牛养殖协议书

甲方：努古镇_____嘎查委员会

---

① 数据来自通辽市人民政府：《科左后旗发放"金融扶贫富民工程"贷款4008万元》，http://www.tongliao.gov.cn/tl/qxdt/2017-08/26/content_ff86f705046c421293169911a899871f.shtml，2019年12月14日。

② 面谈内容：1.借款人是否与我行有其他业务合作？2.借款人及家庭成员是否身体健康？3.借款人是否有过刑事犯罪记录或有嗜赌、吸毒等不良行为？4.对于贷款用途所属行业，借款人具备多长时间的从业经验？5.借款人是否知悉《金穗富农贷申请表》中所作声明？6.如借款人未依借款合同约定按时足额还款，将被作为不良信用记录并承担违约责任，借款申请人是否知悉？7.如借款人未依借款合同约定按时足额还款，贷款银行有权向担保人追究债务或依法处置抵押物，担保人是否同意？

③ 嘎查达，蒙语，即村长的意思。

乙方(贫困户)：_____身份证号：_____

丙方(担保人)：_____身份证号：_____

为加快贫困户脱贫步伐，按照上级部门精准脱贫要求，根据金融扶贫贷款方案，__年__月__日，为该户协调科左后旗农业银行贷款__万元，协调努古镇信用社贷款__万元，用于购买基础母牛__头。经甲乙丙三方协商一致，遵守公平、公正、责任分摊的原则。甲乙丙在签订本协议时充分理解并知晓以下条款的内容后，签订本协议，以便明确三方权利、义务，并共同遵守执行。

甲乙丙三方权利义务：

1.甲方提供基础母牛饲养技术服务，有权对贫困户贷款购进的基础母牛进行监管，同时负责黄牛养殖中的基础母牛保险收缴、协调兽医站做好疾病防疫等工作，到还款期时组织贫困户及时还本付息。

2.乙方在2020年底前不得将贷款购进的基础母牛出售、转让、宰杀或隐藏，但可以进行品种更新，不得转让饲养，并按时缴纳母牛保险，如母牛出现意外问题，符合保险公司赔偿范围的，基础母牛赔偿金归乙方所有，待保险理赔后及时购进基础母牛；到还款期时贫困户要及时还本付息，如不按时还本付息，取消贴息资金补助。

3.丙方及时了解乙方的饲养情况，对乙方出售、占让、宰杀或隐藏的行为，有义务如实告知甲方，如丙方知情不报将承担连带责任。

本协议一式三份，甲乙丙三方各执一份。甲乙丙三方认真阅读无异签字盖章后生效，此份协议如有不妥，甲乙丙三方可另行商讨解决。

甲方(盖章)：

党支部书记(签字)：_____　　嘎查达(签字)：_____

乙方(签字、手印)：_____　　丙方(签字、手印)：_____

签订日期：____年____月____日

另一种贷款是面向所有农户的"央贷扶"工程(信用联社)。这一贷款要求贷款家庭户主年龄满18周岁且小于60周岁、具有劳动生产能力、非单身、无不良记录；仅用于购买黄牛；需要4至5户农牧户进行信用联保，贷款金额为5万元，这项贷款为贴息贷款，农牧民只需要还本金，利息由政府财政贴息，白村村民将这项贷款称为"联保贷款"。白村大部分家庭都申请了这一项贷款。这项贷款为需要资金扩大牛群的家庭提供了资金，也使得很多没有资金却有能力养牛的家庭实现了养殖的愿望。而且很多农牧户开始专门从事育肥饲养，2017年白村有5户人家专门饲养育肥牛，每户育牛5到8头不等。这些家庭从市场或者农户那里购入四五个月的小牛牤子，在家中饲养3至5个月，然后卖给屠宰场。1头牛购进时价格在4000到6000元之间，出售时价格为5000到11000元不等，1头牛1个月需要草饲料等投入约300元。如果牛不发生意外，平均1头牛能够获得1500元的纯收入。

> 我自己盖的牛棚，花了6000多（元）。我们家贷款了，用5万贷款买的牛。今年春天买的小牛牤子，我们雇车去伊塔牛市买的牛。雇的是咱们屯子的车，雇车一头牛60元，卖的时候也是雇车。拉回来自己买饲料喂，我们家的地全种的苞米，苞米秸秆够吃。今年我们已经育肥两批了，现在牛棚里的是第三批了，具体赚了多少钱我也不太清楚，差不多每头牛能挣1000块。赔不了本，能赚着。国家给的这个贷款挺好。（YL 20171219①）

> 这贷款是3年还期，3年以后必须都还。现在要是得到了贷款，买个三四头牛，3年以后能发展到10多头牛。如果好好地饲养，最后

_____

① 笔者于2019年1月30日打电话给报道人，报道人告诉笔者，YL家自2018年7月开始就不再专门购买小牛牤子育肥了，主要是因为育肥牛没有保险，而YL家的牛在2018年病死了2头，对于YL一家来说，这是非常大的损失，因此YL家购买了3头二岁以上基础母牛进行繁殖，并给牛都上了保险。2019年11月20日，笔者给报道人打电话，YL家牛的头数已经达到6头，其中基础母牛为4头，1头小牛牤子，1头小乳牛。

能剩个10头牛是没问题的,是真的可以脱贫的。(HYZ 20170710)

去年抬的扶贫贷款,我们有4家相互担保抬的款,上面要求3年后必须还清。如果我们4家中有1家3年后不还钱,剩下的3家就要替他还。我们4家抬的款都买牛了。我以前有7只羊,我把这7只羊都卖了,加上抬的款,一共买了5头牛。(BT 20170804)

不过,这两种贷款的条件将单身户、无劳动能力和老年户排除在外,而这些条件往往就是农牧民陷入贫困的主要原因。为了使这些贫困户脱贫,也为了保障扶贫资金的安全,科左后旗通过旗扶贫办、科尔牛业公司、旗信用联社、蒙农物资管理公司四方合作,签订协议,带动企业助力脱贫。依托科尔牛业公司建设科左后旗金融扶贫黄牛养殖场,嘎查委员会为贫困户提供反担保,贫困户将5万元贷款以入股的方式投入金融扶贫养殖场,金融扶贫养殖场以合作社的方式为无劳动能力、单身及贷款超龄贫困户实施托管养牛,每年给参与的贫困户分红5000元,即"一见两不见"——不见贷款不见牛,每年见分红。3年后,贫困户用分红资金所得1.5万元购买基础母牛,通过自养或者代养,实现收入持续增长。白村有21户贫困户参与入股分红。

我今年47岁。我老公是去年出车祸没的。因为是他的过错,所以给对方赔偿了19万。他住院治疗又花了13万,现在我有一屁股债。我大女儿一生下来脑子就不好使,就是智商低,她自己不会穿衣服,也不会吃饭,今年21岁,家里必须长期有人照顾她。我的小女儿今年17岁了,去年就不上学了,然后去甘卡打工了,在烧烤店当服务员。我有糖尿病,每个月花300多的医药费,今年糖稳定了。我得这病已经5年了,前几年一年的医药费都是1万多,药贵。现在糖稳定了,才用差一点儿的药。我家没有劳动力,没有办法养牛,给了贷款想养也没办法养,就是入股分红,每年给5000的分红,这样也不用操

心了,我还能照顾大女儿。(HL 20171017)

黄牛产业扶贫的方式使得白村的农牧民通过养牛增加了收入,至
2018年9月初,白村有22户贫困户通过黄牛产业实现了脱贫。白村所属
的努古镇于2018年6月实施"铁牛(羊)"借养项目,给予白村41户贫困户
扶贫资金用于购买基础母牛或基础母羊进行养殖,一户一万元。3年后
镇政府收回最初购买的基础母牛或基础母羊,作为"滚动扶贫基金"继续
巩固扶贫效果。基础母牛和基础母羊在贫困户养殖期间所得收益归贫困
户。因此,白村的牲畜数量,特别是牛的数量在产业扶贫力度不断加大的
情况下不断增加。

黄牛产业扶贫在白村能够成功的另一个重要原因是因为其符合白村
农牧民的文化惯习。白村是一个蒙古族村落,白村的农牧民觉得牛是蒙
古族的象征符号,是蒙古族身份的一种证明。正如村民在日常所说:"蒙
古族喜欢动物,尤其是牛、马、羊和狗。"白村作为一个蒙古族村落一直饲
养牲畜,并且对自己所饲养的牲畜十分了解,即使是在上百头的牛群中,
白村人也能很快找到自己的牛。它们会根据牛的年龄和身体特征给牛起
名,如三岁大白花、两岁小红花、四岁大犄角等。同时他们对自己养的牛
之间的亲属关系掌握得特别清楚,正如报道人所说:"我们都能分清哪头
牛是哪头牛的妈妈、哪头牛是哪头牛的姥姥、哪头牛和哪头牛是一个辈分
的。"[1]白村人能够非常清楚地了解每一头牛的脾气,然后根据牛的脾气
秉性把牛拴在牛棚的不同位置,以防止牛与牛之间相互顶撞。白村人与
牲畜之间有一种特殊的感情,甚至他们将牛看作家庭成员,对牛非常爱
护,尤其是母牛。

BHY(报道人BH的小儿子)家的一头牛因为误食铁块,已经病

———————————

[1] 从报道人对牛群中牛与牛之间亲属关系的掌握中可以看出,牛群是一个"母系"牛群。牛
群中没有"父亲"的存在。这是因为母牛是通过人工授精受胎,因此牛群中不需要种牛,也就出
现了"只有其母,不见其父"的现象。

了5天了，兽医已经来过治疗很多次了，但是依然不见好转。牛现在已经不能进食了，身体越来越虚弱，躺在地上喘息不断。这几天报道人和BHY一家人都很难过，为牛生病着急，尤其是BHY，这几天他的饭量明显不如往日。今天BHY给老客EED打了电话，EED很快开着车来到了BHY家门前，他对老客说："你把它拉走吧，我看不下去了，我没办法看着他疼死，拉到屠宰场一刀它就死了。"EED给了BHY2500元，BHY没有讲价。当拉着牛的车转出路口后，BHY蹲在地上泣不成声。对于BHY来说，最理性的做法是等牛死，然后申请保险，保险能赔付6000元，这样能将损失降到最小。可是BHY宁愿少拿3500元，也不愿眼睁睁地看着牛慢慢地疼死。（20170921田野日志①）

我们家前两年有一头老牛，它给我们家生了13个牛犊。它老得生不了犊了，我们也舍不得卖，有感情啊，它是我们家的恩人啊，就像我们的家人似的。它老得苞米粒都嚼不动了，我媳妇就用苞米面烙饼给它吃，或者给它蒸苞米馍馍吃。（BTE 20171211）

白村人觉得养牛是他们非常擅长的事情，他们觉得养牛不需要花费精力去学习，从出生时他们就在学习怎么养牛，熟悉牛的特征和秉性。大部分村民都希望自己能够养牛。没有牛的村民会非常热切地告诉你，只要有钱，他们就会买牛来养。村民对牛如此钟情，一方面是出于养牛能够获得较高的经济收益，另一方面是养牛能够带来情感上的满足。虽然随着白村不断被卷入市场，白村的日常生活与周边的汉族村落之间的差异越来越小，但是作为蒙古族，为保持和证明自己的蒙古族身份，他们选择牛来作为自己的民族身份象征。一言以蔽之，牛既符合了经济发展要求，又是蒙古族养殖的传统牲畜，因此村民更加愿意养殖牛。

---

① 笔者在田野调查期间，除记录访谈资料外，也将日常观察以田野日志的方式记录下来。

第三节　日常生活的变化

一、饮食结构的变化

饮食,本质上是动物界维系生命的普遍行为,然而人类的饮食除果腹以外却有了与其他动物进食不同的内涵和意义。例如,饮食的制作过程以及进食过程有着不同的仪式或禁忌,这证明了饮食具有一定的文化意蕴。

一方面,食物与人类生存、社会发展的关系密不可分,对食物之于人类的需求功能、社会践行,以及文化系统之间的复杂性和多样性,是人类学研究的重要议题。[①]在任何情况下,饮食的变迁都会牵扯到人们在自身形象方面、在形成反差的新旧生活品质的观念方面,以及在日常生活组织方面异常深远的改变。[②]"食物在人们思考他们自己与他者时扮演了一个积极的角色"[③],正所谓"人如其食"。"在一定的情境下作为族群认同符号"[④],日本将稻米作为身份认同的符号象征,但是在白村人的日常生活中,牛和玉米所具有的身份符号意义却与此不同。蒙古族将食物分为白食(乳及乳制品)、红食(肉及肉制品)、紫食(谷物粮食类)、青食(蔬菜野菜野果类)。

另一方面,食料必须具有养料,可以消化,而且要无毒质,它们受到环境及文化水准的决定。[⑤]人类的饮食取决于所处的自然环境和食物的来

---

① 彭兆荣、肖坤冰:《饮食人类学研究评述》,《世界民族》2011年第3期。

② [美]西敏司:《甜与权力:糖在近代历史上的地位》,王超、朱健刚译,商务印书馆,2010年,第25页。

③ [美]大贯惠美子:《作为自我的稻米:日本人穿越时间的身份认同》,石峰译,浙江大学出版社,2015年,第34页。

④ 徐建新等:《饮食文化与族群边界——关于饮食人类学的对话》,《广西民族学院学报》2005年第6期。

⑤ [英]马林诺夫斯基:《文化论》,费孝通等译,中国民间文艺出版社,1987年,第22页。

源,所谓"依山吃山,傍水吃水"。草原生态环境造就了"食肉饮酪"的饮食特点,江河水域形成了"嗜鱼菜稻茗"的饮食习惯。但是饮食的变化受到人类的生计和生产活动的影响,而且随着商品化和市场化,食物已经超越了时间和空间的限制。

虽然白村主要的农作物是玉米,但是玉米并不是村民饭桌上的主角,玉米只是作为粗粮偶尔出现在农牧民的餐桌上。目前白村的主食主要以大米(水稻米)和白面(小麦面粉)为主,而不是自产的玉米,也不是蒙古族传统的食物炒米和荞麦。大米和白面作为细粮符合了白村人的饮食需要。随着近年来家用电器的普及,有专门烙饼的电饼铛和蒸煮米饭的电饭煲,厨具的电器化使得做饭更加方便快捷,用白村人的话说就是"省事儿"。玉米成为白村人补充粗纤维的粗粮。

由于玉米种植面积的扩张,白村的所有耕地都被玉米所覆盖,农牧民只在庭院的园子里种植葵花、绿豆等杂粮。从经济收益上来看,糜子、荞麦等由于产量低,种植此类作物在收入上会有所减少,而且作物的秸秆不能喂牛,同时这些粮食都可以在市场上买到,购买要比自己种植经济划算。荞麦只是偶尔出现在白村人的餐桌上,高粱米只有在杀猪、杀牛煮肉粥①时出现在餐桌上,而黄豆、绿豆等则在白村人熬粥的时候加一点儿。在白村只有老年人将炒米②作为早餐吃,年轻人基本上不吃炒米。

玉米在白村常见的吃法主要有三种:一是吃青玉米,在玉米未成熟,玉米粒能够掐出玉米汁时,放在锅里用开水煮食;二是将玉米加工成玉米碴子,蒸米饭或者煮粥;三是将玉米粒加工成面粉,然后做成面条或者烙饼,这样可以与其他蔬菜和肉食进行搭配。通过表6-6可以看出,BH一家2017年消费的大米和白面最多,而作为自产的玉米的消费量却十分有限。荞麦和炒米的消费更少。在肉食方面,BH一家主要以猪肉为主,其

---

① 白村一带地区在杀猪或者杀牛时,喜欢将猪肉或者牛肉与高粱米或者玉米碴子放在一起煮粥。

② 炒米便于携带,而且不易变质。炒米可随时用牛奶等液体乳制品冲泡,牛奶、奶茶等是牧民最易获得的食品。

次是羊肉。BH一家有5口人,在白村属于中上等户。

表6-6 2017年BH一家食品消费情况表

食品	玉米	荞麦面	大米	白面	黄豆	炒米	猪肉	牛肉	鸡肉	羊肉
数量(斤)	70	30	1000	300	40	30	250	5	40	50
单价(元)	2.50	3.50	2.50	2.00	3.10	4.00	12.50	37.00	15.00	36.00
总计(元)	175	105	2500	600	124	120	3125	185	600	1800

来这儿加工的,主要是加工苞米,加工苞米主要是加工牛料,也有自己吃的。也有来加工稻子的,这些稻子都是自己买的,不是自己种的。小麦和荞麦以前有人种,但是现在基本都不种了。我们家把加工小麦和荞麦的机器都给卖了,卖了有七八年了。黄豆加工的时候就是春天做大酱的时候,再就是喂牲口的时候加工点儿。高粱是100斤出70多斤的米。苞米加工没办法算,如果是加工牛料,那100斤就是100斤。如果人吃,先把苞米加工成苞米碴子,然后再加工成面,得把皮加工掉。要是加工两遍,100斤能加工出七八十斤面粉。人吃的苞米必须得加工,不然有皮子,皮子那玩意儿硬不好吃。现在有喜欢吃粗粮的,有加工两遍三遍的,如果是三遍的话,就是70斤。现在生活条件好了,有的(人)要把苞米加工十多遍,那样苞米面就更细。(DHL 20171212)

我不喜欢吃炒米,太硬了。我爸有时候吃,就是用乌日莫泡着吃。现在咱们屯子就老人吃,年轻人都不喜欢吃。来商店买炒米的都是老人,年轻人少。我这商店卖炒米,忙的时候,就是扒苞米的时候卖得快点儿。这一袋儿是100斤,差不多一个月卖一袋,都是一次买五六斤,买的不多。(YZ 20171101)

我喜欢吃炒米,炒米顶饿,早晨吃一碗,到中午都不会饿。而且省事儿,早晨下地干活儿,泡点儿乌日莫就吃了,不用生火做饭了。

我吃煮熟的青苞米,也吃苞米面饼,就是用苞米面加点儿白面烙的饼,但是我不喜欢吃苞米碴子,那玩意儿我吃够了。我喜欢吃荞麦,荞麦面饸饹最好吃,但是你大娘不喜欢吃。高粱米我也很喜欢吃,杀猪的时候煮高粱米粥,那是真好吃。平时都是吃大米白面,一个是价格合适,一个好做。白面烙饼,有专门烙饼的锅,一插电就行了。做大米饭更省事儿,淘一下米,放在电饭锅里,一开电源就可以了。蒙古族最喜欢的糜子和荞麦现在吃得都少了,就是种得少了,都得从集上买。(BH 20171030)

在白村的饮料中,有牛奶、奶茶和红茶。红茶一直是白村人的主要饮品。笔者在白村入户访谈的过程中,喝到最多的饮料就是红茶,只有在一户家庭中喝到了奶茶。这种奶茶并不是主人自己煮的奶茶,而是用买来的奶茶粉经热水冲泡而成。在入户访谈过程中,只有在特别贫困的家庭看不到红茶。蒙古族人喜食肉类,猪肉吃的多,红茶有助于消化。同时,白村的水呈碱性、味涩,冲泡红茶可以使水喝起来更可口。在白村,茶水是待客之道,有客人来访主人会沏上一杯茶水,以示对客人的尊重。很多次,报道人BH老人带着笔者入户访谈,他都会以开玩笑的口吻,让主人给笔者沏茶,以示主人对笔者的尊重。白村的很多老人不喜欢洗喝茶的杯子,即使杯子上的茶垢已经非常浓黑,但是他们却把拥有这样的茶垢的杯子作为一件骄傲的事情,而且希望茶垢越多越好。报道人BH一家(5人)一年需要10斤左右的红茶,价格在每斤20元左右。

我丈母娘喝茶一直用一个茶杯。杯子内黑乎乎的,都是茶渍(茶垢)。她不洗茶渍,她觉得茶渍越厚越能说明她喝得茶多,越是好事儿。以前的人都是这样(不洗茶渍),茶叶不容易得,不洗茶渍,时间久了,就算茶杯里不放茶叶,只倒开水也能喝到茶的味道。现在条件好了,能够买到茶叶了,而且茶杯黑乎乎的,看着也不干净,所以现在不洗茶杯的人少了。(BH 20170809)

肉食和白食是蒙古族传统的自产自供的食物。肉食是指牛、羊、马、骆驼等肉,以及通过狩猎获得的野兔等野生动物的肉。白食是指乳及乳制品,白食在蒙古语中叫"查干伊德根"或"查干伊德",因其多数呈白色,故此被称为"白食"。乳主要包括牛、羊、马、骆驼等的乳汁,乳制品包括这些乳汁加工而成的食品,包括黄油、奶皮子、奶酪、奶豆腐、酸奶、乌日莫等。在蒙古族传统中禁杀马,只有在马受伤和生病的时候才能食之,而马乳则是饮之上品。羊是蒙古族最主要的肉食来源,牛次之。据白村老人回忆,在白村一带,新中国成立前只有地主、牧主和部分富农能够经常吃到乌日莫泡炒米,能够常年吃到乳制品,在节日和重要的日子里能够杀羊宰牛吃到肉食。而普通的农牧民很难吃得到,很多耪青和雇工没有任何牲畜,他们的肉食主要来源于雇主的赠送。乳也依赖于雇主的照顾,但是雇主不会直接赠予雇工乳,而是在夏季将自家产奶的母羊借给耪青或雇工。耪青和雇工可自由支配雇主这只母羊所产的乳汁,但是需要承担母羊的喂养责任。当母羊停止产奶后,耪青和雇工需将母羊完好归还雇主。

新中国成立后,随着农牧业的恢复和发展,农牧民或多或少地都能够吃到牛羊肉,喝到乳。单干后,农牧业发展快速,白村大部分家庭都有牛羊,在夏季基本上都能喝到乳,并且有条件自己制做奶制品。即使这些食品无法家庭自给,农牧民也可以在市场上购买得到。2005年后牛羊的数量不断增加,但是农牧民挤奶的次数却不断减少。至2011年,白村已无人挤奶,白村人的白食皆来自市场。白村人的肉食主要以猪肉和鸡肉为主,而不是牛羊肉。这与白村的地理位置有很大的关系,也与农业的发展有很大的关系。

首先,在纯牧业的时候,牧民以自己拥有的主要产品为食品。牧民拥有的是牛羊,生产者也是牛羊,所以可以尽情享受牧业产品。但是随着农业的"侵入",牧业出现萎缩,牧民开始转做农民,土地由草场转为耕地,只有少量的草场可用于放牧。牧业的萎缩,自然带来了牧业产品的减少。同时,人口的增多导致了草场面积的缩小,牲畜也随之减少,这自然导致蒙古族饮食的变化。新中国成立后,农牧民需要向国家交粮,这虽然加速了农业的扩张和对草场的破坏,但是每家每户基本上还能实现乳制品自给。进入2000年后,由于粮食价格的增加以及机械化的普及,草场大面积遭到破坏,草场要么变为耕地,要么沙化,导致牧场缩小,只有少数农户畜养牛羊。很多农户不再养牛羊,牛羊肉和乳制品也就不能通过家庭实现自给。因此,传统的食物成了消费品,农户需要用现金到市场上购买。2007年后,牛的价格上涨,而且草场的草不再茂盛,草料不足导致牛很难吃饱。由于牛吃不饱,所以牛无法产出乳汁。因为挤牛奶会影响牛体重的增加和牛犊的喂养,所以即使牛有乳汁,农户也舍不得挤奶食用。

> 零几年的时候,还自己挤奶子(乳)吃(喝)。那时候只要夏天草好,就能吃到奶子。现在都得花钱买了,可是舍不得买啊。我们也就只有在过年过节的时候买点儿来吃。(BHA 20170809)

> 现在挤奶子不合算,人不能和牛犊抢奶子吃。(BH 20171030)

> 刚下生的牛犊喝奶长得快,也健康。如果人把乳牛的奶挤了喝了,小牛犊就没吃的了。就是小牛犊不吃奶了,乳牛还有奶,也不能挤奶吃,那样会影响乳牛的体重。(BTE 20171211)

其次,牛、羊价格不断上涨,尤其是牛的价格不断上涨。农牧民意识到挤奶是一件非常不经济的事情,挤牛乳会影响牛犊吃乳,不利于牛犊的生长,而且也不利于母牛产后身体的恢复。为保证牛的质量和繁殖的数量,农牧民不再挤牛乳食用。近年来实施扶贫政策,扶贫工作为农村便民超市①提供补贴②,增加了超市产品的种类。农牧民可以在便民超市买到各种各样的乳和乳制品。

> 现在想吃就去商店里买,商店里啥都有。(BH 20171030)

> 我要是想吃奶制品,就去商店去买。商店里奶制品挺全的,纯牛奶、酸奶、奶豆腐、乌日莫啥的都有。(YZ 20171101)

> 咱们这儿有很多地方有工厂,这些工厂专门制作奶豆腐、乌日莫、酸奶、奶糖啥的。这些厂子不像蒙牛、伊利啥的牌子大、有名,但是做的东西味道还是比较符合我的口味的。这些东西都能在超市买得到。(HRC 20170709)

自集体时期开始,白村的肉食就以猪肉为主,牛羊肉只有在极特殊的情况下才能吃到,如春节时期。单干后,猪肉依然是白村人的主要肉食,每家每户基本上都养猪。养羊大户能够在特殊的日子自己杀羊吃到羊肉,如春节、中秋节等节日。而普通农户在这些节日基本上以食用猪肉为主,只在集市上购买少量的牛羊肉辅之。笔者调研住在农户家,以2017年7月6日至2018年1月6日为例,报道人家③在这半年期间共买羊肉3次,牛肉1次,每次购买的数量在1.5~3公斤。报道人一家平均每一个月

---

① 白村所属的努古镇对便民超市有统一的建设标准,建设标准如下:1.便民超市必须进行简洁装修,墙壁和地面便于经常清扫,店内通风、明亮。2.必须有与经营商品和经营规模相匹配的陈列货架、冰箱。3.店铺经营面积必须40平方米以上,经营商品品种600种以上;所经营的商品必须明码标价;商品品种必须摆放整齐,食品品种不能和非食品品种摆放在一起。4.店外要求有经营门牌,店内悬挂统一制作牌匾。5.经营者必须按要求建立台账,对进货渠道和供货商进行登记管理。

② 2016年和2017年每年每家超市补助3000元,并且对商品的质量进行不定期的检查。

③ 报道人家在白村算是上等户。报道人夫妇与小儿子虽分家单过,但是在一起吃饭。报道人一家生活比较节俭,在饮食方面坚持"能省则省"。算上笔者,报道人家每餐有5人进食,偶尔会有客人来,报道人的小孙子每周末回家吃饭。

会去距白村最近的镇子购买一次猪肉,每次购买5到10公斤不等,然后将猪肉分切成约0.5公斤左右的小块放在冰箱内冷冻。鱼肉和鸡肉也是一个月购买一次,一次购买的数量分别为3公斤左右、4公斤左右。2010年后白村养猪的家庭逐渐减少,农户主要是从市场中购买猪肉吃。养猪需要玉米作为饲料,但是当玉米价格上升时,养猪对于个体农户来说是不经济的事情。同时小猪仔的价格也逐渐增高,而且小猪仔买回来后成活率很低。农户综合考虑自己养猪要比在市场上购买猪肉成本高,因此白村大多数农户不再养猪。到2017年8月,白村只有15户养猪,共有猪31头①。

随着牛羊价格的增长,宰杀牛羊在白村成为奢侈的事情。一般只有家庭殷实的农户才会自己宰杀牛羊,而一般农户只有在特殊的日子宰杀。通过表6-7可以看出农牧民养殖的牲畜主要流向市场,尤其是牛。在白村,通常会在以下情况下宰杀羊:一新生儿满月;二家里孩子上大学或者入伍当兵;三结婚;四家人过世;五老人过寿;六过年过节。但是并不是所有的家庭都会在这些情况下宰杀羊,是否宰杀以及杀几只(头)都要视家庭的经济条件而定。白村人一般不宰杀牛,只有老人过寿的时候②和85岁以上的老人去世时才能宰杀牛,这显示了老人的地位和农牧民对老人的尊重。但是随着生活水平的提高,白村这一习惯逐渐发生着变化,牛逐渐成为家庭条件好坏的"显示器"了。2017年NSBT的妻子因病去世,去世时年仅53岁。按照白村以往的习惯,53岁去世的人是不能杀牛的,但是NSBT一家杀了一头牛,煮了牛肉粥。这头牛是NSBT的儿子在草场丰裕的南边村落花14300元买的。NSBT家是白村第一个为未满85岁去世的人杀牛的家庭。NSBT家有80多亩地,有22头牛,因此在白村算是富裕户了,生活条件非常好。NSBT杀牛的事情在白村人的眼里,是非常有面

---

① 包括2头可以繁育的母猪和7头小猪崽。

② 过寿,在白村主要是指过60岁以上的老年人过本命年的那一年的生日,主要包括61岁、73岁、85岁、97岁。但是过寿的时间并不是在过寿人的生日那天,过寿的时间主要集中于农历腊月的前20天。

子的事情。牛具有了不一样的意义,传递出了家庭的经济实力,是一种对家庭经济实力的"炫耀"。

表6-7　2016、2018年努古镇牲畜自食与出售数量统计

年份	自食与出售		牛(头)	绵羊(只)	山羊(只)	猪(头)	总计
2016	自宰自食		23	570	220	1240	2053
	出售	肉畜	5445	9224	1502	1142	17313
		仔畜	1012	2403	276	16	3707
2018	自宰自食		3	34	24	4	65
	出售	肉畜	11278	4564	761	79	16682
		仔畜	15286	3794	506	55	19641

蒙古族传统白食和红食虽然能够在市场中购买到,但是并不是每一个家庭都能够想吃就吃到,对很多家庭来说是想消费却消费不起。比如,炒米和乌日莫同食是非常美味的,但是乌日莫要6块钱一袋(500g),炒米要3.5元一斤,很多农牧民只能偶尔吃一次。为此很多农牧民用袋装酸奶代替乌日莫,袋装酸奶一袋1.7元。

> 我喜欢吃炒米和乌日莫,但是乌日莫太贵了,我只能偶尔吃一次,想吃了我就去商店买酸奶泡着炒米吃,虽然味道差点儿,但是还是能够过过嘴瘾。(QQG 20170809)

> 我们家很少去买奶制品,那一袋牛奶都得两块八,奶皮子更贵,一块儿就三十。我们家只有过年过节的时候才会买一件(箱)牛奶或者酸奶。(GL 20170818)

> 牛奶、酸奶、奶制品啥的不敢多进,送货的半个月来一次,我一次最多留十几件,不能多留,怕卖不出去。老百姓喜欢吃,也喜欢喝,但是兜里的钱不够啊。(BAY 20160802)

可以看出,在白村农牧民虽然种植玉米,但是玉米既不是农牧民的主

食,也不是农牧民喜食的食物。农牧民种植玉米并不是出于食用的需要,而是出于经济效益,所种植玉米的工具性较强。农牧民虽然喜食蒙古族传统的红食和白食,而且很多农户都养着这些食物的来源——牛和羊,但是却很少杀食,尤其是牛。按照2017年的市场价,一头成羊至少要1000元,一头肉牛至少10000元。对于很多家庭来说,杀食牛羊是一件非常奢侈的事情。因此,白村人生产的牧业产品基本都流向市场,而不是出现在家庭的餐桌上。白村人餐桌上的食物是从市场购买的更加经济合算的食物。同时,从白村人的饮食偏好中可以看出,玉米是白村人生计身份的象征,但是却不是民族认同的符号。炒米、荞麦、牛羊肉以及乳制品是白村人民族身份认同的符号,白村人深深地认同蒙古族传统的食物,认为"蒙古人就是喜欢吃糜子、荞麦,牛羊肉和乳制品"。对白村人来说,这些传统食物虽是民族身份的象征,但出于经济因素的考虑,白村人需要从市场中购入这些食品。这一现象体现了在市场经济背景下,生产产品与消费产品的分离和生产者与消费者的分离。

二、打工

农业生产的轻简化节省了劳动时间和劳动力。在白村,一个家庭平时只需要一个劳动力从事农业生产活动。因此,家庭中有了剩余劳动力,从农业活动中解放出来的劳动力便积极地从农业以外寻找就业机会。自2005年开始,白村附近开始有玉米加工厂、林场和砖场招工(玉米加工厂常年招工、林场每年4月1日至10月30日之间不间断招工、砖场自5月1日至9月30日招工)。而在此之前,白村人对打工有严重的偏见,认为打工是一件"丢面子""有失尊严"的事情。用白村人的话说:"出去打工抹不开,就像是自己养活不起自己似的。"在这一观念的影响下,白村人一般是不会选择打工的,他们只干自己家里的活儿。最先打工的人,一般是由于家里的土地不多,而且土地质量较差,导致农业收入不多,难以维持家庭的生产生活。为了增加收入,这些家庭的剩余劳动力则会在农闲时出去做日工。村内临时工是白村最初打工最主要也是最流行的形式,只有少数人会走出村落去城市从事非农业活动。随着用工的地方多起来,以及打工确实能够增加家庭收入,白村人逐渐摆脱打工可耻的想法,打工的人越来越多,在2008年甚至开始有人常年外出务工。2015年由于玉米价格下降,有的家庭为了生计生活不得不举家外出务工。2017年白村举家外出务工4户15人,常年外出务工13人(不包括举家外出务工的15人),在村内常年务工23人,在村内临时打工37人。①

　　我打工有十多年了,我们家是咱们嘎查最早出去打工的人家。我们家地少,而且都是破地,那时候都是借粮食吃。种地的收入根本不够花的,只能出去打工了。我大女儿2002年就出去打工了,2003年我二女儿也出去打工了。她们出去打工挣得也不多,一个月就二三百元,都是在餐厅当服务员,活儿轻巧。我在村里打工,那时候一天干12个点儿(12个小时),早晨4点半出去,中午11点回来,下午2点出去,下晚儿7点回来。那时候一天就10块钱,后来就慢慢涨了,现在平常日工是70元一天,铲地、扒苞米是120元一天。一开始我出去打工,咱们屯子的人都笑话我,他们就说:"干啥出去打工啊!"现在他们也笑话我,说:"你都快60的人了,还出去打工,不在家里待着。"我不听他们的,我还干我的。如果我不干的话,我家的房子谁能给盖起来。(WSF 20171104)

在白村,打工者以女性为主。农业劳动属于体力劳动,需要男性劳动力,而对于未成年的女性来说,农业劳动中的扛运等劳动比较重。因此,白村最早出去打工的是未成年的女性,这些女性更容易在城市的服务行业中找到工作。随着玉米种植的机械化,男劳动力更是成为种植业的主力。在白村农业机械一般都是由男性操作。目前白村只有两位女性操作

----

　　① 举家外出务工和常年外出务工是指离开本镇外出劳动时间为一年,只有春节回家;村内常年务工是指劳动时间为一年,但因劳动地点距家较近可每日回家;村内临时工是指工资按日结算且每日劳动时间结束后可回家。

农业机械。由于农业劳动主要由家里的男性劳动力承担,白村很多女性进入到打工的行列中。打工不像农业容易受到天气、虫害等自然条件的影响,打工收入比较稳定,并以现金结算。女性的打工收入不可避免地成为家庭的重要收入来源之一,甚至是最主要的收入来源。"经济基础决定上层建筑",白村女性的家庭地位也由此提高。在白村,家庭的传统模式是主干家庭,即父母与最小的儿子一起生活且不分家。在这样的家庭中,儿媳需要承担所有的家务,吃饭时需要照顾全家的进餐,不能在餐桌落座,只能在厨房的灶台旁吃饭。自从家庭中的儿媳走出家门外出打工后,儿媳的地位明显上升,在家庭中有了更多的话语权和家庭事务的决定权,如在决定是否购买农业机械、基础母牛等重要家庭支出事件中,外出务工的女性会理直气壮地表达自己的看法。随着外出打工收入的增加,儿媳得到了家人的尊重,她们不必再全揽家务,可以在吃饭时坐在饭桌前好好地就餐,更不必在婆婆面前做出"低三下四"的姿态了。

我为啥能坚持在味精厂干8年,而且每天都干8个小时,有时候是12个小时,黑白颠倒,我干的是最重的活儿,每天拎袋子。这么干,我不就是为了多挣点儿(钱)吗。我自己有钱了,我说话就有底气了。我想买手机就买手机,我不同意你三哥(她的丈夫)买小车,你三哥就不能买,那钱不是有我一半呢吗?我现在不想干家务就不干家务,你大娘(她的婆婆)也不会骂我了。以前我还得给你大娘端茶倒水,倒得晚一点儿就得挨骂。我现在多好,虽然很累,但是一个月4000块,我为啥不干呢。(SQ 20170910)

东屋的①(儿媳妇)在味精厂打工,下班回来什么也不干,就是躺在炕上玩手机,孩子也不怎么管,都是我管。你说家务活儿我不干行

---

① 东屋的,方言,指儿媳妇。蒙古族以西为尊。当儿子结婚后需要与父母同住一座房子里时,父母通常住在西屋,儿子儿媳住在东屋,所以用"东屋的"代指儿媳妇。

吗,孩子我不管行吗？她现在每天上班有收入了,和以前不一样了。人家下班回来说累了,不干活儿。你让人家干,这不是为难人吗？（GRL 20170811）

现在她(他的儿媳妇)回来就是吃饭、睡觉、玩手机,家就是她的旅店。家里的活儿都是你大娘干,她一点儿都不干。她每个月4000多,月月都是优秀员工,还给奖励二三百,她干的活儿累啊。下班后,根本没有力气干家里的活了。她下班回到家,吃完饭收拾一下碗筷后就开始睡觉,家里的其他活儿她都不管了。我们也不会支使她干活,她想干就干,不干咱也不能说啥。(BH 20171030)

三、过度消费

一系列支持农业生产和牧业生产的政策的实施,以及各项扶贫工作的实施,改变了白村的生产生活条件,也提高了白村村民的收入水平。与此同时,白村人的消费水平也在不断提高,甚至出现了过度消费、攀比消费等情况,从而导致了大部分农户负债。尤其是2011至2015年间国家实施玉米临时收储价格政策,使得农牧民的农业收入大幅增加,2012年、2013年和2014年这3年,风调雨顺,玉米收成好,一亩地的收入与零几年相比增加了300~500元。白村一人口6亩地,那么一人口一年就多收入1800~3000元。对于耕地多的家庭来说,玉米种植所得的收入非常可观,在白村约有20%的家庭土地面积达到了40亩(包括承包地),这样种植业的收入约达3万多元[1]。

收入的增加促使白村人提高了消费水平,正如农牧民所说"种玉米挣着钱了,就可劲儿造"。很多村民是因"面子"而进行的消费。在乡土社会

---

[1] 玉米亩产为1500斤,每斤0.8元,即一亩地可获得1200元,每亩地的成本按400元计算(实际上,每亩地的成本投入少于400元),每亩地纯收入800元。

中,有面子才能获得社会及其所属群体的承认和个人心理上的满足感①,以至于人不得不在面子上花功夫。②因此,白村的很多家庭为"面子"所累,为"面子"消费造成了很多家庭入不敷出,甚至是负债累累。首先,针对农业和牧业的财政支持以及扶贫工作确实使白村的很多农户得到利益,白村人的生活原本处于低水平的均衡状态,受制于经济条件,农户的消费诉求一直处于抑制状态。受益于国家各项政策的财政支持,村庄里中上等户的经济水平普遍得到提高,进一步提高生活品质的消费欲望也随之释放。其次,交通的改善使得越来越多的商品和服务进入到村庄,消费成为权势、财富和地位的象征,炫耀式消费大行其道。在中上等户炫耀式消费的压力下,很多中下等户为了不被看不起,为了撑门面,也加入了这样的消费圈中,房屋精装修、购买电动车和小轿车、喝好酒、抽好烟……正如他们说的:"别人有,你没有,那好像是在说自己不行似的,抹不开面子。"但是对于一些家庭来说,他们并没有这样的经济实力来支持自己的消费,为了实现和别人一样的消费,很多家庭选择将土地出租出去或者抬款。部分贫困户也不甘示弱,抬款也要争口气,不能落在别人的后面。

前几年苞米价好,老百姓确实挣着钱了,兜鼓起来了。国家政策好,给建房子、修路啥的。但是老百姓也没少花,国家给建房子,可是在装修这块儿,有的人就花了十几万,装修得跟城里的楼房一样。有钱的可以装修得好,可是你没钱你就不应该花这么多钱去装修。房子装修得好看了,可是回过头来一看,欠了一圈屁股债,这不是攀比吗?(ZN 20170719)

条件好了就使劲儿花,兜里的钱造净(花光)了,就去抬款。

---

① 张小莉等:《当前中国农村结婚高消费现象的社会学分析——基于炫耀性消费理论的视角》,《农业经济》2017年第1期。

② 桂华、欧阳静:《论熟人社会面子——基于村庄性质的区域差异比较研究》,《中央民族大学学报》2012年第1期。

（HQG 20160805）

咱们村子每家都是砖瓦房，酒喝好的，还要吃肉，买小车，生活都和城里人一样了。这是表面好，有几家兜里有钱的？大多数家里不仅没钱还又抬了不少款呢。那几亩苞米好干啥，几顿饭就祸害没了，利息都还不上，你说这不是瞎攀比吗？（BTE 20171103）

村里的路修好了，我小舅子好面子，看别人买了小车，他也借钱买了小车。可是他还供着两个学生（读书），还有一个80多的老母亲（要赡养），他家里的身体又不太好。你说没钱，买小车干啥，就种那几亩地，能有几个钱，盖房子还欠了不少钱。（BH 20171010）

这两年都宝、红山茶这两种烟卖得少了。这样的烟（价格）便宜，就70多岁的老头儿买，现在年轻一点儿的都抽五六块以上的烟。有点儿身份的人都抽10块以上的（烟），抽越贵的烟越有面子。（HYN 20171120）

因此，在攀比、不愿认穷、要"面子"等观念以及现代消费观念的影响下，高消费成为常态，很多家庭为不落于人后而超前消费，入不敷出，通过抬款和变卖土地、牲畜、农具等生产生活资料来填补消费这一"黑洞"，使得生活陷入贫困。因过度消费导致的贫困与国家扶贫政策的初衷相悖，这增加了脱贫工作的难度。

四、村中"牛"人

（一）玉米经纪人的风光

从2008年以来，白村每年玉米生产总量可达400万公斤，平均每户每年的玉米产量达2万公斤，因此卖玉米是白村秋收后的一件大事。

集体时期实施统购统销,玉米全部出售给国家。单干后农产品流通逐步市场化,国家对农产品的控制逐渐由全面控制到实施宏观调控。1985年取消统购统销,粮食价格推行"双轨制",实行合同定购,合同以外的粮食可以自由上市交易,粮食市场不再由国营粮食系统垄断。自此农牧民需要自己出售粮食,需要自己雇车将玉米送至粮库,或者将玉米卖给流动商贩或是白村的收粮老客,流动商贩和老客将收来的玉米再卖给粮库赚取中间差价。2005年,距白村3.5千米处建立了一个大型生物科技企业,其生产原料主要以玉米为主,产品主要以味精为主,白村一带人将其称为"味精厂"。在本书中为方便起见,也将其称为味精厂。味精厂的建立,不仅解决了白村一带的玉米销售,也解决了白村所属的通辽市的玉米销售。

味精厂收玉米之前,所有的玉米流向粮库。但是粮库只在固定的时间段内收粮。一旦错过粮库收粮时间,粮食只能运往外地。玉米送往外地需要承担额外的运输费用,增加了粮食的销售成本。小农户很难承担得起外送粮食的成本,不得不把粮食卖给流动的商贩,而这些流动商贩难免"趁火打劫",压低粮食价格。因此每到收粮时节,农牧民不得不排队卖粮,排队的时间一般在一天左右。同时,往粮库卖粮或者卖给商贩,粮食都需要装袋,非常麻烦。味精厂的投产,吸收了白村地区大部分玉米,白村人再也不用为玉米难卖而发愁了。起初农牧民依旧将玉米卖给粮库,粮库再将玉米卖往味精厂,赚中间差价。当农牧民发现将玉米直接卖给味精厂要比卖给粮库获得更高的销售价格时,往往会选择将玉米卖给味精厂。味精厂收购玉米,农牧民卖玉米的效率提高了很多。味精厂全年收粮,每年10月1日开始收新玉米,且玉米不需要装袋。因此,白村的玉米基本上全部都卖给了味精厂。

以前没有味精厂的时候,都是粮库收粮。往粮库送粮都是粮库定日子,平时不收粮,必须是他们定的日子才能送粮。粮食送早了不要,晚了也不要。味精厂全年都收粮,什么时候送都行。衙门村粮库是在味精厂来了后黄的。往粮库卖粮的时候都是马车拉，还得装麻袋，可麻烦了。卖20多袋粮食，就得排一天的队，都是各家各户自己去送。如果粮库收粮时间结束后，就把粮卖到外地去，还有的是做国储粮。那时候害怕粮食卖不出去，老百姓都担心。有了味精厂，就不愁粮食的销路问题了。（BTE 20171211）

味精厂来之前，咱们这儿有两个粮库，一个离咱们这儿有10多里地，一个有30里地。那时候有的（村民）就雇车去送粮，还有就是外面来人收粮。味精厂来了之后，以前的粮库都黄了。大家都往味精厂送粮，不再往粮库送粮，味精厂很近，而且价格要高一点儿。大伙都把苞米卖给味精厂，外面的人来也收不到多少粮，慢慢地就都不来了。（JF 20171215）

2006年，国发〔2006〕16号鼓励培育农村经纪人，指出："继续培育、发展和规范多种粮食市场主体。鼓励各类具有资质的市场主体从事粮食收购和经营活动，培育农村粮食经纪人，开展公平竞争，活跃粮食流通。"味精厂一开始收粮时，接受散户送粮，但是随着卖粮人数的增加，很多农户为卖粮要排很久的队，甚至要排一天，而且味精厂在收粮过程中与散户对接，增加了成本，为了方便，提高效率和节省成本，味精厂在收粮高峰期（每年10月1日至来年的3月1日）不接收散户卖粮。因此，白村邻村东村出现了专门收玉米的人，是国家提倡的农村经纪人，也是农牧民口里的老客。每家每户都需要出售玉米，因此倒卖玉米的老客与农牧民有着紧密的联系，农牧民与他们之间有着紧密的经济联系。同时，老客由于倒卖玉米收入十分可观，在村内是上等户，因此在村内十分风光。

目前，白村收粮的人主要有两类，一类是以倒卖牲畜为主的老客，平时以倒卖牲畜为主，在收粮季节收粮，本书将这类人称为兼业收粮老客。另一类是农村的粮食经纪人，专门从事粮食倒卖。自粮食市场开放后，白村收粮的人多是倒卖牛羊的老客，即兼业收粮老客。兼业收粮老客收粮只是临时性的,他们在倒卖牛羊的过程中与人接触较多,是村民眼里的"精明人"。当他们看到收粮能够获益时,便开始倒卖粮食。在白村,倒牛的老客基本上都有拉货的三轮车或者四轮车,白村人会雇用他们的车去送粮食,一车100到200元不等。价格一方面是根据送粮路途的远近而定,另一方面是根据卖粮人在老客的差序格局圈层中的位置,即与老客的亲疏远近关系。如果是很近的亲属,则供一顿饭就可以,如果是不太亲近的亲属,则需要支付一定的油钱和费用。这些老客的收粮范围不局限于本村,还会去外村。他们收粮的外村主要指白村以北的纯牧区内的村落。在纯牧区,农业是副业,玉米的种植面积与产量都有限,因此本村没有专门收粮的经纪人。这些老客经常到那些村落倒卖牲畜,他们与村民建立了信任关系,同时他们离味精厂比较近,能够及时了解到粮食价格等信息。白村的很多倒牛老客都将倒卖粮食作为一项收入来源,但是到了2010年,由于牛价上涨和粮食经纪人实力增强,很多老客逐渐退出这一行列,不再收粮了。至2017年白村兼业倒粮的老客只有两位了,他们的收粮范围主要是白村南部的纯牧业区。BTE就是其中的一位。

> 我主要是倒卖牛羊的。以前也收苞米,后来书记家专门收苞米,咱们嘎查的苞米基本都送到书记的粮库了,我也就不收了。(EE 20170809)

> 我在零几年的时候就开始收粮了,我倒牛在外面跑得多,认识的人多。每年收完地,我就开始收粮,我这车是2013年买的,以前是小车,小车装得少,我就换了个大的,现在这一车能装4万斤。我在咱们村子收,也去外面收。今年过完年,我在卜村(白村南部20千米处的以牧业为主的村落)收了20多车,有80万斤。我每年冬天倒卖的粮食能有500多万斤。(BTE 20171211)

2017年,白村和邻村东村一共有三个专门倒卖粮食的老客,即粮食经纪人。白村只有一个专门倒卖粮食的经纪人。自2007年开始，HYZ开始收粮，现在他是白村一带地区的收粮大户。他有全套的玉米脱粒和运输机械。他家的院落面积大，院落面积相当于一般家庭的三倍多。白村的院落面积一般在300平方米至500平方米左右，HYZ的院落面积在1500平方米左右。HYZ将院内地面全部铺上红砖，避免玉米掺沙。院内设有监控，还有两条狗看家护院。2017年冬季，他倒卖粮食的账目流水在1000万元左右。

我是2007年开始收粮的，那时候收粮的人也多，外面的人也进来收。在收粮前，我天天在网上查粮价。那时候没有这样的手机，我就在电脑上查，看看全国的粮食市场的价格都怎么样，然后我就根据别的地方的粮价来预测咱们这儿的粮价，预测的八九不离十。年年我都看这方面的信息，都关注。现在手机也能上网了，我就在手机上看。以前我经常往辽宁那边送粮，现在少了，一般都送到味精厂，味精厂离得近。离得近操心少。慢慢地咱们嘎查就我自己收粮了，外面的人也不进来收粮了。我是本屯子的人嘛，大家伙儿都信任我。收粮以前我开了一个商店，自己还种点儿地。我开始收粮后，来我这儿卖粮的也多。我以前的院子小，为了收粮，我才搬到这儿的。我是2011年搬过来的，以前的房子卖了，也不开商店了，就是种地和收粮了。咱们嘎查的粮食基本都是我收，东村的人也有往这儿送的，有时候也给我打电话，我过去拉。其他外村的基本上都是给我打电话，我过去拉。现在收粮的（人）也多了，竞争很大。收粮的开支很大，家里的机器得雇人开，大车、脱粒机、铲车等，光雇人一项就10万，机器烧油得有2万。还有收粮的运费，运到味精厂的话，近一点儿，一斤一分钱运费，每年1500万斤，一年至少15万。去辽宁的话，每吨50块钱的运费。关于粮食的钱，我专门有一张卡，都是信用社的卡，所有的流水都在里面。我今年贷款买了一辆荷载量40吨的前四后八货车，专门用来拉运粮食。现在老百姓把苞米拉回家就什么也不用管了。

谁卖粮食，我就去谁家拉苞米棒子，拉回来后在院子里脱粒，比如一斤粮七毛二收，我就一斤粮给按七毛一买他的粮，那一分钱是打苞米的费用。有的人是把苞米脱完粒再给我打电话，然后我开车过去拉。（HYZ 20160819）

白村人能够把粮食都卖给HYZ，他能够成为白村收粮大户，一方面是因为他个人的眼光和能力，另一方面也得益于他的村干部身份。在白村，村干部与过去相比，其权力的确是小了很多，但是还有一定的影响力，尤其是在项目下乡过程中。项目进村后，"项目落于谁家"的过程具有很大的弹性，在条件差不多的情况下，项目进谁家很大程度上取决于村干部的意志。村落社会的乡土性使得人们不得不维护"熟人"关系，在乡土性社会中，"熟人"关系是人们日常生活中人际交往的重要逻辑。随着农村经济体制改革，在市场经济的价值理念的不断冲击下，增加经济收入日益成为农户的理性选择。①为此，村民会将玉米卖给HYZ。而且在村民的口中，大部分人不叫HNY的名字，而是喊其"H书记"，而且白村人将他的家称为"粮库"②。在白村人的意识里，粮库是"正统"的收粮单位。"粮库"反映了白村人对HYZ收粮的认同，而HYZ的村干部身份则强化了村民的这一认同。

我们屯子就只有一个"粮库"，就是书记，东村有两个粮库。现在粮食都是送到书记的"粮库"。（BBY 20171208）

我种了80亩地。去年有雹灾，减产了，收了8万斤。我都是在收粮的高峰期卖粮，都是卖给咱们屯子的"粮库"。（TD 20171210）

以前收粮食的人很多，后来咱们屯子有了"粮库"，大家基本上就

---

① 李迎生、李泉然、袁小平：《福利治理、政策执行与社会政策目标定位——基于N村低保的考察》，《社会学研究》2017年第6期。

② 本书为了将现在村民口中的粮库与以前的国有粮库相区别，故将其加上双引号以作区别。

都送到咱们屯子的"粮库"了。都是一个屯子的,都认识,也都信任他(上文提到的HYZ)。卖给他,他不能骗咱们。我要卖粮食直接给他打电话,他就开车来把苞米拉走,拉到他家的院子里,用脱粒机脱粒,他的脱粒机大,脱粒特别快。把苞米卖到"粮库"也特别省事儿。不用自己找人脱粒了。(BHY 20180912)

可以看出,在白村人的口里,粮食就是玉米,将粮食等同于玉米。"卖粮""收粮"说的是"卖玉米""收玉米",粮库应该是收各种各种样的粮食,可是白村的粮库"只收玉米,不收其他粮食作物"。粮食在收获后是否好卖是白村人在选择种植作物时考虑的重要因素之一。玉米有最稳定的销路,村民不用担心卖不出。味精厂全年收粮,而且很快能够实现现金结算,这满足了白村人的现金需求。

现在都种苞米。如果种了高粱、黄豆、小麦,粮库也不收。如果没有订单,你说你种了,卖不出去,那能种吗? 要是有订单,我愿意种小麦,小麦的亩产量也能达到一千斤,收割后,还能种二茬。二茬一般就是种点儿油嗑①或者白菜。但是没有销路,不敢种啊。(TD 20171210)

销路问题是老百姓最关心的问题,如果种了粮食卖不出去,那怎么生活。现在干啥都要用钱。种玉米最起码不愁销路了,味精厂的需求量大,有时候苞米不够,还得从辽宁和其他地方调苞米呢。(LHLY 20171207)

(二)牧牛人的落寞

正如著名的蒙古族歌唱家德德玛的歌曲《牧人》中所唱:

---

① "油嗑",方言,白村一带地区将油葵(即油用向日葵)称为油嗑。

一辈子放牧摸黑又起早，马背上失去了青春却不曾知道；放过羊群放过马群，放过了风沙也放过了风暴……马蹄声叩响了心中的春潮。

这是对白村放牧人的真实写照。牧人放牧畜群非常辛苦，他们起早贪黑，风吹日晒，但他们却对牲畜有着深厚的情感，对放牧有着深深的眷恋。现在，白村的牧人却面临着"失去"畜群的现实，他们不得不跳下马背，与放牧生活挥手告别，与曾经的辉煌时代说再见。

首先，牧牛人地位式微。在传统的游牧社会中，牲畜是人们最重要的财产，守护好和管理好牲畜是畜牧经济得以持续的重要保障。牧养畜群并不是一件简单的事情，需要有一定的耐心，并且能够守住寂寞。牧人不仅要了解和克服自然条件，还要与成群的牲畜打交道，并防止野兽的袭击。所以在传统的游牧社会，牧人是能人。在那个没有科学仪器的时代，积累的天文地理知识是非常重要的，牧人是这方面的专家，因此特别受人尊重，尤其是管理及放牧牲畜多年的年长者。因为一个好的放牧人，从牲畜的外形、皮毛的色泽等能够看出每个牲畜的优劣，能从春夏秋冬四季牲畜的表现、气候等看出年景的好坏。

好的牧人特别注意夏季的畜灾，牧人整天不分早晚生活在野外，年年观察天气，所以可以看气候。①但是游牧已经成为历史，现在白村人只有在酒后才会说起牧人曾经的辉煌。

在白村，草场面积非常小，无法实现转场，每天都在同一个地方放牧，放牧并不需要放牧人掌握很多经验知识。白村的放牧人每天在南坨子放牧，每天走相同的路线，并没有任何意外情况。白村放牧人对于天气情况的掌握完全来自于天气预报，根本无需自己观测天气，猜测年景好坏。同时，白村的河流已干涸，放牧人自己出钱在经常放牧的地方盖了窝铺，打了井，每天在固定的时间按电钮取水喂牛。所以在牧业知识生产中，放牧人不再是专家，而这种专业知识则由专门的牧业研究机构、牧业公司所代

---

① 罗布桑却丹：《蒙古风俗鉴》，赵景阳译，辽宁民族出版社，1988年，第57页。

替。放牧人失去了在牧业知识领域的地位，不再是人们学习的对象，当这种知识的权力失去时，放牧人在农牧民中也就不再是佼佼者，其声望和地位也随之降低。

现在都是通过天气预报知道天气情况，还有日历，看日历就能知道哪天清明、哪天立夏、哪天立秋、哪天寒露了，知道这些节气，我就知道天气啥样了。（WLJ 20171124）

上面经常会有人来讲怎么养牛，卖饲料的也会来讲。（EED 20170802）

其次，牲畜群放是白村最艰苦的工作。白村的草场不仅面积小，而且还被玉米地包围着，因此放牧人需要控制好畜群，不断地往一块儿聚拢牲畜，以防牲畜跑到农田里祸害庄稼。由于草场的草量少，放牧人需要经常移动畜群，才能让牲畜吃好。由于放牧的需要，放牧人的假期比较少，只有在春节期间休息4天，一般是除夕前一天、除夕、初一和初二4天，其他的时间都要天天外出放牧。在风雪天、雷雨天，牲畜容易受惊，但是却要顶风冒雨雪将畜群聚拢在一起。尤其是牲畜发情和牲畜受孕后，放牧人要格外小心，并且要将这些信息及时反馈给牲畜的主人。放牧人清楚准确地掌握着畜群里每头牛的受孕时间，以及能够看出每头怀孕的母牛什么时候生产，能够很准确地指出每个牲畜是谁家的，小牛的母亲是谁。对每头牛的识别与认识，他们是专家，他们依然像先辈一样敬业，依然像先辈一样对此烂熟于心。

现在放牧不如以前了，以前放牧轻松些，现在得一直看着牛群，不然牛就会跑到苞米地里，去吃苞米，去吃苞米是不行的。（WLJ 20171124）

必须记清楚每一头(牛)的发情时间,得知道牛的带犊时间(怀孕受胎时间),这样生牛犊的时候,才能告诉人家(牛的主人)。而且得记住谁家的哪头牛生的,不然怎么通知人家呢。而且如果牛生病了,你也得通知人家啊,不然没法儿通知啊。牛跟人一样,都有自己的脾气,有的牛倔得很,而且经常顶别的牛。我现在一眼就能认出(牛群中)哪头牛是谁家的。(SJRH 20171120)

最后,牧牛人将面临失业。白村放牛人告别放牧生涯主要有两个原因,一是因为白村草场面积不断缩小无法实现大群放牧。在大群群放的畜群中,牲畜很难吃好。大群群放牲畜数量太多,放牧人只能照看好牲畜别出群、不受伤、不被落下,无法照顾到每一只牲畜,牲畜是否吃饱、能否吃好就要靠牲畜自身的采食能力了。在这种情况下,白村养牛数量较多的家庭都逐渐选择自己放牧,或者几家合伙放牧,这样能够更好地照顾到每一头牛。因此,白村出现了很多小牛群,小牛群的头数在8到40头不等。二是因为禁牧政策的实施。禁牧政策的实施彻底结束了放牧人的放牧生活。禁牧使得牲畜不得不进行圈养(舍饲)。因此对于白村的牧人来说,不能放牧让他们非常落寞。

在2018年1月,白村有两个放牛人。WLJ是五队的,家住在村东西向中心路的北面,SJRH是六队的放牧人,家住在村东西向中心路的南边。SJRH放牧的牛群要比WLJ的牛群大,WLJ的牛群有90头牛(其中放牧人自己有10头牛,80头是代放的牛),SJRH的牛群有118头牛(其中放牧人自己有10头牛,108头是代放的牛)。SJRH放牧的牛群比WLJ的牛群大,并不是因为WLJ不负责任,放牧不如SJRH,而是因为白村的牧场在村子的南面。SJRH在村中经过的路线穿过白村,从北到南,路上的家户要比WLJ的多,而WLJ住在村子中间,路北的村民为了方便就近选择将牛交给谁放牧。村子的南北中心路也成为牛群的分界线,而南北中心路则是集体时期五队和六队的分界线。白村人正是根据这条路将放牛权利进行了分配,路北家户的牛由SJRH放,路南家户的牛归WLJ放。只有个别的家户会不遵守这条线,这些家户主要是两个放牧人的亲属。

> 我们各放各的。我是五队的,五队的牛我放,六队的牛他放。谁都想着撒牛的时候方便些,所以他(SJRH)放的牛要多。(WLJ 20171124)

> 我有3头牛,我的牛是SJRH放的,我不是住在北边吗,这样早上把牛撒出就行了,牛倌就能直接赶着走了,省事儿。如果让WLJ放的话,还得把牛送到南边去,太麻烦啦。(SRGL 20171012)

两位放牧人夏天分开放,在10月份全村的玉米和秸秆收回家后,两人则一起放牧。这时,农田里有碎落的玉米秸秆叶子和少量的玉米秸秆,收割后广阔的玉米地成了冬牧场,可以放牧到来年的4月下旬,农牧民开始播种玉米前。在广阔的玉米地放牧,两个人合作可以更好地控制畜群,同时也可以彼此消解一下漫长的冬日时光。

白村人在2017年3月份收到自2018年元旦开始将全年禁牧的消息,而这一信息的确是科尔沁左翼后旗的政策。全年禁牧意味着牛只能圈在家里进行圈养,不能走出村落居住区的范围。白村人为此做了全面准备。而对于群放的放牧人来说,这是一个坏消息,这意味着他们即将失业。在阶段性禁牧期间,白村能够有9个月的时间在坨子和农田里放牧。这9个月中,一头牛的代放费是260元,这是放牧人最主要的收入来源。但是全年禁牧政策的实施将使他们失去这一收入来源。WLJ和SJRH已经从事放牧多年。SJRH从26岁开始放牧,到2017年他已经从事放牧27年。WLJ从22岁开始放牧,到2017年已经放牧29年了,中间从未间断过。由于常年在野外放牧他们和外界交流较少,汉语能力很差。笔者在进行访谈的过程中,他们说话时以汉语为主,但是夹杂着大量蒙语,有时甚至直接用蒙语表达。他们说汉语的时候语速非常慢,吐字也非常模糊。笔者在与他们进行访谈时,会让报道人帮忙翻译。在白村,大多数与他们同龄的男性都能够说一口非常流利的汉语。因为他们的汉语说得不流利，所以外出打工对于他们来说是一种非常大的挑战。在2017年11月，WLJ和SJRH都将放牧时骑的马卖了。卖马和不再放牧对放牧人来说意味着离别，在情感上，他们流露出不舍、难过和伤心。

来年禁牧，我把马卖了，卖了7300元，买的时候8000元呢，赔了。我一直都是骑马放牧。这匹马跟了我3年了，有感情了，我舍不得卖啊。但是不能放牧了，也没有饲料了，不得不把马卖了。家里的两条牧羊犬是用来放牛的，禁牧后也就自己养着了。禁牧这政策不太好。我打二十几岁就开始放牧，一直到现在，我喜欢放牧。放牧虽然很累，操心，但是和牲口打交道简单。我喜欢看着牛生下来，然后看着它慢慢长大再生小牛犊。（不能放牧）真是伤心啊。（WLJ 20171124）

牛群中跟我最久的牛有七八年了，有感情啊。禁牧了，要是没有人放就得卖，要是被卖了，就算不是我的牛，我看着也伤心啊。来年禁牧不能放牧，我能干啥？我就只能在家种这几亩地了。我汉话不好，也没有办法出去打工。（SJRH 20171120）

第四节　小　结

2005年取消农业税后①，国家与农村的关系进入了新阶段。国家结束了通过农业税对农村的"汲取"，转而通过补贴、粮食价格政策、基础设施建设、扶贫等方式"给予"农村资源以促进农村发展。这种"给予"确实给白村带来了巨大的变化，改善了白村的农牧业生产生活条件。

---

① 2005年国家在内蒙古全面取消农牧业税。

第一，高压电网整改、灌溉设施建设等项目改善了村庄的生产性基础设施，解决了农牧业生产用电用水问题，提高了农田灌溉率，增加了灌溉面积，使得庄稼旱涝保收。第二，道路硬化、危房改造等生活基础设施建设项目为村民生产生活出行提供了方便，改善了村民的住房条件。第三，其他方面的基础设施的改善，如教育和文化生活方面，建设的新村部有办公区、村民文化活动室和阅读书屋，村部广场有篮球架等体育健身设施，嘎查组织了嘎查广场舞队，丰富了村民的文化娱乐生活。而这些改变与农牧民的生产生活息息相关，生产生活的物质基础发生了改变，农牧民的日常生活节律、习惯等也发生了改变。

白村成为玉米的"海洋"和牛的世界与国家的"给予"是密切相关的，甚至可以说，国家的"给予"对玉米的种植和牛的养殖起着决定性的作用。在玉米种植方面，国家为保障粮食安全，大力支持白村所在的粮食产区种植玉米。同时，地方政府为打造玉米产业经济链，促进地方"黄金产业"的发展，积极改善农业基础建设，提供玉米生产补贴和农业机械补贴，并且引进大型以玉米为加工原料的工业企业以解决玉米的销售问题。这使得种植玉米不仅成为农牧民重要的收入来源，而且也促使农牧民形成了种植玉米的种植惯习。白村作为国家级贫困村，在精准扶贫战略实施阶段，各级政府实施了多项针对发展牧业生产的措施。建设牛棚和青贮窖池、发放青贮玉米种子补贴、提供专项贷款、实施养牛保险等措施，都在引导农牧民增加牛的养殖。但是禁牧这一生态保护政策和白村草牧场面积逐渐缩小的现实情况却与鼓励养牛的政策相矛盾。具体而言，地方政府为保护生态环境，禁牧政策越来越严格，一年中禁牧的时间越来越长，甚至在2018年开始要求全年禁牧。同时，白村的草牧场因开垦和沙化导致面积逐渐缩小，加上气候干旱，草场的植物稀疏，根本难以满足牛对草料的需求。白村村民通过玉米秸秆喂养以解决这一矛盾，为牛提供秸秆饲料是白村村民选择种植玉米的一个很重要的原因。因此，白村形成了以农养牧的农牧关系。

牛和玉米成为白村日常生活场景中的主要角色，村民的日常生活也是围绕二者展开的。同时,农牧业经营方式不断精简化,白村出现了大量的剩余劳动力,这些劳动力通过外出务工和就近打工增加收入。

从这一阶段可以看出,在面对国家给予的"礼物"时,农牧民采取的是接受的态度,有时甚至会表现出非常激进的行为。正如农牧民说的,"国家给的,不要白不要,给多少要多少,不给也要伸手要","从我手里是拿不走一分(钱)的,我一分(钱)也不往外拿"。作为少数民族地区,由于地缘和生态条件常常被赋予生产生活方式落后、经济发展滞后等想象,在与作为主体民族的发展情况进行比较时,不可避免地被认为是"后发展的""落后的",需要"扶持""支援"来实现这些地区的跨越式发展。[①]因此,国家会向这些地区输入资源,这些以国家为主导的输入性"改造"成为乡村变迁的重要推动力。这些"改造"往往是为了提高"弱势群体""后发展地区"竞争力而设定的。这个时候,"项目落谁家"完全取决于"谁家"的落后程度。因此,许多少数民族地区会通过有策略地展示本民族的特点而争取获得这种"弱势群体"的定位,进而向国家要政策、提要求。[②]同样,在项目进村时,农牧民也会为获得项目资源而展示其贫困的一面,甚至会通过极端行为来获取扶贫资源。

大量物质资源输入农村,即国家由"汲取"转向"给予"。物质资源可以视作国家的"礼物",在"礼物"给予的过程中,受赠者与属于赠予者的东西有某种精神上的关联,对属于赠予者的东西有某种所有权[③],即作为国家给予的"礼物",其本身所具有的意义远远超出了其在农村物质层面的改变。这种意义即是国家通过"礼物"走进农村的日常生活,并且在其中建构自己。国家的"礼物"通过牛与玉米直接进入农牧民的日常生活,而"礼物"所承载的价值和意义也随之进入,农牧民在接受"礼物"的同时,也

---

① 范可:《"边疆"与民族——略论民族区域的治理逻辑》,《西北民族研究》2005年第2期。

② [德]克里斯托弗·伯格曼、[德]马丁·格温、[德]威廉斯·萨克斯等:《高山边境地区的空间政治:印度喜马拉雅库毛恩地区菩提亚人的迁移》,中国社会科学院社会学研究所农村环境与社会研究中心编:《游牧社会的转型与现代性(山地卷)》,中国社会科学出版社,2015年,第89页。

③ 益希曲珍:《人、物与社会——读莫斯的〈礼物〉与〈献祭的性质与功能〉》,《西北民族大学》2012年第1期。

接受了"礼物"所承载的价值和意义。正如礼物在流动时对接受者所要求的回馈义务，农牧民接受了国家的礼物，就要有回馈的义务，而这种义务就像"礼物"所承载的价值一样是不可见的，是一种不可见的认同意识。这种对"国家"的认同，无意识地支配着人们的日常生活。国家这一概念通过"礼物"的方式渗透到农牧民的日常生活中，由此建构了日常生活空间。

毋庸置疑，日常生活中的国家建构可以说是很成功的。从农牧民的话语中可以看到："国家为老百姓着想啊"，"这些都是国家给的"，"路是国家给修的，牛棚是国家给盖的，国家对咱老百姓多好啊"。国家的"礼物"起到了"吃水不忘挖井人"的作用，尤其是关系农牧民生存生活的牛与玉米，将这种影响拓展到了农牧民生产生活的方方面面，即在日常生活中，"国家"虽然看不见，摸不着，却又无处不在。

第七章 结论与思考

第一节 牛与玉米:国家建构的资源

牛是蒙古族的传统牲畜,玉米则是原产于美洲的一种作物,二者在很长的历史时期内并没有产生交集。然而二者却在内蒙古东部的一个半农半牧村落——白村相遇并逐渐成为村民生产生活中的"主角"。换句话说,牛与玉米及其关系的变化是考察半农半牧蒙古族乡村社会变迁的重要媒介。

牛作为蒙古族"食其肉、衣其皮、饮其乳"的传统牲畜之一,在历史进程中经过不断地改造,成为白村人重要的收入来源。玉米作为一种美洲作物,在地理大发现后传播至世界各地,并且经过不断地改造成为白村土地上的"铁杆庄稼"。简而言之,在白村百年的历史中,牛和玉米最终成为最显眼的景观,也是白村人重要的生计来源。

但是牛和玉米却经历了不同的变化。牛从始至终一直存在于白村人的物质与精神世界之中,相比之下玉米却是后来者。透过白村近百年的变迁史,牛与玉米由"原本陌路"走向"相互依赖",二者之间的关系越来越紧密。可以说,所有的这些变化并不是偶然,而是一个有意为之的改造过程。国家便是这个改造过程的主导者。在这个意义上,牛与玉米的变化不仅仅是一种牲畜和一种作物本身的变化,而且它们也作为重要媒介参与建构了新的政治经济秩序和思想文化体系。总而言之,国家对牛与玉米的改造是调整其与乡村关系的一种体现,是其将乡村纳入国家空间的一种手段。

作为建构国家的资源——牛和玉米在被改造过程中,其自然性逐渐减少,商品性逐渐增强。牛和玉米与村民的关系也由复杂化走向单一化、简单化。对于"土生土长"的牛,白村人一直保留着畜养的习惯。但是一直以来,牛却并不是白村人餐桌上的重要食物,牛只有在重要的场合才会被宰杀食用。但是随着时间的推移,牛的养殖数量却处于上升状态,逐渐成为白村数量最多的牲畜。玉米则作为"穷人的食物"帮助白村人度过了艰难的食物短缺时代,并作为商品成为白村人现金收入的主要来源。在集体时期以前,白村仅种植少量玉米。从集体时期开始,玉米的种植面积扩大,并且成为白村人的主食。单干后玉米的种植面积不断扩大,最终白村耕地上尽是玉米。但此时,玉米逐渐退出白村人的餐桌,成为白村人偶尔才需要补充的粗粮。牛与玉米在白村经历了由粗放经营到精细经营的过程,二者也由竞争到互补,成为白村人在市场上流通的商品。可见,牛与玉米经过被选择、被改造,成为国家与农村、农(牧)民、农(牧)业联结的中介,成为国家建构的资源。

从过程上来看,这一变化可以划分为5个历史阶段。

第一,由于民国时期不同政权的进入、更迭和混战,农牧民的意识中逐渐有了领土的概念,并逐渐建立了空间与权力关系的意识。1947年中国共产党在白村所属的哲里木盟最终获得胜利,宣示了主权。自此,白村人生产生活的土地成为国家不可分割的领土,新政权有权力重新对领土及领土上的人民进行管理。牛与玉米,自然而然地成为国家干预的目标。

第二,土地革命时期通过对土地和牲畜的重新分配,实现了国家权力对基层乡村社会的渗透,建构了农牧民的国家观念。同时土地改革实现了"耕者有其田,牧者有其畜",增进了农牧民对国家的认同。在土改过程中,人按阶级划分,而牲畜和土地则是阶级划分的主要依据。牲畜和土地又根据阶级层次被重新分配,这使得阶级成为农村的主导话语,也使得牲畜和土地具有了政治性。农牧民在强大的政治外力介入生产资料的分配过程中,为获得牲畜和耕地而欢欣。基于传统的乡村社会秩序,在划分阶级时,白村人的态度比较温和,阶级之间的斗争并不激进,基层干部尽量降低划分阶级所造成的伤害,保护乡亲邻居。

第三,国家通过人民公社制度、票证政策等建构了一种集体空间。这种集体空间通过国家力量自上而下的介入实现了对农村的全面干预。国家在集体空间内,一方面通过发布规章和行政命令来控制人口的流动以及粮食和牲畜的生产、流通和消费;另一方面通过科学技术推广、普及和应用对农业生产活动进行改造,玉米种植面积的逐步增加正是这一干预的结果。但是这种干预并不是一帆风顺的,农牧民通过一种"弱者的反抗"来表达对当时盛极一时的平均主义的不满。

第四,改革开放后国家进行有计划的市场经济,市场成为一个有计划的"自由空间"。农牧民成为市场主体,开始自主决定农牧业生产活动。农牧民通过扩大耕地面积、改良耕地、增加劳动力投入等提高耕地的产出。同时,由于草场破坏严重以及牧业经营方式粗放,白村牧业发展缓慢。国家通过税收这一载体对农村社会实施干预和渗透。但是各项税费在农村征收时出现了偏差,部分税费征收过重,给农牧民带来了沉重的负担。为完成税费缴纳任务,农村基层组织和农牧民不得不贷款,并使得贷款在白村逐渐"合情合理",为白村脱贫困难埋下了伏笔。

第五,税费改革后,国家不断通过农牧业补贴、农牧产品价格补贴、扶贫政策向农村输入各类资源。这些政策不同于以往,使得资源的流向出现了根本性转变,从国家向农民"汲取"转向国家"给予"农民资源。接受资源要比缴纳资源更易于被农牧民接受。国家通过农业补贴、基础设施建设、扶贫政策等向农村输入的资源可被视作国家的"礼物"。这些"礼物"为种植玉米、扶持养牛产业提供了良好的基础设施条件,使得白村成为"牛的世界"和"玉米的海洋"。接受"礼物"的同时,农牧民也接受了"礼物"所承载的意义,农牧民也有了要回馈礼物的义务。"礼物"承载的意义是对国家的认同与感恩,农牧民需要回馈的是接受国家权力对日常生活空间的渗透与干预。

历史和现实表明,牛和玉米对白村及白村人而言,其意义一直发生着变化。这种变化是国家对其进行改造的结果,这种改造既是国家建构的需要也是国家建构的结果。但是,白村的牛和玉米与日本水稻所具有的国家意义并不相同。在日本,水稻不仅是作为一种重要的经济作物而存在,还是一种集政治性与宗教性为一体的象征物。①正如叶渭渠先生所说:"水稻生产与金属器制造技术如同古代日本的坚实双脚,使其踏上了建设国家文明与民族文化的进程。"②日本的水稻种植历史悠久,稻作农业是日本的传统农业,也是日本农业的支柱,③稻作农耕是日本社会生活的基础,是最基本的物质生产,并由此产生了独具特色的稻作文化。作为自我的稻米是日本人对自己身份的普遍认同。④因此对于日本人而言,水稻不仅是一种物质存在,还是一种象征符号,承载着日本人的身份认同和情感。

韦伯认为人类的社会行为是由目的理性、价值理性、情感、传统习惯四种情况决定的。⑤日本人种植水稻是上述四种情况共同存在的结果。白村的玉米种植历史仅有百年,白村人对玉米并没有强烈的文化情感。白村人种植玉米主要是出于饱腹和获得经济利益的目的理性,而这种理性在长期的实践中逐渐形成了固定的种植惯习。然而白村人养牛不仅是出于饱腹的需要和获得经济利益的目的理性,还有出于作为马背上的民族的传统信仰的价值理性以及传统习惯。在市场经济的作用下,白村人养牛的目的理性在不断增强,而价值理性逐渐式微。

综上所述,牛与玉米被改造的过程是国家力量在农村的体现。在现代民族国家中,国家对外需要具有强大的军事经济实力,对内需要建立稳

① 叶磊、惠富平:《稻作农耕与日本民族的稻作文化性格》,《南京农业大学学报(社会科学版)》2011年第1期。

② 叶渭渠:《日本文化史》,广西师范大学出版社,2003年,第14页。

③ 麻国庆:《日本稻作传统中的"村落共同体"》,《读书》2018年第12期。

④ [美]大贯惠美子:《作为自我的稻米:日本人穿越时间的身份认同》,石峰译,浙江大学出版社,2015年,第6页。

⑤ [德]马克斯·韦伯:《经济与社会》(上卷),林荣远译,商务印书馆,1997年,第68页。

定的社会秩序,两者相互关联,即"将国家看成一个自然课题,看成是一套力量的综合体,它以国家本身、国家力量强大作为治理目标"①。国家治理的对象是"人与物的复合体",因为人与资源、领土、财富等物关联在一起,"人口"则是这一复合体。这导致了以"国家的名义"的工具理性在逐渐增强,而其价值理性出现势弱,甚至被遮蔽。在国家理性的作用下,国家建构的空间越来越精细化,国家权力的渗透方式越来越日常化。

国家治理也逐渐趋向纯粹的技术和程序。②当物由复杂到简单,由多样到单一,则意味着与物有关的行为具有了可预测性,意外的危险被消解掉了,而使得事物简单化和清晰化是国家机器的目标。在前现代时期,国家对自己的统治对象所知甚少,包括他们的财富、他们的土地及产出、他们的居住地及身份。因为缺少具有概括性和总结性的统一标准和度量单位,因此国家对社会的干预往往是粗劣和自相矛盾的。在现代社会,姓氏的创建、度量衡的标准化、土地调查和人口登记制度的建立、语言的标准化、城市规划和交通运输系统的组织等,系统地消除了前现代社会的复杂化和模糊化,实现了清晰化和简单化。在这个过程中,地方实践的复杂性、不清晰和地方化都逐渐被取消,如命名习惯和土地租佃习惯,取而代之的是国家制造出的标准格式,从而可以集中地从上而下加以记录和监测。③简单、清晰、标准的社会有利于国家的进入,利于国家对人口动态的掌握,也利于对社会和人口实现治理,从而将社会整合进国家,实现国家一体化。

---

① [法]米歇尔·福柯:《福柯读本》,王安民译,北京大学出版社,2010年,转引自张再林、王磊:《身体、人口与性——关于福柯"生命权力"理论的三维解读》,《人文雅志》2013年第2期。

② 左高山、孙娜:《论国家治理中的国家理性及其问题》,《马克思主义与现实》2014年第6期。

③ [美]詹姆士·C.斯科特:《国家的视角:那些试图改善人类状况的项目是如何失败的》,王晓毅译,社会科学文献出版社,2012年,第2页。

第二节　给予与"礼物"：一种治理术

改革开放为中国经济发展模式的转轨与社会结构的转型带来了契机与活力，同时也对传统的国家主义取向的意识形态构成了事实上的消解与侵蚀。[1]因此，如何打造和维持一个能够良性运转的新的政治秩序，以及怎样把不断发展壮大的各种新生社会力量吸纳并整合到这一新的政治秩序之中，实现国家与社会关系的良性互动以及这一互动的可持续发展成为重要命题。单一市场力量无法满足农村对公共服务的需要，农村基层组织也很难组织农民建设和维护农牧业公共基础设施。为了改善这一情况并实现重构国家与社会的关系、促进农业发展、改善农村条件、提高农民生产生活水平的目标，国家通过转移支付的方式向农村投入大量资源以支持农村发展。"礼物"下乡作为一种国家经济分配方式，其结果的确重塑了地方政府的政治生态，极大地改善了后税费时代地方政府在农村发展与农村的生产生活条件和农民的生活水平，特别是贫困农村中的注意力分配和公共投入上的缺失。[2]通过给予"礼物"建构了一种"恩惠性的国家"，也重构了国家与社会的文化关系网络。正如调查时一位基层干部所言："新中国成立以来我们国家一直是城乡二元体制，经济发展重城市，轻农村，现在是在还那时候欠的饥荒。""还饥荒"在普通百姓的眼里就是看得见的、立即可知的"礼物"。"礼物"呈现出国家与农牧民的互动在空间距离上非常紧密，但是这却掩盖了蕴藏其中的结构。[3]换句话说，这份

---

① 于春洋：《现代民族国家建构：理论、历史与现实》，中国社会科学出版社，2016年，第150页。

② 荀丽丽：《从"资源传递"到"在地治理"——精准扶贫与乡村重建》，《文化纵横》2017年第6期。

③ [法]皮埃尔·布尔迪厄：《社会空间与象征权力》，王志弘译，包亚明编：《后现代性与地理学的政治》，上海教育出版社，2001年，第296—279页。

"礼物"造成了权力的另一种隐匿型在场,并使得日常生活空间倾向于具有象征空间的作用。在"礼物"流动的过程中给予者与接受者的位置被感知,并被结构起来。在这里,"礼物"表现了一种象征性权力关系的状态。①

但是作为"礼物"的国家经济分配方式具有要求顺从为报答的倾向。就其公平和平等分配与安全保障的全部话语而言,分配经济同样是国家单方面施惠的系统,它在一定程度上造成了其所管理的人口对国家单方面的依赖。通过生物权力技术,国家利用特定交换条件提供的机会,规范并控制社会机体。②具体而言,对于农民来说这是国家给予的"礼物",而农民对于"礼物"的回馈是农民对国家的认同和热爱。这种认同和热爱则是国家主义最朴素的体现。在农牧民看来,国家的"礼物"表现出一种"爱民如子"的情感关系,国家与农民之间的关系不再是一个非道德或完全理性化的正式的制度性关系,而是具有了一种恩惠的价值伦理。在"礼物"下乡的过程中虽然出现了精英俘获③、定位不准④、扶贫资源内卷化⑤等偏差现象,但是农牧民却将这一系列偏差现象归因于地方政府和基层组织的执行不力。农牧民经常说:"国家给的是十五的月亮,到了老百姓手里就是二十几的月亮了啊。"所以,在农牧民的眼里"国家"是政策制定者,作为政策执行者的基层政府是代表国家执行政策,政策执行的好坏与"国家"无关而与执行者有关。在"礼物"下乡的过程中,国家不仅实施领导问责制,对执行不力和有贪腐徇私的领导干部零容忍,而且在与官员的贪污

①[法]皮埃尔·布尔迪厄:《社会空间与象征权力》,王志弘译,包亚明编:《后现代性与地理学的政治》,上海教育出版社,2001年,第302—304页。

②[美]杨美惠:《礼物、关系学与国家:中国人际关系与主体性建构》,赵旭东、孙珉译,江苏人民出版社,2009年,第177页。

③李祖佩、曹晋:《精英俘获与基层治理:基于我国中部某村的实证考察》,《探索》2012年第5期。

④李迎生、李泉然、袁小平:《福利治理、政策执行与社会政策目标定位——基于N村低保的考察》,《社会学研究》2017年第6期。

⑤张雪霖:《涉农资金项目供给模式及其内卷化治理》,《湖南农业大学学报》2015年第1期。

战斗时,国家话语激励人民和官员对国家表现出更高的忠诚①,更深化了这一认知。

最后,国家在给予农村"礼物"的过程中,获取了庞大精细的农村土地、人口等统计数据。在"汲取"时期,农牧民为减少税收的缴纳会故意隐匿土地、牲畜的真实数量。而在"给予"时期,这些数字则成为获得补贴的重要依据,农牧民自然不会再隐匿真实的数字。尤其是在精准扶贫过程中对贫困户的评定,依据的是人口收入水平,而收入的测算则需要知道每个家户所有类型的收入和支出。不仅如此,在危房改造和道路建设等基础设施建设过程中,国家为农村绘制了详细具体的地图,因为在精准扶贫过程中,数字填表、绘制地图是工作的重要内容。②数字和地图是国家技术治理的重要手段。③收集数据与绘制地图的主体是政府,数字与地图越是精细、清晰,国家对社会的渗入越是深入,社会中的国家空间则随之不断扩张。韦伯认为对公民的年龄、性别、教育、家庭等资料的积累是资料收集主体对公民的一种间接性的监控。④我们这个时代民族国家所具有的,既作为生存单位,又作为潜在或实际的毁灭单位的这种双重功能,⑤使得社会不断组织化。同时,国家又从对社会成员的全面组织化中实施一种监控,如身份证、出生证明等身份证明证件,这些证件中都回答了一个问题"我是谁?",个体的认同与国家认同直接相关。个体只有被国家承认,才算是存在的。如果没有这些证件的证明,个体的存在是"不合法"的,不能享受教育、医疗等社会福利。因此,国家通过这种监控实现对人口的治理。

---

① [美]杨美惠:《礼物、关系学与国家:中国人际关系与主体性建构》,赵旭东、孙珉译,江苏人民出版社,2009年,第151页。

② 王艳雪:《场域理论视角下的农村精准扶贫的困境与原因分析——基于内蒙古B村的实地研究》,《社会建设》2019年第5期。

③ 王雨磊:《数字下乡:乡村精准扶贫中的技术治理》,《社会学研究》2016年第6期;杜月:《制图术:国家治理研究的一个新视角》,《社会学研究》2017年第5期。

④ [英]安东尼·吉登斯:《资本主义与现代社会理论:对马克思、涂尔干、韦伯著作的分析》,郭忠华、潘华凌译,上海译文出版社,2018年,"译者序"第9页。

⑤ [德]诺贝特·埃利亚斯:《个体的社会》,翟三江、陆兴华译,译林出版社,2003年,第217页。

第三节　反思与展望：国家推动的乡村建设

在政策和市场等因素的导向下，牛和玉米成为白村最重要的景观，而单一性是这一景观最明显的特点。这种单一性在一定程度上降低了农牧民应对市场、环境等风险的能力，可能使得自己处于更加脆弱的境地。

首先，市场风险增强。在农牧业生产中，销售是非常重要的。虽然牛和玉米有着良好的销售图景，市场需求大，但是农牧民已被市场所裹挟，受制于市场，无法规避市场变化带来的风险。这种商品化使得农牧民生产之物并非其消费之物，生产和消费的分离，迫使农牧民不得不直接面向市场。农牧民的生产和生活资料依赖市场，他们已不再是自给自足的小农了。农牧民需要通过市场购买生活和生产资料，这导致他们越来越依赖于货币收入，以购买他们不能通过自己的劳动而获得或本地经济组织就可以提供的消费品，以及购买生产资料，如化肥、种子、工具等。由于农牧业生产均是先投入后产出，农牧民为保证及时生产，不得不先借债投入，待收获后还债。因此，很多农牧民陷入"借债—生产投入—收获—还债"的恶性循环中。

其次，牛与玉米逐渐陷入一种掠夺式生产。玉米的单一种植使得土地失去了植物的多样性，除草剂的使用更是将土地上除玉米之外的植物都"扼杀在摇篮里"。常年种植玉米的土壤如果改种其他作物则会出现"籽不发芽"、枯苗等情况，因此不再适合种植其他农作物。种植单一的农作物，使得病虫害的风险增加，一旦发生病虫害，所有的玉米都会受到影响。但是在游牧时期，蒙古族形成了合理的畜群结构，羊（绵羊、山羊）、牛和马的数量都有一定的比例。在这种比例下，农牧民合理地利用草场，使牧业极具灵活性以应对意外和风险。现在农牧民基本上只养殖一种牲畜——牛，虽然现在实行舍饲养畜，牛被圈在棚舍中，极大地降低了自然灾害的威胁，但是棚舍饲养却增加了养殖的其他不可持续的风险。例如，由于舍饲和投喂精饲料,牛出现了性早熟,1岁的牛就开始发情,而根据牛的自然生理特性以及农牧民的畜牧经验,牛在两三岁才算是成熟。但是,很多农牧民在"牛能生牛,牛能生钱"的逻辑下,为了追求经济利益,会给牛大量投喂饲料促进牛的生长,以及会给发情的小牛受精。这不仅是一种掠夺式的生产,也是福柯所指的现代权力规训在牛的性上的最生动的体现。

可以看出,农民与政府协力的共同背景是发展主义知识话语。从这个意义上说,农民整体上并不坚持斯科特式的"传统"。这种"不坚持"或随波逐流是由特定的政治和经济的制度条件所推动的。此外,农牧民需要从这些政治的和经济的生态性约束中,获得更多的土地、水利、粮食和生存空间,因此在一些时期农牧民比国家更"激进",如开垦草原、改良土地、施用化肥和农药等。[①]在当代,发展主义已经是一种"核心价值"。这种价值已经为国家和农民所共享。按照赫茨菲尔德的说法,这是"狡猾的计划制定者和科学家们的地方知识,因为他们已经促使众多公民和众多国家为他们的'愿景'而骄傲"[②]。所以在农村建设的过程中,农民的地方性知识被忽视。但是农牧民一年到头都生活在他们所观察的原野上,他们会观察到不在农田和草原的农民和科学研究人员注意不到的事情。农牧民始终是社区中的成员,社区则作为一个有生命力的"口头文献图书馆",是农牧民所做的观察、实践和实验的总和。这些知识是个人无法独立积累起来的。因此在乡村建设过程中,国家应将"农民作为利益主体,尊重农民的主体性,尊重农民的意愿"[③],激发农民的创造精神,从而将农民的利益和意愿与国家政策战略结合起来,形成良性互动。

乡村建设包括物质和精神两个方面。房屋、道路、经济收入等物质方

①[美]詹姆士·C.斯科特:《国家的视角:那些试图改善人类状况的项目是如何失败的》,王晓毅译,社会科学文献出版社,2012,第417页。

② Michael Herzfeld, Political optics and the occlusion of intimate knowledge, *American Anthropologist*, Vol.107, No.3. 2005.

③ 徐勇:《国家化、农民性与乡村整合》,江苏人民出版社,2019年,第404页。

面因素可以在短时间内实现提高,但是精神文化的建设却是一个漫长的过程,需要很长的时间才能实现。精神文化是乡村物质文明能够可持续发展的源泉。精神文化建设并不是一味地固守或追求过去的传统,而是推陈出新。文化既要满足从自然中获得物资的手段,也要适应"生活的变数"。①"生活的变数"是因为人有理想,要活得更好,更有价值,在此推动下,"使人不肯停留在一种生活水准上"②。这也正是梁漱溟所强调的中国乡村所必需的"人生向上"之意,乡村建设在于"让大家认识了彼此,以求增加彼此的关系,把大家放在相互爱惜情谊中;启发乡下人的力量并共同相勉于人生向上中来求解决我们的生活问题"③。

因此,在国家推动的乡村建设中,不应该只注重技术和物质的投入,盲目地对传统地方性文化进行贬抑和革除,应当立足于当地文化资源的挖掘,重构乡村精神文化。不仅如此,还应当立足农村基层社会,组织重建集体的公共规范、社区认同和文化自信,激发乡村建设的内生性,培育农民建设家园的主体性。

---

①② 费孝通:《乡土中国·生育制度·乡土重建》,商务印书馆,2011年,第481—482页。
③ 梁漱溟:《乡村建设理论》,上海人民出版社,2016年,第127—273页。

参考文献

一、著作类

[1](南宋)孟珙:《蒙鞑备录》,中华书局,1985年。

[2](南宋)彭大雅:《黑鞑事略》,徐霆疏证,商务印书馆,1937年。

[3](明)萧大亨纂:《夷俗记》,中华书局,1991年。

[4](清)花楞编述:《内蒙古纪要》,经纬书局,1916年。

[5]巴根那:《科尔沁左翼后旗志》,内蒙古文化出版社,1993年。

[6]白歌乐、王路、吴金:《蒙古族》,民族出版社,1991年。

[7]包亚明:《后现代性与地理学的政治》,上海教育出版社,2001年。

[8]包智明:《科尔沁蒙古族农民的生活》(蒙古文),辽宁民族出版社,1999年。

[9]陈锡文等:《中国农村制度变迁60年》,人民出版社,2009年。

[10]达林太、郑易生:《牧区与经济:牧民经济学》,社会科学文献出版社,2010年。

[11]费孝通:《乡土中国·生育制度·乡土重建》,商务印书馆,2011年。

[12]盖山林:《乌兰察布岩画》,文物出版社,1989年。

[13]郭伟和:《变与不变:泥河村礼治传统的转型》,社会科学文献出版社,2018年。

[14]郝维民:《内蒙古革命史》,内蒙古大学出版社,1997年。

[15]郝亚明、包智明:《体制政策与蒙古族乡村社会变迁》,北京;中央民族大学出版社,2010年。

[16]何晓杰:《"后农业税时代"的中国乡村治理:以东北乡村为研究视域》,人民日报出版社,2013年。

[17]黄道霞、余展、王西玉:《建国以来农业合作化史料汇编》,中共党史出版社,1992年。

[18]黄健英:《北方农牧交错带变迁对蒙古族经济文化类型的影响》,中央民族大学出版社,2009年。

[19]金海主编:《蒙古马与草原文明》,内蒙古教育出版社,2019年。

[20]科尔沁左翼后旗志编纂委员会:《科尔沁左翼后旗志1989—2007》,内蒙古文化出版社,2008年。

[21]梁漱溟:《乡村建设理论》,上海人民出版社,2016年。

[22]林毅夫:《制度、技术与中国农业发展》,上海人民出版社,2014年。

[23]罗布桑却丹:《蒙古风俗鉴》,赵景阳译,辽宁民族出版社,1988年。

[24]《蒙古族简史》编写组:《蒙古族简史》,内蒙古人民出版社,1986年。

[25]内蒙古自治区畜牧业厅编:《内蒙古畜牧业发展概况》,内蒙古人民出版社,1959年。

[26]内蒙古自治区畜牧业厅修志编史委员会编:《内蒙古畜牧业大事记》,内蒙古人民出版社,1997年。

[27]内蒙古自治区畜牧业厅修志编史委员会编:《内蒙古畜牧业发展史》,内蒙古人民出版社,2000年。

[28]色音:《蒙古游牧社会的变迁》,内蒙古大学出版社,1998年。

[29]忒莫勒、乌云格日勒主编:《哲里木盟十旗调查书》,黑龙江出版社,2014年。

[30]佟屏亚、赵国磐:《玉米史话》,农业出版社,1988年。

[31]王建革:《农牧生态与传统蒙古社会》,山东人民出版社,2006年。

[32]王明柯:《游牧者的抉择:面对汉帝国的北亚游牧部族》,广西师范大学出版社,2008年。

[33]王玉海、王楚:《从游牧到定居——清代内蒙古东部农村社会研究》,黑龙江教育出版社,2012年。

[34]乌兰夫、汪锋:《不断发展我国各民族的大团结》,民族出版社,1959年。

[35]谢彬:《蒙古问题》,商务印书馆,1926年。

[36]谢成侠:《中国养牛羊史》,农业出版社,1953年。

[37]邢莉等:《内蒙古区域游牧文化的变迁》,中国社会科学出版社,

2013年。

［38］徐珂：《清稗类钞》，中华书局，1984年。

［39］许纪霖：《家国天下：现代中国的个人、国家与世界认同》，上海人民出版社，2016年。

［40］荀丽丽：《"失序"的自然：一个草原社区的生态、权力与道德》，社会科学文献出版社，2012年。

［41］杨虎：《20世纪中国玉米种业科技发展研究》，中国农业科学技术出版社》，2013年。

［42］杨青峰：《哲里木盟志》，方志出版社，1998年。

［43］姚锡克等：《内蒙古历史文献丛书（之四）》，远方出版社，2008年。

［44］于春洋：《现代民族国家建构：理论、历史与现实》，中国社会科学出版社，2016年。

［45］张宏卿：《乡土社会与国家建构：以新中国成立初期原中央苏区的土改为中心的考察》，中国社会科学出版社，2016年。

［46］张乐天：《告别理想：人民公社制度研究》，上海人民出版社，2016年。

［47］中共中央文献研究室编：《十二大以来重要文献选编》（中），中央文献出版社，2011年。

［48］中国社会科学院农业经济研究所：《畜牧业经济研究》（全国第二次畜牧业经济理论讨论论文文集），中国社会科学出版社，1982年。

［49］中国社会科学院社会学研究所农村环境与社会研究中心编：《游牧社会的转型与现代性（山地卷）》，中国社会科学出版社，2015年。

［50］中国社会科学杂志社：《人类学的趋势》，王寅通译，社会科学文献出版社，2000年。

［51］［德］奥斯瓦尔德·斯宾格勒：《西方的没落》，齐世荣等译，商务印书馆，1991年。

［52］［德］恩格斯：《家庭、私有制和国家的起源》，人民出版社，2018年。

［53］［德］弗里德里希·迈内克：《马基雅维里主义》，时殷弘译，商务印书馆，2003年。

［54］［德］卡尔·施米特：《论断与概念》，刘小枫编，朱雅冰译，上海人

民出版社,2016年。

[55][德]马克斯·韦伯:《经济与社会》(上卷),林荣远译,商务印书馆,1997年。

[56][德]马克斯·韦伯:《学术与政治》,钱永祥等译,广西师范大学出版社,2004年。

[57][德]诺贝特·埃利亚斯:《个体的社会》,翟三江、陆兴华译,译林出版社,2003年。

[58][法]亨利·列斐伏尔:《空间与政治》(第二版),李春译,上海人民出版社,2015年。

[59][法]居伊·德波:《景观社会》,王昭风译,南京大学出版社,2006年。

[60][法]孟德拉斯:《农民的终结》,李培林译,社会科学文献出版社,2010年。

[61][法]米歇尔·福柯:《安全、领土和人口》,钱翰、陈晓径译,上海人民出版社,2018年。

[62][法]米歇尔·福柯:《生命政治的诞生》,莫伟民、赵伟译,上海出版社,2018年。

[63][法]莫斯:《礼物:古式社会中交换的形式与理由》,汲喆译,上海人民出版社,2002年。

[64][美]巴菲尔德:《危险的边疆:游牧帝国与中国》,袁剑译,江苏人民出版社,2011年。

[65][美]杜赞奇:《文化、权力与国家——1900-1942年的华北农村》,王明福译,江苏人民出版社,2003年。

[66][美]卡尔·A.魏特夫:《东方专制主义:对于极权力量的比较研究》,徐式谷等译,中国社会科学出版社,1989年。

[67][美]孔飞力:《叫魂:1867年中国妖术大恐慌》,陈兼、刘昶译,上海三联书店,1999年。

[68][美]拉铁摩尔:《中国亚洲的内陆边疆》,唐晓峰译,江苏人民出版社,2010年。

[69][美]刘易斯·芒福德:《技术与文明》,陈允明等译,中国建筑工业

出版社,2009年。

[70][美]摩尔根:《古代社会》,杨东莼等译,商务印书馆,1971年。

[71][美]麦克·布洛维:《公共社会学》,沈原译,社会科学文献出版社,2007年。

[72][美]穆素洁:《中国:糖与社会——农民、技术和世界市场》,叶篱译,广东人民出版社,2009年。

[73][美]芮乐伟·韩森:《开放的帝国:1600年前的中国历史》,梁侃、邹劲风译,江苏人民出版社,2007年。

[74][美]史怀梅:《忠贞不贰?——辽代的越境之举》,曹流译,江苏人民出版社,2015年。

[75][美]斯蒂芬·哈尔西:《追寻富强:中国现代国家的建构,1850—1949》,赵莹译,中信出版社,2018年。

[76][美]斯考切波:《国家和社会革命:对法国、俄国和中国的比较分析》,何俊志、王学东译,上海人民出版社,2015年。

[77][美]西敏司:《甜与权力:糖在近代历史上的地位》,王超、朱健刚译,商务印书馆,2010年。

[78][美]阎云翔:《礼物的流动:一中国村庄中的互惠原则与社会网络》,李放春、刘瑜译,上海人民出版社,2016年。

[79][美]杨美惠:《礼物、关系学与国家:中国人际关系与主体性建构》,赵旭东、孙珉译,江苏人民出版社,2009年。

[80][美]詹姆士·C.斯科特:《国家的视角:那些试图改善人类状况的项目是如何失败的》,王晓毅译,社会科学文献出版社,2012年。

[81][美]詹姆士·C.斯科特:《逃避统治的艺术:东南亚高地的无政府主义历史》,王晓毅译,生活·读书·新知三联书店,2016年。

[82][墨西哥]阿图洛·瓦尔曼:《玉米与资本主义——一个实现了全球霸权的植物杂种的故事》,谷晓静译,华东师范大学出版社,2005年。

[83][日]大贯惠美子:《作为自我的稻米:日本人穿越时间的身份认同》,石峰译,浙江大学出版社,2015年。

[84][日]杉山正明:《疾驰的草原征服者:辽西夏金元》,乌兰、乌日娜

译,广西师范大学出版社,2014年。

[85][日]田山茂:《清代蒙古社会制度》,潘世宪译,商务印书馆,1987年。

[86][苏联]弗拉基米尔佐夫:《蒙古社会制度史》,刘荣焌译,中国社会科学出版社,1980年。

[87][英]安东尼·吉登斯:《民族-国家与暴力》,胡宗泽、赵力涛译,生活·读书·新知三联书店,1998年。

[88][英]安东尼·吉登斯:《资本主义与现代社会理论:对马克思、涂尔干、韦伯著作的分析》,郭忠华、潘华凌译,上海译文出版社,2018年。

[89][英]道森:《出使蒙古记》,吕浦译,中国社会科学出版社,1983年。

[90][英]厄内斯特·盖尔纳:《民族与民族主义》,韩红译,中央编译出版社,2002年。

[91][英]雷蒙·威廉姆斯:《关键词:文化与社会的词汇》,刘建基译,生活·读书·新知三联书店,2005年。

[92][英]马林诺夫斯基:《文化论》,费孝通等译,中国民间文艺出版社,1987年。

[93][英]玛丽·道格拉斯《洁净与危险》,黄剑波等译,民族出版社,2008年。

[94][英]迈克尔·曼:《社会权力的来源》,刘北成、李少军译,上海人民出版社,2007年。

[95][瑞典]多桑:《多桑蒙古史(上册)》,冯承钧译,中华书局,1962年。

[96]Bourdieu, Pierre, *On the State: Lectures at the College de France, 1989-1992.*Polity Press, 2014.

[97]Caroline Humphrey, David Sneath, *The End of Nomadism? : Society, State and the Environment in Inner Asia.* Duke University Press, 1999.

[98]Gordon C., Governmental rationality: An introduction. In: Burchell G., Gordon C and Miller P. (eds), *The Foucault Effect: Studies in Governmentality.* University of Chicago Press, 1991.

[99]Michael Burawoy, *The Extended Case Method: four countries, four decades, four great transformations, and one theoretical tradition.* London Uni-

versity of California Press，2009.

[100] Pierre Bourdieu，*The Social Structures of the Economy*. Polity Press，2005.

[101]Uradyn E. Bulag，*Collaborative nationalism：the politics of friendship on China's Mongolian frontier*，Rowman & Littlefield Publishers，2010.

二、论文类

[1]包庆德、蔚蓝、安昊楠：《生态哲学之维：蒙古族游牧文化的生态智慧》，《内蒙古大学学报》2014年第6期。

[2]包庆德：《游牧文明：生存智慧及其生态维度研究》，《内蒙古社会科学》2015年第1期。

[3]包智明、孟琳琳：《生态移民对牧民生产生活方式的影响——以内蒙古正蓝旗敖力克嘎查为例》，《西北民族研究》2005年第2期。

[4]包智明：《变动中的蒙民生活——三爷府村实地调查》，《社会学研究》1991年第1期。

[5]蔡清伟：《中国农村社会管理模式的变迁——从解放初期到人民公社化运动》，《西南交通大学学报》2013年第6期。

[6]车霁虹：《日本帝国主义在黑龙江建立"集团部落"剖析》，《黑龙江社会科学》1994年第6期。

[7]陈善哲：《于建嵘：解开"后农业税时代"乡镇悬念》，《21世纪经济报道》2005年9月29日。

[8]陈武元：《从七里营到向阳——人民公社体制改革纪实》，《农村经济》2008年第7期。

[9]陈心想：《"行动伦理"概念的中国元素——兼评周飞舟社会学中国化的路径》，《社会学评论》2019年第1期。

[10]成崇德：《清代前旗边疆通论(下)》，《清史研究》1998年第1期。

[11]邓启耀：《从马背到牛背——云南蒙古族民间叙事中的文化变迁镜像》，《广西民族大学学报》2010年第4期。

[12]杜月：《制图术：国家治理研究的一个新视角》，《社会学研究》

2017年第5期。

[13]樊嘉琦等:《1992年以来科尔沁沙地土地利用变化分析——以科尔沁左翼后旗为例》,《中国农业大学学报》2018年第2期。

[14]范可:《"边疆"与民族——略论民族区域的治理逻辑》,《西北民族研究》2005年第2期。

[15]丰雷等:《家庭联产责任承包制改革:诱致性变迁还是强制性变迁》,《农业经济问题》2019年第1期。

[16]冯嘉苹、程连生、徐振甫:《万里长城的地理界限意义》,《人文地理》1995年第1期。

[17]盖山林、盖志毅:《从内蒙古动物岩画探索草原原始畜牧业的起源》,《内蒙古农牧学院学报》1989年第1期。

[18]盖志毅、盖山林:《我国北方草原古代猎牧经济的岩画学观察(续)》,《农业考古》1992年第3期。

[19]顾莉丽、郭庆海:《玉米收储政策改革及其效应分析》,《农业经济问题》2017年第7期。

[20]桂华、欧阳静:《论熟人社会面子——基于村庄性质的区域差异比较研究》,《中央民族大学学报》2012年第1期。

[21]郭庆海:《玉米主产区:困境、改革与支持政策——基于吉林省的分析》,《农业经济问题》2015年第4期。

[22]郭于华、孙立平:《诉苦:一种农民国家观念形成的中介机制》,《中国学术界》2002年第4期。

[23]郭于华:《天使还是魔鬼——转基因大豆在中国的社会文化考察》,《社会学研究》2005年第1期。

[24]韩瑞波:《权威与自由之衡——由法国旧制度与大革命引发的国家理性探赜》,《陕西行政学院学报》2015年第2期。

[25]郝亚明:《体制政策与蒙古族乡村社会变迁——内蒙古四村追踪研究》,中央民族大学社会学专业博士学位论文,2007年。

[26]何炳棣:《美洲作物的引进、传播及其对中国粮食生产的影响(二)》,《世界农业》1979年第5期。

［27］贺伟：《我国粮食最低收购价格政策的现状、问题及完善对策》，《宏观经济研究》2010年第10期。

［28］侯风云、潘芸红：《中国农村土地制度与农民工劳资关系状况研究》，《山东大学学报》2016年第4期。

［29］胡艳华：《知识—权力—效用：推动乡村社会变迁的文化生态——以湖北潭村种植转基因作物为例》，《农村经济问题》2016年第7期。

［30］胡智育：《哲里木盟南三旗土地沙漠化的演变过程及逆转探讨》，《自然资源研究》1984年第4期。

［31］黄其煦：《美洲中部原始农业的起源》，《农业考古》1981年第2期。

［32］靳志华：《物的意义生成及其社会文化关联：基于人类学的视角》，《北方民族大学学报》2014年第1期。

［33］李俊高等：《农业补贴对粮食安全与农民增收的影响——基于马克思再生产理论的分析测度》，《经济与管理》2019年第5期。

［34］李鹏：《大地之"子"：作物的人类学研究综述》，《广西民族研究》2015年第1期。

［35］李芊蕾、秦琴：《论中国人的"关系理性"》，《中共浙江省委党校学报》2008年第3期。

［36］李晚成：《这里没有国界》，《党政论坛》1993年第6期。

［37］李迎生、李泉然、袁小平：《福利治理、政策执行与社会政策目标定位——基于N村低保的考察》，《社会学研究》2017年第6期。

［38］李祖佩、曹晋：《精英俘获与基层治理：基于我国中部某村的实证考察》，《探索》2012年第5期。

［39］良维伟：《藏北牧民传统畜牧生计方式的变迁——那曲村落社会的调查》，《西藏研究》2013年第5期。

［40］刘忱：《哲里木盟蒙区民主改革》，《哲里木史志》1992年第2期。

［41］刘共华：《标肥》，《农技服务》2005年第1期。

［42］刘敏：《节水灌溉技术为什么推广困难？——对内蒙古通辽市白村的个案研究》，中央民族大学硕士学位论文，2013年。

［43］路立平等：《建设东北黄金玉米带的思考》，《玉米科技》2008年

第 3 期。

[44]麻国庆:《日本稻作传统中的"村落共同体"》,《读书》2018年第12期。

[45]麻国庆:《乡村建设,实非建设乡村》,《旅游学刊》2019年第6期。

[46]马佳:《中国人类学的物研究:历史、现状与思考》,《原生态民族文化学刊》2019年第6期。

[47]潘守永:《"一个中国的村庄"的跨时空对话——"台头"重访》,《广西民族学院学报》2004年第1期。

[48]裴自余:《国家与理性:关于"国家理性"的思考》,《开放时代》2011年第6期。

[49]彭兆荣、肖坤冰:《饮食人类学研究评述》,《世界民族》2011年第3期。

[50]彭兆荣:《"物"的人类学研究》,《世界民族》2010年第1期。

[51]任剑涛:《国家理性:国家禀赋的或是社会限定的》,《学术研究》2011年第1期。

[52]盛荣:《印度土地制度效果对中国土地制度改革的启示》,《中国农业大学学报》2006年第4期。

[53]时殷弘:《现实主义政治伦理与特殊主义世界观——西方经典思想和当代中国理念》,《世界经济与政治论坛》2011年第1期。

[54]史继忠:《论游牧文化圈》,《贵州民族研究》2001年第2期。

[55]宋娟:《社会主义改造时期中国走农业合作化道路的原因新探》,《安徽农业科学》2014年第26期。

[56]孙经纬:《清初至甲午战前东北官田旗地的经营和民佃以及民地的发展》,《历史研究》1963年第4期。

[57]孙泽学:《1978—1984年农村改革之中央、地方、农民的互动关系研究——以包产到户、包干到户为中心》,《中国经济史研究》2006年第1期。

[58]特日乐:《鄂温克人与埃文基人生计变迁之共性阐释》,《中南民族大学学报》2018年第3期。

[59]田志和:《关于清代东北流民》,《社会科学辑刊》1983年第5期。

[60]田志和：《清代东北蒙地开发述要》，《东北师大学报》1984年第1期。

[61]田志和：《清代东北蒙地租佃及其向民地的转化》，《吉林大学社会科学学报》1984年第4期。

[62]佟屏亚：《玉米传入对中国近代农业生产的影响》，《古今农业》2001年第2期。

[63]佟屏亚：《玉米的起源、传播和分布》，《农业考古》1986年第1期。

[64]王建革：《定居与近代蒙古族农业的变迁》，《中国历史地理论丛》2000年第2期。

[65]王建革：《近代蒙古族的半农半牧及其生态文化类型》，《古今农业》2003年第4期。

[66]王建革：《清代蒙地的占有权、耕种权与蒙汉关系》，《中国社会经济史研究》2003年第3期。

[67]王艳雪：《场域理论视角下的农村精准扶贫的困境与原因分析——基于内蒙古B村的实地研究》，《社会建设》2019年第5期。

[68]王雨磊：《数字下乡：乡村精准扶贫中的技术治理》，《社会学研究》2016年第6期。

[69]乌尼孟和：《游牧文化的传承与发展——论骆驼与草原生态的关系》，《原生态民族文化学刊》2015年第3期。

[70]吴兴帜：《"物"的人类学研究》，《青海民族研究》2010年第2期。

[71]吴振南：《生态人类学视野中的西双版纳橡胶经济》，《广西民族研究》2012年第1期。

[72]武力：《略论合作化初期党对农业问题的三点认识》，《党史研究与教学》2004年第2期。

[73]咸金山：《从地方志记载看玉米在我国的引进和传播》，《古今农业》1988年第1期。

[74]徐建新等：《饮食文化与族群边界——关于饮食人类学的对话》，《广西民族学院学报》2005年第6期。

[75]许润章：《国家建构的精神索引——今天中国为何需要省思"国

家理性"》,《历史法学》2011年第0期。

[76]荀丽丽:《从"资源传递"到"在地治理"——精准扶贫与乡村重建》,《文化纵横》2017年第6期。

[77]杨筑慧:《橡胶种植与西双版纳傣族社会文化的变迁——以景洪市勐罕镇为例》,《民族研究》2010年第5期。

[78]姚洋:《农地制度与农业绩效的实证研究》,《经济研究参考》1999年第5期。

[79]姚洋:《农地制度与农业绩效的实证研究》,《中国农村观察》1998年第6期。

[80]叶磊、惠富平:《稻作农耕与日本民族的稻作文化性格》,《南京农业大学学报》2011年第1期。

[81]衣保中、张立伟:《清代以来内蒙古地区的移民开垦及其对生态环境的影响》,《史学集刊》2011年第5期。

[82]易华:《六畜考源》,《古今农业》2012年第3期。

[83]易棉阳:《生产队集体劳动中的社员机会主义行为:表现形式与形成机理》,《学术月刊》2018年第1期。

[84]益西曲珍:《人、物与社会——读莫斯的〈礼物〉与〈献祭的性质与功能〉》,《西北民族大学》2012年第1期。

[85]殷冬水、赵德昊:《基础性权力:现代国家的标示——国家基础性权力的政治理论透视与解释》,《学习与探索》2019年第9期。

[86]袁靖:《中国新石器时代家畜起源的问题》,《文物》2001年第5期。

[87]张海荣:《包产到户责任制的历史变迁》,《河北师范大学学报》2004年第2期。

[88]张红宇:《大国小农:迈向现代化的历史抉择》,《求索》2019年第1期。

[89]张晖:《云南内地土地改革中国家权力与乡村社会的互动论析》,《云南民族大学学报》2016年第5期。

[90]张丽君:《中国牧区生态移民可持续发展实践及对策研究》,《民族研究》2013年第1期。

[91]张士尊:《清代东北移民与社会变迁:1644—1911》,东北师范大学博士学位论文。

[92]张小莉等:《当前中国农村结婚高消费现象的社会学分析——基于炫耀性消费理论的视角》,《农业经济》2017年第1期。

[93]张雪霖:《涉农资金项目供给模式及其内卷化治理》,《湖南农业大学学报(社会科学版)》2015年第1期。

[94]张再林、王磊:《身体、人口与性——关于福柯"生命权力"理论的三维解读》,《人文雅志》2013年第2期。

[95]周保巍:《"国家理由"还是"国家理性"——三重语境下的透视》,《读书》2010年第4期。

[96]朱兵、陶永新:《近代欧洲政治话语的创新——"国家理性"观析微》,《北方论丛》2010年第2期。

[97][美]雷蒙德·H·汤普森:《北美西部早期居址:美国西南》,何弩、罗明译,《农业考古》1991年第1期。

[98][蒙古]若罗姆扎布:《蒙古的传统农业》,额尔敦布和译,《蒙古学信息》1993年第2期。

[99][日]高山岩:《"国家理性"论与"国际社会"的现实——主权国家概念的理论再探讨之三》,《国外社会科学文摘》1994年第8期。

[100]Gledhill M. Political optics and occlusion of intimate knowledge, Vol.107, No.3. 2005.

[101]Steven A. Wernke, Negotiating Community and Landscape in the Peruvian Andes: A Transconquest View. *American Anthropologist*, Vol.109, NO.1, 2007.

“云南民族大学社会学学术文库”
书目

已出版：

《牛与玉米：国家建构下的蒙古族乡村社会变迁》

《云南民间经籍的文化传播研究》

《边疆与现代性：老挝西北部阿卡人社会变迁的民族志》

《中国环境社会学（2018—2019）》

即将出版：

《中国女性的法律地位研究》